시대를 앞서 간 통찰

박제가

바꾸고 버리고 개혁하라!
우물 속에서 우리 것만 최고라고 외치고
현상만 보고 본질을 깨닫지 못하는 사람들
18세기 조선을 향해 소리친 박제가의 외침과
그에게 가해진 고통은 21세기의 우리들에게도
여전히 부끄러움을 던진다

뮤즈의 언덕
Hill of Muse

임용한 저

시대를 앞서 간 통찰

朴齊家

박제가

뮤즈의 언덕
Hill of Muse

우리는 왜 박제가를 주목해야 하는가

이 책은 2012년에 출간한 「박제가 욕망을 거세한 조선을 비웃다」의 전면 개정판이다. 정확히 세어 보지는 않았는데, 지금까지 쓴 책이 30~40권은 되는 듯 하다. 하지만 아직도 출간된 책을 보기가 무섭다. 늘 맘에 안 들고 실수가 보인다.

나만의 결벽은 아니고, 저술가라면 누구나 마주하는 고통이다. 하지만 모든 책 중에서 그런 자괴감이 제일 많이 드는 책이 전작 「욕망을 거세한 조선을 비웃다」였다. 출간된 뒤에 읽어 보니 하고 싶은 말이 너무 많았고, 너무 많이 했고, 정신없이 쏟아냈다.

변명을 하자면 그럴만한 사정은 있었다. 내가 살아오면서 겪었던 경험과 오버랩 되는 사례가 너무 많았다. 박제가라는 인물 개인의 삶, 개인의 재능, 너무 앞서가는 주장, 서얼이라는 조선 사회의 부조리, 너무나 감정적인 국수주의, 일반 독자들에게 뿌리 박혀 있는 조선의 사회, 경제상에 대한 오류, 자화자찬과 변명으로 일관해 온 한국사의 설명들.

박제가를 쓰다 보니 박제가를 닮아 갔는지, 그런 이야기들을 마구 쏟아냈던 것 같다. 덕분에 개인의 전기, 한국경제사, 경제이론서라는 세가지 성격의 내용이 혼재되고 말았다.

첫 출판을 맡아준 '역사의 아침'에서도 많이 고민스러웠던 것 같은데, 나의 고집과 결벽이려니 하고 참아 주었던 것 같다. 지금 와서 보니 정말 죄송하기 그지없다.

독자들에게도 가슴 아프고 사과할 일이 있다. 첫 저술 때, 말하고 싶은 주제가 너무 크게 나눠다 보니 주제별로 이야기를 모아야 했다. 그러다 보니 하나의 피사체에 3대의 카메라를 들이댄 셈이 되고 말았다. 사건의 진행순서와 연대를 무시하면서 한 주제를 설명하고, 다음 주제로 갔다. 이런 방식은 나름 장점이 있지만, 역사책이란 점을 감안하면 사건 순서가 뒤섞이고, 설명이 중복되고, 오해가 발생할 소지가 많아진다.

이렇게 복잡하게 구성한 상태에서 교정, 교열을 반복하다 보니 창피할 정도로 연대와 내용에 오류도 많이 발생했다.

오랫동안 고민하다가 이번에 기회를 얻어 대폭 수정을 했다. 전체 서술을 시간순으로 맞추고, 날자의 착오, 시간 순서의 착오나 뒤섞임은 최대한 찾아서 수정했다. 어지럽고 중복되는 이야기를 정리하고, 어렵고 복잡한 설명을 줄였다. 대신 건조하게 넘어 갔던 일화나 상황설명은 가능한 생생함과 장면을 살려 보았다. 그러다 보니 소설적인 묘사를 시도한 부분이 생겼는데, 최대한 사료에 근거한 창작임을 밝힌다.

그래도 반복, 중복되는 서술을 완전히 방지할 수는 없었다. 박제가의 인생은 여러 번 롤러코스터를 탔다. 모순과 갈등의 시대에 벌어지는 현상은 늘 복합적이다. 한 가지 사건을 설명할 때 앞에서 한 이야기라고 첫 번 째 원인은 빼고 두 번째 원인만 제시할 수는 없었다.

두 번째 서술임에도 불구하고, 박제가는 다루기 힘든 인물이다. 사람들에게 그의 생각과 행동을 설명하기는 더욱 힘들다. 개인적으로 박제가의 사회성과 성격에는 문제가 있어서 한결같은 애정과 사랑을 요구하기는 쉽지 않다. 그의 생각에는 시대의 한계, 부당한 고난이 남긴, 상처와 왜곡도 있다.

북학의가 설파하는 조선의 국수주의, 왜곡된 민족주의에 대한 신랄한 비판은 현대인들도 감당하기 힘들 정도로 냉정하고 실리적인 이성을 요구한다. 반면에 박제가와 동료들이 겪어야 했던 조선의 부조리, 편견, 따돌림은 우리의 감상적인 분노를 촉발한다.

이런 이유로 그의 삶은 집중과 몰입이 어렵거나 두뇌와 가슴을 우왕좌왕하게 만든다.

하지만 그것이 이 책의 매력일 수도 있다. 우리의 현실, 역사가의 숙명도 그렇다. 학창시절 나의 선배들은 늘 이렇게 상반된 충고를 해 주곤 했다.

"역사는 머리가 아니라 뜨거운 가슴으로 하는 거야"

"이봐 역사가는 감정과 선입견을 배제해야 해"

모순되는 발언 같지만 인간 세상의 모든 논리는 모순 위에서 작동한다. 양심적인 역사가라면 독자의 이해를 돕는다는 핑계로 이 모순을 회피해서도 안되고, 메시지를 분명하고 선명하게 한다는 이유로 그럴 듯하고 평평한 이론으로 포장해서도 안된다. 그 모순을 어떻게 풀어내는 가는 작가의 몫이고, 이해와 비판은 독자의 몫이다.

이번에 뮤즈의 언덕 첫 작품으로 박제가를 선택한 이유는 이 책의 개정판이 제일 시급하다고 생각했기 때문이었다. 출판 과정과 작업에 많은 도움을 주신 조현영 작가님, 정선정 디자이너님, 또 늘 남편과 아빠를 위해 자신들이 참 많이 희생하며 산다고 하는 아내와 예빈이와 예린이에게도 감사를 전한다.

2023년 5월 임용한

제1부
편협한 세상아!
나는 지지 않겠다

세종 18세기 한양을 둘러보다

세종이 이승에 잠시 돌아와 18세기의 한양을 둘러본다면 어떤 느낌을 받을까? 세종은 먼저 3배 이상 커진 서울의 규모에 놀랄 거다. 광화문에서 세종로를 지나 종로로 이어지는 중심가의 기본 도로망은 변함이 없고, 의정부와 육조, 왕실의 재산을 관리하던 내수소 등 주요 관청의 위치도 변하지 않아서 길을 찾기는 어렵지 않았다. 서울을 감싸고 있는 성곽과 사대문도 굳건하게 제 위치에 있다. 그러나 민가의 돌담처럼 어린애 머리만한 둥근 돌들로 얼기설기 쌓아놓았던 성벽은 큼직하고 네모 반듯하며, 표면도 매끈하게 마감한 석재로 훨씬 보기 좋게 수리되어 있었다.

여름만 되면 넘치던 청계천은 말쑥하게 하천 정비를 했다. 하상을 깊게 파고, 양 옆으로 석축의 축대까지 쌓았다. 그것은 아주 인상적인 변화였다. 동대문 앞에는 전에 없던 큰 언덕이 솟았는데, 분명 청계천을 준설하면서 파낸 흙으로 조성한 토산인 듯 했다. 후손 누군가가 대단한 역사를 이루었다.

운종가는 여전히 상업의 중심이었다. 이전보다 사람은 훨씬 많고 분주했지만 희비가 교차했다. 주도로에 간선도로의 규격까지 정확하게 규정해 놓았던 반듯한 거리는 더럽고, 여기저기 파헤쳐져 있었다. 집과 가게들이 불법으로 도로에 진열장을 벌려 놓고, 건물이 도로를 파먹으며 앞으로 나와 비좁고 어수선하게 변한 곳도 많았다. 어떤 곳은 직선 도로가 구불구불한 골목이 되어 있었다.

세종의 성격으로서는 참기 어려운 광경이었다. 그러나 가게에서 자신이 그토록 소원했지만 끝내 실패했던 화폐, 즉 동전이, 짤랑짤랑 소리를

한말 서울 시가의 모습

내며 유통되는 모습을 보자, 이 지저분함과 번잡함이 상업의 발달에 의한 것임을 깨달았고, 서운한 마음이 조금 풀렸다.

조금 더 돌아다녀 보니 남대문 밖 칠패와 동대문 밖, 용산강 주변에 운종가보다 더 크고 더 왁자지껄한 시장이 펼쳐져 있었다. 이 광경도 희비가 교차했는데, 백성들의 삶이 활발해지고 바빠진 것은 보기 좋지만, 고아하고 품위있던 도시가 시장통이 되고, 뭔가 질서가 문란해지고, 백성들이 드세지고 건방져 진 것도 같았다.

눈살을 찌푸리고 그 북새통을 보니 사람들 틈에서 제복을 입고, 처음 보는 무기를 어깨에 메고 돌아다니는 병사들이 눈에 띄었다. 그들 무리는 꽤 많았는데, 그 무기는 한때 세종이 구상했지만 신하들이 도저히 만들어 내지 못했던 총이었다. 동전처럼 자신이 이루지 못한 아이디어가 후세에 실현된 것을 보니 반갑기는 했지만, 시가에서 거들먹거리며 간간히 행패도 부리고, 심하면 허공에 총까지 쏘아대는 모습은 영 마뜩치 않았다.

하지만 세종의 영혼을 가장 가슴 아프게 하는 광경은 따로 있었다. 폐허로 변해 버린 경복궁이었다. 경복궁은 임진왜란 때 불타버린 후, 200년이 넘도록 사람의 손길을 닿지 않은 채로 방치되어 있었다. 오랜 세월 동안 흙이 쌓이고, 풀과 나무가 자라 근정전과 내전 건물들과 같이 웅장하던 건물들조차 흔적조차 찾기 힘들었다. 심지어 경회루의 연못도 모두 진흙으로 메꾸어져 연못의 윤곽조차 남아 있지 않았다.

집현전은 어디에 있을꼬? 세종의 필생의 목표는 완벽한 제도를 고안

규장각 전경

해 천년이 지나도 망하지 않을 나라를 세우는 것이었다. 그 꿈, 자신의 삶을 집약하는 기념물이 집현전이었다. 천년왕국이란 목표를 이루기 위해 세종은 집현전을 세우고, 엄선한 수재들을 집현전 학사로 투입해 역대의 제도를 고찰하고 장단점을 분석하고, 제도와 정책을 입안하게 했다. 그 시끌벅적하던 토론, 책 냄새, 쉴 새 없이 쏟아지는 자신의 요구에 머리를 싸매고 고심하던 학사들, 그들의 노력 덕에 지금까지 이 나라가 유지되고 있는 것이다. 그러나 그 집현전의 흔적마저 말끔하게 지워져 있었다.

이 부분에서 무척이나 우울해진 세종은 지금의 왕이 살고 있는 창덕궁으로 발걸음을 옮겼다. 그곳에서 그는 상당한 위안을 발견한다. 궁전 안쪽 동산과 연못으로 조경이 잘 된 공간에 자신의 궁에서는 볼 수 없었던 멋진 건물이 하나 있었다. 수십만 권의 서적을 소장한 도서관, 규장각이었다. 규장각은 설계부터가 일반 건물과 달랐다. 오직 장서의 보관과 열람의 편의를 위해 맞춤으로 설계한 건물이었다. 1층은 서고, 2층은 열람실로 설계되어 있었다.

규장각의 이층 열람실에 들어서면 따뜻한 햇볕과 시원한 바람이 들고, 난간 아래로는 창덕궁 전체에서 제일 아름답다는 정원의 전망이 펼쳐졌다.

"후생이 외래로다"(나중 사람, 후대의 문물이 더 뛰어나다는 뜻)라는 말이 절로 나왔다. 자신도 집현전 학사들에게 이런 시설과 면학분위기를 제공해 해주지 못했다.

그러나 조금 후에 감탄은 다시 왠지 모를 불안감으로 바뀌었다. 설비와 장서는 우수하지만, 어딘지 모르게 옛날 집현전에서 느낄 수 있던 학사들의 열정과 활기가 느껴지지 않았다. 집현전은 국가의 정책과 제도를 선도하는 기관이었다. 학사들은 자부심과 권위가 있었다. 하지만 규장각은 조경과 시설은 훌륭하지만 차고 냉냉했다. 위치도 궁전 안쪽 깊숙한 곳에 자리 있다. 정책 연구실이 아니라 잘 꾸며진 연구실 같은 느낌이었다. 관원들의 표정에서도 자부심과 권위가 느껴지지 않았다.

그때 서고 한구석에 쭈그리고 앉아 있는 관원 한 명이 보였다. 키가 작고, 장비처럼 수염이 더부룩했다. 책을 읽으면서 그는 눈을 자주 비볐다. 한쪽 눈은 거의 감겨 있었고, 두 눈의 크기와 시력이 달라 책을 읽는 표정이 일그러져 있었다. 약한 시력이 주는 고통에도 불구하고 그는 밝은 이층으로 올라가지 않고 어두운 서고에 쭈그리고 있었다. 이층으로 오르내리기가 귀찮고 시간도 아깝기 때문인 듯 싶었다. 밤이 깊도록 그 선비는 서고를 떠나지 않았다. 아예 서고에서 사는 모양이었다. 좀 더 가까이 다가 보니 그의 표정에서 더 많은 고통이 보였다. 단지 약한 시력이 주는 고통 때문만은 아닌 듯 했다.

하지만 그 고통스런 표정 뒤에는 미래를 향한 열정과 시대에 대한 사명감이 있었다. 그것이 바로 세종의 영혼이 찾던 것이었다. 세종의 영혼은 안도를 했다. 이 나라는 아직 미래가 있도다. 하지만 그 선비의 표정에 서린 한이 바로 자신이 만든 법 때문이었다는 사실을 알았다면 무척이나 착잡했을 것이다.

운명을 예감한 장난감 상자

책과 배와 말

조선 후기 영조시절, 퇴근해서 집으로 돌아오던 승지 박평(朴玶, 또는 珌; 1700~1760)은 자기 집 담벼락이 누군가의 낙서로 새까맣게 되어 있는 광경을 발견했다. 아이들이 숯검댕이로 낙서를 하는 일이야 흔했지만, 이건 너무 심했다. 담장 전체가 까맣게 되어 있었다. 누가 원한이라도 가지고 한 행동 같았다. 놀란 박평은 발걸음을 서둘렀다. 집이 가까워지자 낙서의 정체가 드러났다. 담장의 까만 칠이 모두 글씨였다. 글씨를 하도 많이 너무나 빽빽하게 써서 멀리서 보면 흑칠을 한 것처럼 보였다.

"허어" 낙서를 훑어 보던 박평의 입에서 탄성이 절로 나왔다. 이런 짓을 저지를 애는 한 명 밖에 없다. 7살 막둥이 박제가였다. 박평의 가슴이 쿵쾅거리며 뛰었다. "이 애가 보통 애가 아니구나"

세상 모든 부모는 아이의 사소한 행동에 쉽게 감동하고 과도한 의미를 부여하곤 한다. 하지만 박제가는 박평이 51세에 얻은 늦동이였다. 손자뻘인 아들인데다가 이미 성장한 자식도 여러 명이 있는 터라 초보 부모의 감상은 극복한 지 오래였다.

하지만 이 낙서의 경우는 달랐다. 박평의 가슴을 사로잡은 것은 막둥이의 조숙한 글씨사랑만이 아니라 집요함이었다. 글과 책에 호기심을 보이는 아이는 의외로 많다. 하지만 진정한 비범함은 끈기와 몰입이란 품성을 요구한다. 박평은 오랫동안 관료로 생활하면서 젊고 야심찬 준재들을 많이 보았다. 하지만 성장하는 인재보다 중도에 스러지는 인재가 훨씬 많았다. 출세하고 부귀를 원하는 욕망은 누구에게나 있지만, 진정한 비범함, 두뇌와 열정을 함께 갖춘 인재는 손에 꼽았다. 황혼을 바라보는 나이 인생의 끝에서 얻은 아이가 그런 아이일까?

박제가는 1750년(영조 26) 11월 5일(음력)에 서울에서 태어났다. 부친 박평은 성실하고 유능한 관료였다. 과거에 급제하고, 사간원, 사헌부의 언관, 전랑(이조와 병조에서 당하관의 인사를 전담하는 관직), 오늘날의 청와대 보좌관인 승지를 역임했다. 그러나 다음 단계인 대사헌, 판서까지는 오르지 못했다. 보통 엘리트 관원은 승지를 거쳐서 차관급으로 도약하는데, 박평이 승지로 임명되었을 때 나이가 58세였다.

영조시대에는 양반관료층이 너무 늘어나서 아무리 엘리트라도 공신 가문 아니면 과거에 급제해도 하급관직이나 수령직 얻기도 힘들었다.[1] 간신히 중하급 관직을 얻어도 공신집안이 아니면 장차관급으로 진급하기란 하늘의 별따기였다. 이런 사정을 감안할 때, 박평 정도의 이력이라면 그가 유능하고 성실한 - 집안 사람들 입장에서 보면 융통성 없고 처세술이 부족한 - 공무원이었음을 말해준다.

박제가의 어머니 전주 이씨(1721~1773)는 두 번째 부인이었다. 첫 부인이었던 청풍 김씨는 박평이 44세 때인 1743년에 사망했다. 박평은 곧 이씨와 재혼했는데, 정식 부인이 아니라 첩으로 들였다.

조선 후기에는 정처가 사망해서 재혼을 할 때는 정식 부인 대신 첩을 얻는 사례가 많았다. 그 이유는 명확하지 않다. 정식 부인을 얻으려면 혼례비용도 첩보다 많이 들었다. 또 명분을 워낙 중시하는 사회분위기 탓에 부인이 여러 명이면 족보도 혼잡해지고, 유산 상속이나 집안 운영에서 분쟁이 발생할 소지가 많아서 그랬다는 말도 있다.

이 모든 이유를 압도하는 장점은 결혼후보군이 훨씬 넓어지고 젊어진다는 것이었다. 양반이 정부인을 얻으려면 양반가의 여성이어야 하는데, 상처한 남자가 재혼을 하는 것은 괜찮지만, 과부가 재혼을 하면 비난을 받고 여러 번 재혼을 하면 모욕과 처벌까지 당하던 시대였다. 자식들도 불이익을 당했다. 그러니 중년의 남자와 결혼할 미혼의 양반가 여성을 찾기가 쉽지 않았다.

정부인 대신 첩을 얻으면 가계 서열도 분명해지고, 혼인 대상도 크게 넓어진다. 고상한 양반가보다는 가난하거나 몰락한 양반가가 훨씬 많다. 이런 가문의 격차를 이용해서 사망한 부인보다 젊고 아리따운 처녀와 혼인이 가능했다. 박평의 두 번째 부인 이씨도 21살 연하였다.

이 결혼의 문제점은 여인이 첩이 되면 그녀의 아들도 서얼이 되어 사회적 차별을 감수해야 한다는 것이다. 가난하고 몰락한 양반가라도 누가 이런 설움을 감수하려고 할까? 하지만 바로 이것이 재혼남에게 젊고 예쁜 첩을 조달해 주는 요인이었다.

조선시대는 한번 서얼이 되면 서얼의 아들, 딸들이 정식으로 결혼해서 아이를 낳아도 이 집안의 자식은 계속 서얼로 취급되었다. 그러니 서얼가의 딸들은 첩의 지위와 자녀의 차별을 감수할 수밖에 없었다.

젊은 이씨 부인은 박평이 47세, 자신은 26살에 딸을 낳고, 박평이 51세에 아들 박제가를 낳았다. 정처 김씨가 낳은 아들이 있었지만, 박평은 어린 박제가를 무척 사랑했다. 아버지는 뒤늦게 얻은 서자 아들에게서 신동 기질을 발견했지만, 박제가는 고사에 등장하는 천재, 고분고분하고, 나가 놀기도 싫어하고 하루 종일 방안에서 책만 읽는 그럼 모범생형 신동은 아니었다. 제 멋대로 담장에 낙서를 할만큼 악동 기질도 있고, 4살 위의 누나에게는 함부로 굴었다. 누나는 참을성 있게 버릇없는 동생을 엄마처럼 보살폈지만, 그럴수록 늦둥이는 기고만장해져 버릇만 나빠졌다.

그럼에도 불구하고 이 아이에게서 특별함을 발견한 부모는 기대를 품었다. 담장의 낙서 사건 이후로 박평은 박제가에게 매달 얼마씩 종이를 주었다. 담장에 낙서하지 말고 종이에 하라는 뜻일까? 아니다. 당시 종이는 오늘날 고급 화방지보다도 귀하고 비쌌다.

천방지축인 아이도 종이의 귀함은 알았던 모양이다. 박제가는 이 종이를 수첩 크기로 잘게 오려 제본을 하더니 깜짝 놀랄 행동을 했다. 이 수첩에 사서삼경과 고전을 베껴 써 넣었다. 초등학교 1학년에서 3,4학년 사이에 만든 박제가의 수첩문고는 『논어』, 『맹자』, 『시경』 같은 사서삼경은 물론이고, 『이소』, 『진한문선』, 『두시』, 『당시』, 『공씨보』, 『석주오율』 같은 당시 기준에서도 최우등 고교생이나 대학생 수준의 책으로 불어났다. 자신이 직접 비점까지 찍었다고 하니까 이 책의 글씨를 판독했을 뿐 아니라 문장까지 읽고 해석했다. 요즘 같으면 초등학생이 영어 원서를 줄줄 읽는 수준이었다.

누가 보아도 이 아이의 천재성은 부모의 망상이 아니었다. 천재성을 확신한 부모는 가정교사를 붙이고, 학습시간표를 짜서 아들을 영재교육 프로그램에 투입하는 식의 어리석은 실수는 하지 않았다.

대신 아이에게 자유를 허용했다. 똑똑한 자녀를 둔 부모의 행복이 자유이다. 공부하라고 잔소리하고 감시를 하지 않아도 된다. 흥미로운 일에는 뭐든 몰입하고 빠르게 단번에 숙달하는 재능이 있던 아들은 다방면에 관심과 재능이 많았다. 그림을 그리거나 나무를 깎아서 배나 동물을 조각하는 것도 좋아했다. 조각가 기질까지 있었던 것은 아니고, 장난감이 없던 시대라 소꿉장난을 하려고 해도 스스로 이런 것을 만들어야 했던 시대이긴 했지만, 무엇을 하든 박제가는 적극적이고 독특했다. 표주박으로 배를 만들고, 사철나무로 말을 만들었다.

이처럼 자유와 창의를 허용한 덕에 남은 배려할 줄 모르고, 자기 하고 싶은 건 반드시 해야만 하는 고집과 막내기질은 점점 더 강해졌지만, 할아버지 같은 아버지와 외아들을 키워야 하는 젊은 어머니와 착한 누나는 개의치 않았다.

행복했던 시간은 갑자기 끝났다. 1760년 경에 15살이 된 누나가 시집을 갔다. 착한 누나는 다행히 능력 있고 좋은 남편을 만났다. 남편 임희택(1744~1799)은 높은 관직이 아니라도 관원생활을 오래 했고 하양현감 등 수령을 지내기도 했다. 하지만 여기가 행복의 끝이었다. 6월에 박평이 61세의 나이로 사망했다. 부인 이씨는 30대 중반, 박제가는 11살이었다.

부인 이씨는 어린 아들을 데리고 그동안 살던 청교(현재 을지로 5가 부근)의 집을 떠났다. 이유는 알 수 없지만 박평이 죽자 본가에서 이씨를 내보낸 것 같다. 박평의 생전에 누이가 혼사라도 치룬 것이 천만다행이었다. 옛날에는 조혼이 성행했다고 생각하기 쉽지만 15살이면 결혼하기에는 빠른 나이였다. 누이의 혼사를 서두른 것도 박평이 자신의 건강에 이상신호를 느끼고 자기 사후의 사태를 예감했기 때문인지도 모른다.

청교를 떠난 이씨는 지금의 충무로 쪽으로 이사했다. 묵동과 필동 근처를 오가며 자주 이사했다. 전셋집을 구하기 힘들거나 전세금이 올랐던 탓이 아닌가 싶다.

박평이 유산도 남겼겠지만, 어느 정도인지는 알 수 없다. 다행히 조선은 유산 관련해서는 법이 엄해서 소설이나 영화에서처럼 첩과 서얼이라고 맨몸으로 몰아낼 수는 없었다. 어머니에겐 최소한 서울에서 전셋집을 얻고 생활할 정도의 여력은 남았다.

서울의 전세가는 지금 정도는 아니지만 경제력을 요구했다. 조선시대 평범한 자영농이라고 하면 1년 동안 밥 굶지 않고 자력으로 살아갈 수 있는 수준인데, 지방에서 자기 집 가진 자영농이 그 수입으로 서울에서 전세 얻고 살기 힘들었다. 시내 중심가로 갈수록 전세값도 올랐다.

좀 편하게 살려면 교외로 나가야 했지만 이씨는 버텼다. 서얼가 출신인 그녀는 자신처럼 나이 많은 양반가의 첩으로 들어가 짧은 결혼생활을 영위하고 쫓겨나는 서얼가 여인들의 삶을 무수히 보았다. 마음만 먹는다면 재혼도 가능하지만, 재혼을 하는 순간 아들에게는 서얼이란 굴레에 재가녀의 아들이라는 굴레가 덧씌워진다. 아무리 서얼이라도 능력이 따르면 약간의 출세는 보장된 사회였다. 어머니는 아들을 위한 삶을 선택했다. 아들 교육을 위한 첫 번째 조건은 서울 중심부에 살면서 버티는 것이었다.

여러 번 이사를 하면서도 어머니는 꿈을 포기하지 않았다. 잦은 이사를 하게 되자 어린 박제가는 자기 보물들 수첩문고와 장난감 말과 배를 작은 상자에 챙겨 넣었다. 단호한 각오와 상자를 안고 어머니와 아들은 그렇게 인생의 항로에 뛰어들었다. 그때만 해도 어머니와 아들에게 어떤 운명이 기다리고 있는지, 고집 센 아들이 부둥켜안고 다니는 작은 상자가 운명의 아이콘이었음을 알지 못했다.

난데없는 유배령

이씨와 박제가가 독립생활을 시작한지 1년 쯤 된 1761년 여름. 서울의 오부 관원들에게 갑자기 당장 궁으로 들어와 부복하라는 영조의 불호령이 떨어졌다. 오부의 책임자는 종6품이다. 낮은 관품은 아니지만 관서의 급이라는 게 있다. 오부의 관원이 왕을 직접 대면할만한 지위는 아니었다. 이 말은 왕의 호출이 결코 좋은 일은 아니라는 의미이다.

영조는 훌륭한 왕이었지만 관원에게는 피곤한 왕이었다. 세상 돌아가는 일이나 관료들의 생리를 너무 잘 알았다. 숙종의 세자는 경종이었다. 세자는 궁 안에서 생활하고 다른 왕자들은 궁 밖으로 나가서 산다. 영조도 왕자 시절에 궁 밖에서 살았다. 그래봤자 궁궐하고 담장 하나 차이였지만, 궁 안에서 꼼짝 못하는 세자와 달리 궁 밖 세상을 자유롭게 돌아다닐 수 있었다. 덕분에 백성들의 말 못할 고충, 권세가의 횡포, 아무리 좋은 법을 만들고 준엄한 명령을 해도 휴지조각으로 만들어 버리는 관료들의 수법, 서로 봐주기, 시간 끌며 뭉개기, 온갖 부작용을 호소하거나 다른 긴급한 안건을 들고 와 집중력과 집행력을 약화시키는 물타기 수법을 충분히 목격했다.

왕이 된 이후에도 워낙 장수했던 탓에 행정에 관한 그 어떤 관료보다도 도사가 되어 있었다. 1761년이면 왕이 된지 무려 37년째였다.

그런 영조가 왕자 시절, 내가 왕이 된다면 이런 짓은 용납하지 않겠다라고 단단히 결심했던 사안이 하나 있었다. 권력가의 백성 집 강탈이었다. 서울은 성벽으로 에워싼 도시라 처음 세울 때부터 건물터가 부족했다. 집이 빽빽하게 들어서다 보니 집을 넓히려면 이웃한 백성의 집을 매입해야 했다. 이웃이 값을 올려 부르거나 팔지 않으려고 하면, 권력으로 윽박질러서 탈취하거나 헐값 매매를 강요하는 사례가 빈번하게 발생했다.

정부는 양반가가 민가를 뺏을 수 없다는 금령을 반포하고 오부에게 단속 임무를 부여했다. 당연히 잘 지켜지지 않았다. 오부의 6품관이 권력가의 횡포를 막거나 일반 백성이 고발할 엄두를 낼 수가 없었다.

가옥 탈취, 이거야말로 민생과 직결된 사안 아닌가? 영조는 강탈 금지령을 강력하게 시행했다. 관료들의 뭉개기 수법을 잘 알았던 영조는 주기적으로 때로는 기습적으로 이 법을 꺼내들었다. 어김없이 왕족, 고급 관료에서 일반 사대부까지 상당히 많은 사람이 걸렸다. 처벌은 유배였다. 가차가 없었다.

영조의 이런 행동에는 지배층 길들이기라는 고도의 목적도 있었다. 아버지 숙종은 정치적 음모로 관료들을 다스렸다. 이간질 시키고 서로 싸우고 고발하고 죽이게 한다. 이런 방법은 정당하지도 않고 후유증이 크다. 영조는 정당한 방법을 사용해야 한다고 보았다. 정당한 도구는 법이었다. 법이 너무 촘촘하면 걸리지 않을 사람이 없다. 관료들은 서로 봐주게 된다. 영조는 이런 틈새를 파고 들어 틈나는 대로 정의의 검을 휘둘렀다.

마침내 정의를 팔아 수행이 불가능한 법을 제정한다. 도성 안에서는 누구도 집을 매매할 수도 없고 전세도 놓을 수 없다는 명령을 내렸다.

이건 정말 말도 안 되는 법이었다. 힘없는 백성을 위한 법도 아니다. 백성들도 이사할 일은 많고 보통은 이사에 생계가 걸려 있다.

말도 안 되는 법이지만 영조는 막무가내였다. 관료들은 적당히 위반하고 서로 봐주며 살 수 밖에 없었다. 어느 날, 영조는 때가 무르익었다고 생각했다.

7월 18일, 영조는 오부 관원을 직접 경연청으로 호출해서 금령 위반자를 당장 조사해서 보고하라고 윽박질렀다. 모리를 방지하기 위해 기한도 주지 않았다. 당장 내일까지 보고하라. 너희들 위반자를 다 알고 있으면서 보고하지 않고 있는 거 내가 다 안다. 다음날 위반자 명단이 올라왔다. 명단에 박평의 미망인 이씨가 있었다. 졸지에 이씨와 어린 박제가가 유배 대상이 되었다.

7월 21일 경연석에서 이건 아니라고 판단한 약방 도제조 홍봉한이 영조에게 진정했다.

"이씨는 서얼가입니다. 서얼이라는게 허울 뿐인 양반으로 벼슬도 못해서 초가삼간을 매입하기도 힘듭니다. 그런데 양반의 가옥을 무슨 재주로 강제로 매입했겠습니까?"

홍봉한의 말대로 이씨가 매입한 가옥의 소유주는 양반이었다. 홍봉한이 물꼬를 트자 이 논쟁은 갑자기 서얼 논쟁으로 비화했다. 좌참찬 홍계희는 서얼은 벼슬도 못하니 양반도 아니고, 대개 가난해서 기껏해야 초가 몇 칸 집에 사는데, 집을 사지도 못하게 하면 저들은 어디에서 살아야 하느냐고 선처를 호소했다.

하필 이씨가가 논란이 된 이유는 무엇일까? 홍봉한이나 홍계희가 진짜 양반가를 비호했으면 영조는 당장 "너희들이 일가친척을 봐 주고, 기득권자들을 대변하는거냐"라는 식으로 치고 나왔을 거다. 이런 머리는 참 뛰어난 관료들은 서얼 사례를 들고 나와 이 참에 매매금지, 전세금지 령을 완화하자고 주장했다. 이게 틀린 말도 아니었다. 도저히 지킬 수 없는 법을 강요하는 것이 진짜 권력의 횡포다.

하지만 영조는 확고했다. 죽은 박평에겐 미안하지만 이렇게 해야 관료들이 법을 지키고, 더 큰 부정을 저지르지 않게 된다고 믿었다. 영조의 본심을 눈치 챈 한성판윤 이지억이 영조가 하고 싶은 말을 해 주었다. 이씨 사정이 딱하지만 이런저런 사정 다 봐주면 법을 집행할 수 없다. 대의를 위해서는 소의를 희생해야 한다. 예외 없는 법집행이 정의사회 구현의 길이다.

세종이라면 영조가 틀렸다고 판결했을 거다. 대를 위해 소를 희생해야 한다는 사고야 말로 전체주의적 사고이다. 유가는 이런 매몰찬 법사상이 법가에서 나왔다고 비난한다. 진나라를 법가의 나라로 만들었던 상앙은 법을 너무 촘촘하게 만들었다가 나중에 자신이 만든 법에 자신이 걸려 죽는다. 하지만 법가조차도 대를 위한 소의 희생을 정당화하지 않았다. 법가의 최고 이론가인 한비자도 이런 식의 법적용은 법의 본의가 아니라고 말했다.

영조는 이씨와 가족을 유배하라고 판결했다. 박평과 이웃에 살던 시독관 엄린이 다시 선처를 호소했다. 영조는 분노하며 당장 엄린을 파면해 버렸다.[2] 엄린이 이씨를 변호하려다가 박제가가 양자라고 거짓말을 한 것이 실수였다. 꼼꼼하고 기억력 좋은 영조가 자신의 승지였던 박평의 가정사를 몰랐을 리가 없다.

경연장 분위기는 영조의 완승이었다. 꼼짝없이 12살 소년 박제가가 귀양을 가야할 판이었다. 만약 그랬더라면 우리가 아는 박제가와 북학의는 없었을 것이다.

위기의 순간에 형조판서 남태재가 나섰다. 형조판서답게 그는 준법을 주장하는 영조에게 준법으로 대항했다. "미성년자를 유배하는 것은 법에 어긋납니다"

그렇다면 박제가는 서울에 두고 모친만 유배를 보내면 어떨까? 이건 더 안된다. 법가가 아니라 유가가 제지한다. 유가에서 인륜을 무시하는 것보다 잔혹한 행동은 없다.

남태재의 지적 덕에 영조는 이씨와 박제가의 유배령을 철회되었다. 그러나 왕은 그냥 물러서진 않았다. 대신 이씨의 여종 연이連伊가 귀양살이를 떠나야 했다. 유배지는 멀리 함경도 덕원이었다.[3]

영조가 원했던 바는 예외 없는 법 적용, 권력가에 대한 경고였다. 하지만 결과는 약자의 설움이었다. 집이 있는 사람은 서울에서 살 수 있고, 여러 채 있는 사람은 편리한 곳에 옮겨가며 살 수 있다. 매매와 전세를 금지하면 집 있는 사람끼리 서로 집을 바꿔서 거주하는 요령도 있다. 집 없는 이씨와 박제가는 서울 생활을 포기하고 지방으로 떠나거나 범죄자가 되어 도시에 숨어 살아야 한다. 박제가는 평생 이 사건을 언급도 하지 않았지만, 세상을 보는 눈에 큰 충격을 남겼음이 틀림없다.

서얼이라는 기막힌 굴레

어린 박제가는 기적적으로 유배를 면했다. 그러나 이날 논의에서도 나왔던 '서얼'이라는 주홍글씨는 영원히 떨쳐낼 수 없었다. 여기서 잠깐 서얼차별에 대해 살펴보자.

길동이 점점 자라 팔 세 되매, 총명이 탁월하여 하나를 들으면 백을 통하니 홍판서가 더욱 사랑했으나 근본이 천인 소생이라, 길동이 아버지, 형이라고 부르면 바로 꾸짖어 못하게 하니 길동이 십 세 넘도록 감히 부형을 부르지 못하고, 노복 등이 천대함을 각골통한 하여 심사를 정하지 못하더라.

9월 망간望間을 맞아 명월은 조용하고 청풍은 소슬하여 사람의 심회를 돕는지라, 길동이 서당에서 글을 읽다가 문득 책상을 밀치고 탄식하여 가로되, 대장부 세상에 나서 공자, 맹자를 본받지 못하면 차라리 병법을 외워 대장인을 허리에 빗겨 차고 동서로 정벌하여 국가에 큰 공을 세우고 이름을 만대에 빛냄이 대장부의 쾌사라. 나는 어찌하여 일신이 적막하고, 부형이 있으되 아버지, 형이라고 부르지를 못하니 심장이 터질 것 같구나. 어찌 통한이 아니리오(집 떠나는 홍길동)

서얼인 홍길동을 주인공으로 하는 홍길동전의 명장면이다. 여기에 쓰인 "아버지를 아버지라 부르지 못하고 형을 형이라 부르지 못한다"는 구절은 조선시대에 서얼의 한을 함축하는 관용어가 되었다.

이 기괴하고 끈질긴 차별의 기원이 조선의 서얼차별법이다. 서얼차별과 서얼차별법을 혼동하지 말자. 정부인이 낳지 않은 자식, 서얼, 사생아에 대한 멸시와 차별은 세계 어디에나 있었다. 18,19세기 아프리카 오지와 극지방까지 찾아가는 탐험대가 유행했다. 그래서 이 시대를 대탐험의 시대라고 하는데, 어떤 이들은 서자들의 시대라고도 한다. 문명세계를 떠나 세상 끝까지 찾아가는 사람들 중에는 서자들이 많았다.

하지만 이런 차별을 국가에서 법으로 제정하고, 강요한 나라는 없다. 세계 각국의 법을 다 알지는 못하지만, 적어도 내가 아는 한에서 서얼차별법은 조선에만 존재했던 독특한 법이었다.

서얼차별법은 조선 태종 때 제정되어 세종이 법전에 수록했다.[4] 홍길동전의 무대가 폭군으로 알려진 연산군이나 광해군 시절이 아니고 성군 세종 때인 것이 바로 이 때문이다.

다만 서얼차별법의 본래 목적은 정치 안정, 권력독점 방지였다. 조선을 건국한 사대부들은 고려가 망한 이유를 분석하고, 그런 잘못을 되풀이 하지 않으려고 고심했다. 그들 눈에 포착된 고려사회의 문제 중 하나가 소수 가문의 권력 독점과 그로 인한 부정부패였다.

문벌귀족의 형성과 권력독점을 방지하는 좋은 방법은 무엇일까? 고려의 사례를 보면 거대 문벌을 만들고 그들 간의 연합을 추진하는 최고의 수단이 결혼이었다. 고려시대에는 제1부인, 2부인 하는 식으로 정실부인을 여럿 둘 수 있었다. 왕실과 명문귀족들은 이 풍속을 이용해서 서로서로 몇 겹으로 혼인을 맺었다. 결혼으로 거대한 족벌집단이 형성된다. 이들이 권력의 상층부에 돌덩어리처럼 자리 잡고, 음서와 각종 특권을 이용해 특권과 관직을 세습했다.

조선 건국자들은 이 족벌집단의 형성을 원천적으로 차단하기 위해 정부인은 한명만 둘 수 있다는 일부일처법을 시행했다. 단 부인이 사망하면 다시 부인을 얻을 수는 있었다. 이 법은 지배층 입장에서도 상당히 비장한 각오를 하고 만든 법이었다. 심지어 국왕조차도 예외가 아니었다. 중국 황제는 후궁과는 별도로 여러 명의 황후를 둔다. 그러나 조선의 왕은 후궁은 여럿 둘 수 있지만, 왕비는 오직 1명이어야만 했다.

비장한 각오로 일부일처제를 결의했지만, 법을 만들면 피해가는 방법도 반드시 생긴다. 부인을 여러 명 두고, 대외적으로는 첩이라고 하는 방법도 있다. 첩이 된 여인이 기분은 좋지 않겠지만, 대우만 정부인과 똑같이 한다면 참을 수 있다. 여기서 참을 수 있다는 말은 부인의 입장이 아니라 가문의 입장이다. 이 시대에 양반가의 결혼은 다 정략결혼이라고 할 수 있는데, 정략적 관점에서 보면 딸자식의 자존심 정도는 희생할 수 있었다.

첩이라는 위장 네트워크를 방지하려면 첩 제도에 그만한 불이익을 주어야 한다. 그래서 만든 법이 서얼차별법이다. 첩의 아들인 서얼은 대간, 승지와 같은 국가의 엘리트 관직, 승진코스에는 임명할 수 없다. 당연히 이 관직을 거쳐야만 하는 판서, 정승은 어림도 없다.

대신 무관(고위 무관은 안된다)이나 하위행정직, 의원, 역관 같은 기술직은 허용한다. 이것도 서얼을 배려해서가 아니라 지방양반이나 신흥양반이 하위직을 점거하는 것을 제한하기 위해서였다. 신진세력은 하위직에서 얼마든지 치고 올라올 수 있지만, 서얼은 법으로 성장이 원천차단 되어 있다. 그야말로 일거양득이다.

유산 상속에서도 적손과는 차별을 두었지만, 원래 서얼차별법의 내용은 여기까지였다. 서얼은 자식이 아니라거나 아버지를 아버지라고 부르

지 못한다거나 같이 상종하지 않고 손가락질 하고 놀려도 된다는 규정
은 없었다. 그런데 법이 차별을 보장하자 사회 곳곳에서 사람들은 창의
적인 차별과 조롱방법을 고안해 냈다.

본인이 서얼이 아니어도 서얼의 후손이면 대대손손 서얼가가 되었다.
양반을 대상으로 했던 차별법이 일반 서민에까지 번졌다. 벼슬할 가망
이 없는 하급양반이나 평민들에게 관직 차별은 소용이 없었으므로 생
활 속의 차별을 만들어 냈다.

서얼은 혼인도 거의 서얼들끼리 혼인해야 했다. 양반가와 혼인할 때는
첩이 되었다. 친구를 사귀어도 그들끼리 어울려야 했다. 유산 상속에서
차별을 받는 것은 그렇다 쳐도 제사, 의례, 일상적인 생활, 하다못해 제
사나 잔치의 음식을 나눠 먹을 때도 꼬박꼬박 그것도 모욕감을 주는 차
별을 받았다.

조선시대는 사람들의 수명이 짧아서 재혼, 삼혼도 잦았다. 재혼 상대
로 첩을 얻는 풍속이 번져가면서 양반가 자식에서 서얼의 비율은 계속
높아져 갔다. 한번 서얼이면 후손도 영원한 서얼이니 서얼 인구는 계속
늘어났다.

악화가 양화를 구축한다. 경제학의 철칙이다. 선행과 악행의 차이도
그렇다. 선행의 효과는 쉽게 증발하는 반면, 악행은 깊은 자국을 남기
고, 스스로 재생하며 지속된다. 요즘은 좀 희귀해졌지만 1980년대까지
도 내 주변에서도 서얼이라는 이유로 상처 입은 사람들의 이야기를 곧
잘 접할 수 있었다. 그들의 이야기는 지금까지도 아픈 기억으로 남아
있다.

백탑 패거리의 우정

닭장 속의 닭들이 봉황을 비웃는다
"깊은 정 꺼내 놓고 그대와 이야기 하니
닭장 속에 갇혀 지냄 차마 못 견디겠네"
(처사 이광석의 심계 초당에서 이틀을 묵다)[5]

　박제가는 자신의 용모를 이렇게 묘사한다.

　물소 이마에 칼 같은 눈썹, 초록빛 눈동자(녹안綠眼)에 흰 귀(백이白
耳)(소전小傳)[6]

　물소 이마란 약간 대머리 기운이 보이는 있는 짱구형 이마를 묘사한
듯 하다. 머리가 상대적으로 컸고, 키가 작아서 큰 머리가 더 두드려져
보였다. 그런데 녹색 눈동자(녹안)와 흰 귀(백이)는 뭘까? 이 묘사를 곧
이곧대로 믿고 박제가가 혼혈이었다고 생각하는 분도 있던데, 아이들에
게 읽혀주면 당장 외계인을 떠올리지 않을까 싶다.
　피부가 남들보다 희긴 했던 것 같은데, 중국 고사에 백이(흰 귀)가 부
귀영화를 떠나 가난하고 청백한 삶을 의미하는 사례가 있다. 흰 피부에
착안해서 가난하고 과거도 벼슬도 못한, 아니 서얼이라 할 가망도 희박
한 초야의 인물이란 의미를 중의적으로 표현한 것 같다.
　녹안은 일단 초록눈동자를 뜻하는 말이 아닌 건 분명하다. 녹안은

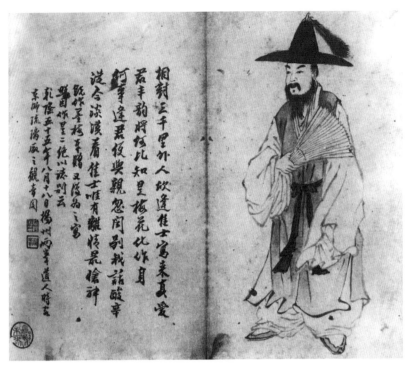

박제가의 초상: 청에 두 번 째로 왔을 때, 청나라 화가 나빙이 그려준 작품이다.

의외로 조선시대에 일반적으로 사용하던 표현이었다. 중국에 사신으로 갈 때 동료들이 박제가의 눈이 녹안이라고 놀린 적이 있고, 친구인 정진 사도 녹안이었다고 한다.[7]

서구에서도 희귀하다는 초록색 눈동자가 조선에 이렇게 흔할 리가 없다. 하지만 뜻은 미스테리하다. 문헌에서도 적합한 용례를 찾기 힘들 다. 초록색은 아닌 조선시대 사람 색감에 의한 특정한 색, 예를 들면 가 을이면 녹색이 바랜 갈색이거나 사팔뜨기나 부동시 같은 신체적 특징 을 지목하는 조선의 은어일 가능성도 있다고 생각된다.

친구들이 언급하는 박제가의 인상 깊은 특징은 작은 키였다. 작은 키는 유전이었다. 영조는 박제가의 아버지 박평이 신임 승지가 되었다는 보고를 받자 바로 이렇게 말했다. "아 그 키 작은 친구(단소자)"[8] 당시 조선사람 평균키가 150cm 후반에서 161cm 전후였으니까 박평의 키는 140대 후반에서 150대 초반이 아니었나 싶다.

또 하나의 트레이드마크는 더부룩한 수염이었다. 박제가의 초상은 청나라 화가 나빙이 그려준 단 하나만이 전하는데, 본인에게는 다행스럽게도 이 초상으로 눈동자색이나 키는 드러나지 않지만, 크고 퉁퉁한 얼굴, 풍성한 수염은 지성이 풍부한 선비가 아니라 뚝심 있는 무장 같은 인상을 준다.

본인도 용모 콤플렉스가 심했던 것 같지만 겉모습으로 사람을 판단하지는 말자.

성장기에 박제가를 괴롭힌 주역은 용모가 아니라 막연한 기다림이었다. 모친 이씨는 박제가의 교육에 헌신할만큼 헌신했다. 서얼차별의 벽도 어머니의 집념을 꺾지 못했다.

다행히 변화의 조짐이 좀 있었다. 서얼들도 한이 많았지만 아버지들도 불편했다. 16세기 이래로 조정에서도 서얼차별법을 완화 내지는 폐지하자는 건의가 계속되고는 있었다.

200년 간이나 완고했던 차별법은 18세기에 들어서서야 완화되는 조짐을 보이기 시작했다. 일단 서얼차별법의 효용이 변했다. 이제는 서얼 가문들이 너무 많아져서 독자적인 사회세력이 되었다. 더 이상 방치하면 거대한 사회불만 세력이 될 위험이 있고, 문벌가와 친밀도가 끊어진 집안이 많아서 이들을 육성하면 오히려 기성세력을 견제하는 역할을 기대할 수 있었다. 최초의 완화조치는 하급 관직, 하급 수령직과 무관직을 좀 더 개방하는 수준이었지만, 변화는 변화였다.

아들의 천재성을 확신하는 모친에겐 작은 징조도 크게 보였다. 10대가 되었으니 교육을 시켜야 했다. 박제가는 여전히 자유로웠지만, 어릴 때처럼 자유분방하게 둘 수는 없었다. 이때도 공교육은 쇠퇴하고 사교육이 왕성해서 과거 공부를 하려면 비싸고 좋은 선생을 붙여야 했다. 모친은 삯바느질을 하며 아들의 교육비를 조달했다.

하지만 어머니의 한과 집념이 만들어낸 희망의 증폭현상이 박제가에게까지 전해지는 건 무리였다. 출세의 길이 막힌 상태에서 모친의 기대에 대한 부담에 자신의 천재성에 대한 발견은 그를 더 고통스럽게 할 뿐이었다.

질풍노도의 시기가 되자 이런 부담과 좌절감이 방황이라는 이름으로 찾아왔다. 그렇다고는 해도 10대용 영화처럼 파격적인 나락으로 떨어지지는 않았다. 공부를 놓지 않았고, 서울에서는 소문난 수재 수준을 유지했다. 그래도 나이가 들수록 우울감은 심해졌다. 박제가는 새로운 방법을 찾았다. 이번에도 영화처럼 극적인 방법은 아니고, 이 나이대의 모든 청소년들이 사용하는 방법 "친구 따라 날 밤 새며 놀기"였다.

이덕무와의 운명적인 만남

친구따라 강남 간다는 시기. 언제부터인가 박제가에게 몰려다니는 친구들이 생겼다. 동네 친구라면 동네 친구지만 단순한 동네 친구는 아니었다. 다들 제법 이름 있는 양반가의 서얼들, 그들 중에서도 수재들이거나 그림, 서예, 무술 등 다방면에서 재능이 특출한 친구들이었다.

조선이든 중국이든 일본이든 수도 안에 있는 지역은 궁궐과의 거리가 동네의 지정학적 위상이 된다. 권력자들은 궁전 가까운 곳에 살고, 궁궐에서 멀어지면 하급노동자들이 산다. 조선시대에는 이 공식이 딱 들어맞지는 않지만, 궁궐 가까운 곳이 권력지수와 양반가의 밀도가 높았다.

대표적인 지역이 경복궁에서 창경궁 주변이었다. 이곳을 기준으로 조금 관직이 낮은 사람, 현직에서 떨어진 양반, 중인, 기술관 등은 종로-을지로-남산으로 내려오는 지역으로 분포했다. 단 남산 주변, 강변, 용산 등 경치 좋은 곳에는 간간이 대저택이 있었다.

양반가의 서얼들은 양반가와 평민들의 거주지 사이에 몰려 살았다. 그 장소가 현재의 파고다 공원이 위치한 원각사터 일대였다.

비슷한 처지의 사람들이 살고 동네가 좁다 보니 조금만 특별한 인재가 있으면 금세 소문이 나고 연결이 되었다. 박제가의 모친이 유배의 위험까지 감수하면서 서울 중심가에서 살려고 했던 또 하나의 이유가 이것이었다. 좋은 가정교사도 이곳에 있지만, 인연이 중요한 사회에서 서얼들이라도 인맥을 만들어야 버티기 쉽고, 이 범주에서 살아야 인맥도 만들어 낼 수 있었다.

원각사는 16세기 이후로 폐사가 되었지만, 하얀색의 훌륭한 석탑이 홀로 서 있었다. 이 탑을 백탑이라고 불렀는데, 박제가와 이무기 떼들이

파고다 공원: 고려시대 흥복사가 있던 곳이다.
1464년(세조10) 효령대군이 그 터에 원각사를 지었다.

백탑: 현대 파고다 공원에 있는 원각사 10층 석탑

대개 이 근처에 산다고 해서 훗날 백탑파라고 부르게 되었다.

원각사지 10층 석탑

고려시대에 서울은 남경이었다. 경복궁에는 고려의 남경도호부 관청이 있었고, 원각사터에는 흥복사라는 사찰이 있었다. 조선은 억불정책을 사용했지만 세조가 적극적으로 불교를 지원했다. 1464년(세조 10) 효령대군이 세조의 지원을 받아 흥복사터에 원각사를 지었다. 3년 후에 조선시대에 세운 석탑 중에선 최고의 걸작인 10층석탑을 건립했다. 이 탑은 개성 근교에 있던 경천사지 10층석탑을 모방한 것이다.(경천사지 10층석탑은 현재는 용산 국립중앙박물관에 있다)

박제가의 친구들이 언제 어떻게 친구가 되었는지는 애매한 경우가 많다. 박제가의 회고담은 방황기의 후반부, 결혼도 하고, 이덕무도 알게 된 1767년 다음부터의 이야기에 집중이 되어 있다.

드라마를 만든다면 모친과 박제가를 대신해 유배를 떠난 연이와 첫사랑도 만들고 1761년부터 67년까지 불량배와 어울리거나 술타령이나 하며 살다가 이덕무를 만나서 개과천선하는 스토리로 구성하면 딱 좋겠지만, 그 정도까지는 아니었던 것 같다.

한마디로 정의하면 파락호가 되지도 않았지만, 불만과 좌절도 가득한 불안불안한 천재였다. 친구들과의 모임도 자포자기한 모임도 아니었지만, 이덕무를 만난 이후에 보여주는 고귀함과 학문적 치열함은 부족했던 듯 하다. 아무튼 이 시절에 박제가는 똑똑한 학생으로 소문도 났고, 이상의 시에서 느끼는 날개 부러진 천재의 모습도 보였던 것 같다.

아산 현충사 이순집 집안의 저택

불안하게 아들을 지켜보던 모친은 특단의 결단을 내린다. 결혼이었다.

이 결혼을 누가 먼저 추진했는지는 알 수 없지만, 혼담이 오간 집안은 거절하기 힘든 대단한 집안이었다. 불멸의 영웅 충무공 이순신 장군가였다.

1766년 17살의 박제가는 결혼식을 올렸다. 장인 이관상(1716~1770)은 이순신 장군의 5대손이었다. 이순신 장군은 마지막 전투에서 불행하게 전사했지만, 역대 정부는 장군의 후손들에게 보답을 했다. 고위 무관들이 대를 이어 배출되면서 조선 최고의 서반 명문가가 되었다. 이관상도 2품관까지 승진했고, 6번이나 절도사를 역임했다. 1762년 함경북도 절도사로 재직 중에는 녹둔도가 내려다보이는 나주시 승전대에 이순신 장군의 녹둔도 전투를 기념하는 비석을 세웠다. 이 비는 지금도 남아 있다.

무관이지만 문학과 교육을 소중히 하고 자식들도 문무겸비한 인재로 키우기를 원했다. 이관상은 2남 1녀를 두고, 서자로 1남 3녀를 두었다. 박제가의 부인은 측실 소생의 둘째 딸이었다.

이관상의 서울 집은 청계천 하교(원래 명칭은 화교이다. 현재 청계천 3가 센트럴 관광호텔 근처에 있던 다리) 부근에 있었다. 조선의 전통 혼례 풍속에 혼례는 처갓집에서 한다. 장인집에서 첫날 밤을 맞은 박제가는 뻔뻔하게 장인의 말 중에서 제일 좋은 국내산도 아닌 수입산 준마를 골라내더니 신부를 내팽개치고, 지금의 종로 2가 사거리에 있던 철교(통운교, 근처에 철물전이 있어서 철물전교, 철물교라고 불렀다) 즉 백탑 근처의 주점으로 달려갔다. 친구들은 이미 모여 기다리고 있었다. 일단 보기 힘든 장인의 수입산 준마를 감상하고, 이들은 삼경(밤 11시-1시)까지 술을 마셨다. 그리고 백탑 주변의 친구 집들을 모조리 한바퀴 돌았다.

부인 이씨는 첫날 밤을 홀로 보내야 했다. 서녀라고 하지만 이관상은 딸을 아꼈다. 앞서도 말했지만 조선시대 양반이라고 다 서얼차별에 동의하지는 않았다. 통계적 증거는 없지만 서얼 문제는 무반들이 좀 더 유연했을 가능성이 높다. 원래 무반 중에 서얼들이 많았다. 16세기 이래 세계의 바다와 오지, 그리고 전쟁터를 서자출신들이 누비고 있었지만, 조선의 서얼들은 조선의 쇄국정책 탓에 자신들의 진취성이나 모험심을 발휘할 기회조차 얻지 못하고 있었다. 이관상은 무반과 서얼들을 늘 가까이서 보았다. 충신, 열사의 가문으로서 차마 정부정책에 반기를 들지는 못했지만, 서얼에게 인간적인 동정심을 가진 것은 물론이고, 인간의 자질을 판단하는 데 있어서 경전을 달달 외우는 능력보다 진취성과 의지가 더 중요하다는 사실을 체득하고 있었는지도 모른다.

그런 이관상에게 약간 비뚤어졌거나 괴팍해 보이는 청년이 눈에 들어 왔다. 좁은 사회에서 박제가와 백탑파 이무기들의 소문은 이관상도 들어 알고 있었을 것이다. 아들 이한주가 추천했을 수도 있다. 그런데 첫날 밤 딸을 버리고, 친구들을 찾아가는, 그것도 장인의 애마를 허락도 없이 타고 가는 이 당돌한 사위를 보면서 이관상은 무슨 생각을 했을까? 내가 큰 실수를 했다고 한탄했을까? 무인답게 원래 적토마는 사나운 야생마 중에 있는 법이야라고 말하며 호탕하게 웃었을까?

이렇게 박제가는 유부남이 되었다. 결혼은 누구에게나 운명적인 만남이지만, 결혼 1년 후에 그에게 또 다른 운명적인 만남이 찾아온다.

옛 한양에는 청계천 지류들이 살아 있었다. 도시의 실핏줄과 같은 개울들이 한강에서 뻗어 나와 남북으로 죽죽 뻗었다. 일부는 갈수기에는 물이 마르는 건천이었지만, 이 실개천들과 지하수가 한양 주민에게는 생명수였다. 훈도방, 지금의 영락교회 북쪽 백병원과 남대문 세무서 근처에 이런 작은 개울이 반원을 그리며 흐르는 곳이 있었다. 제법 멋진 이곳에 무인 백동수(1743~1816)가 살았다.

아버지는 영조대에 종2품까지 지낸 고위무관이지만 자신은 서얼이었다. 그는 훗날 무인으로 명성을 높게 되지만 이때는 초야의 인물이었다. 서얼이라도 무반직은 진출하기가 훨씬 쉬운데, 20대가 넘은 그가 어떤 사연으로 초야에 묻혀 있었는지는 모르겠다.

1764년 키가 훤칠하고 잘 생긴 사나이가 백동수의 집을 찾아왔다. 그의 매부 이덕무(1741~1793)였다. 서얼 중의 서얼, 한양에서 최고의 서얼 인재를 뽑으라고 하면 모두가 첫 손에 꼽는 인물이 그였다.

백동수가 맞이하러 나갔지만 이덕무는 선뜻 방안으로 들어오려고 하지 않았다. 그의 시선은 전에 보지 못하던 현판에 꽂혀 있었다. "초어정 樵漁亭" 초어는 초야에 은거해서 나무를 하고, 고기를 잡으며 산다는 의미이다. 한양 한복판에서 고기 잡는다는 말이 이상하지만, 서얼이란 신분 때문에 도성 한복 판 개천가에서 강제 은퇴자로 살아가야하는 삶. 초어는 그런 의미였다.

박식한 천재 이덕무가 초어정의 뜻을 몰랐을 리는 없지만, 그를 사로잡은 것은 글씨였다. 옛날 선비들은 워낙 서도에 열중하다 보니 글씨에는 정말 관심이 많았다. 지금도 수사 기법 중에 필체 분석이 있지만, 필체라는 게 사람의 개성을 잘 드러낸다.

한자를 사용하는 붓글씨는 개성도 더 잘 들어나고, 그 사람의 학문적 수준, 성향까지 더해서 보여준다. 그러다 보니 조선시대에는 글씨를 보고 쓴 사람의 성격, 성품까지 짐작하는 관심법이 은근히 유행했다.

이덕무의 소감에 따르면 글씨가 크고 성난 듯하고 활기찼다고 한다. 굳이 글씨 관심법을 사용하지 않아도 초어정의 뜻도 그렇고, 백동수의 집에 현판을 써 줄 정도라면 글씨의 주인공이 한 많은 서얼 천재임이 분명했다.

다만 이덕무는 박제가의 문집 서문에서 자신이 본 문구가 인재(靭齋)였다고 기억한다. 백동수의 집에 '초어정'과 '인재'라는 글씨가 다 있어서 혼동이 왔던 것 같다.

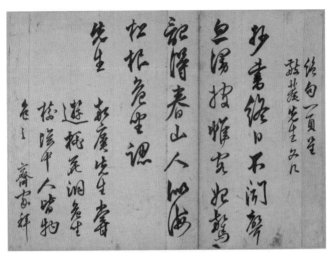
박제가의 글씨: 정암 조연구에게 준 시

　이덕무가 처남에게 누가 쓴 글씨냐고 묻자 백동수는 박제가란 15살
의 소년이라고 대답했다. 이덕무보다는 9살, 백동수보다 7살이나 어렸
다. 생각보다 어린 소년의 글씨라는 사실에 놀랐지만, 이덕무는 또 어떤
불행한 이무기가 탄생했구나 정도로 생각했던 것 같다. 친구로 사귀기
에는 나이 차이가 많았다.

　서로들 멀지 않은 곳에 살았고, 재능 있는 서얼들은 그들끼리 네트워
크를 형성하며 살아가던 시대였다. 나이 차이로 인해 멀리 떨어져 있던
박제가가 슬슬 이덕무의 궤도 근처로 다가왔다. 2년 후인 1766년 겨울,
친구인 김자신(金子愼, 김치인, 자신은 김치인의 자)이 이덕무에게 박제
가가 쓴 시 2편을 보여 주었다. 이덕무는 이 소년이 글씨 뿐 아니라 시작
실력도 뛰어나다고 생각했다. 그 뒤로 이덕무는 박제가에게 연락하진
않았지만 백동수와 김자신을 만나면 간간이 박제가에 대해 묻곤 했다.

1767년 봄에 백동수를 만나러 간 이덕무는 자신과 마찬가지로 백동수의 집 쪽으로 가는 동자를 보았다. 이덕무는 동자라고 표현했지만 박제가는 그 해에 장가를 가서 어른이었다. 키는 상당히 작고 상대적으로 머리는 컸다. 이마는 넓고 눈빛은 매서웠다. 박제가의 용모에 대해 들어서 알고 있던 그는 저 소년이 박제가라고 직감했다. 박제가도 이덕무를 흘깃 보았다.

　　박제가도 자신을 쳐다보는 사람이 이덕무임을 눈치 챘던 것 같지만, 자존심 덩어리답게 그냥 무심한 척 계속 걸었다. 아마 이덕무가 먼저 불러주기를 기대했던 것 같다. 그러더니 갑자기 휙돌아서서 다가와 이덕무에게 인사를 하고 자신이 지은 시 2편을 불쑥 내밀었다.[9]

　　이때부터 이덕무와 박제가의 우정이 시작된다. 나이로 보면 9살이나 연상인 이덕무는 친구라기보다는 큰형님 뻘이었고 실제로 그랬다. 박제가가 평생 서얼로 차별을 받았다고 하지만 반대로 큰 도움을 준 사람도 여럿이 있다. 아니 알고 보면 상당히 많다. 그 중에서도 어머니를 제외하고 박제가의 성장기에 제일 중요한 사람을 꼽으라면 장인 이관상과 이덕무를 꼽겠다. 이관상과 이덕무가 없었더라면 박제가는 비뚤어지거나 좌절했을 것이다.

　　새신랑이 된 박제가를 보면서 제일 흡족해 한 사람은 어머니였다. 대견했던 심정은 하루만에 끝났다. 첫날 밤 박제가가 저지른 만행(?)에 대해 들었을 때는 기가 막혔다. 사돈을 뵐 면목이 없었다. 사돈이 무반가라고 하지만 그 집안이 보통 무반가인가. 조선의 그 누구도 감히 소홀하게 대할 수 없는 집안이다. 이순신 장군이 세운 공적과 죽음만으로도 불멸의 업적이지만, 대를 이은 이 집안의 충성심과 자부심은 유명했다. 장군의 조카 이완은 1627년 정묘호란 때 의주성을 지키다가 전사했다. 인조 때 벌어진 이괄의 난 때는 장군의 서자 2명이 도성을 두고 정부군과 반군이 벌인 안현 전투에서 전사했다. 현 임금인 영조가 즉위했을 때, 이 장군가는 다시 한 번 충신을 배출했다. 영조의 즉위에 반감을 품고 봉기한 이인좌의 난 때 장군의 5대손으로 충청도 병마절도사였던 이봉상과 그의 숙부 이홍무가 반군의 회유에 굴하지 않고 죽음을 맞았다.

박제가의 집안도 전통적인 양반가지만, 박평은 사망했고, 이순신가의 명성과 현직 고관인 이관상의 위세에는 비할 수가 없었다. 그런 장군가의 사위가 되어서 첫날 밤에 보인 행동이….

여기까지 생각하면 가슴이 먹먹해졌다. 그런데 의외로 장인은 화를 내지 않았다. 엄격한 무인가에서 자란 탓인지 며늘아기도 내색을 하지 않고 꿋꿋했다. 불안이 흡족함으로 바뀐 결정적인 이유는 세상 무서운 사람이 없던 아들놈이 장인어른은 무서워하며 공경한다는 사실이었다.

사돈어른은 딸과 사위를 서얼이라고 차별하지도 않았고, 새로 자식이라도 얻은 양 박제가에게 깊은 관심과 애정을 보였다. 처남과도 절친이 되어 어울려 다니기 시작하더니 장인어른에게 불려가고 사돈집에서 보내는 날이 잦아졌다. 자식이 처갓집만 문지방이 닳도록 드나든다면 보통의 어머니라면 서운하기 짝이 없겠지만 박제가의 어머니는 반대였다. 엄한 사돈양반이 고마울 뿐이었다.

"이제 저 놈이 무서운 사람을 만나고, 제대로 된 후원자를 만났구나"

그러던 참에 박제가가 이덕무라는 형님까지 얻었다. 한 떼의 친구들과 이덕무가 박제가의 집을 처음 방문했던 날, 어머니는 이덕무에게 홀딱 반했다. 이씨는 이덕무의 두 손을 감싸 안았다. "고맙네 고마우이, 자네가 저 어린 놈 좀 잘 좀 이끌어주게"

박제가의 옛 동무들은 이날 이덕무 효과를 실감했다. 이전에도 어머니는 친구들이 찾아오면 최선을 다해 음식과 술을 마련해 내놓곤 했지만 이덕무가 등장하자 격이 달라졌다. 친구들이 모두 한마디씩 하기 시작했다.

"무관 형님(무관은 이덕무의 자) 형님은 진정 우리들의 큰형님이시오."

"형님 책에서 떡 나오고 술 나오는 게 아니고 형님이 술과 떡이요, 발길 닿는 곳마다 술과 떡이 나오는구려."

"난 이제부터 형님 가시는 곳이라면 어디든 따라가겠소"

"아니 난 어딜 가도 형님 꼭 모시고 가겠소, 우리 동생들을 버리지만 마시오"

백탑동의 이무기들

여기서 백탑파 친구들의 면모를 살펴보겠다.

『발해고』의 저자로 유명한 유득공(1748~1807)은 훗날 이덕무, 박제가와 함께 규장각 검서관이 되고, 평생의 동료가 되는 4인방 중 한명이다. 박제가보다 2살 연상으로 생일이 같았다.

유득공은 서자는 아니었지만, 증조할아버지와 외할아버지가 서자여

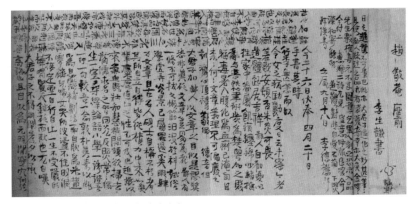
이덕무의 글씨: 친우에게 보낸 편지이다

서 서얼이 된 케이스이다. 그도 외모나 성격이 박제가보다는 이덕무에
가까웠다. 박제가로서는 열등감을 도지게 할 일이지만, 키가 아주 크
고, 얼굴은 동안의 미남자였다. 사람 좋고 마음도 따뜻했다.[10]

서이수(1749~1802)도 이덕무, 박제가, 유득공과 함께 규장각 검서관 4
인방 중 한명이다. 다른 검서관에 비해서는 일화나 기록이 적다. 비교적
무난하고 조용하게 처신하는 성격이었던 것 같다.

서상수(1735~1793)는 서화와 골동품 감정에 당대의 명인이었다. 박지
원은 서상수가 골동품 감정의 영역에서 득도한 수준으로 감정학의 새
로운 지평을 열었다고 평했다. 생원시에 급제하고 종8품 광흥창 봉사를
지냈다. 감정 뿐 아니라 음악, 글씨와 그림에도 능했다. 안타깝게도 그
의 작품은 전해지는 것이 없다. 박제가처럼 수염이 많아 털보라고 불렸
지만,[11] 미남자에다가 취미에 걸맞게 최고의 풍류남아였다.

이서구(1754~1825)는 이 5인방 중에서 나이도 제일 어리고, 유일하게
서자가 아니었다. 전주 이씨로 선조의 12번째 아들인 인흥군의 후손이

었다. 부친 이원은 정언을 지냈다. 이런 명문가 출신이지만 가정은 불행했다. 5살 때 모친을 여의고 외가에서 자랐다. 10대 후반에 부친이 유배되어 1770년에 사망했다. 그는 1774년 과거에 급제했다. 이후 약간 곤경을 겪지만 재기에 성공, 2품관까지 승진했다. 서얼 친구들과는 전혀 다른 길을 걸었지만, 이들과 평생동안 변치 않는 교유를 나누었다. 성격은 아주 온유했다고 한다.

검서관 4인방 못지않게 친밀한 친우로 이희경(1745~1805?)이 있다. 그도 황새처럼 호리호리하게 키가 컸다.[12] 박제가로서는 열등감이 도질 일이지만 자기만 빼곤 모두 키가 크고 호리호리한 미남자에 성격도 부드러운 인물이라는 것이 이 패거리의 중요한 특징이었다.

이희경도 자신이 서자가 아니라 부친 이소가 서자였다. 생원시에 급제했지만 더 이상 벼슬하지 않았다. 여러 일화로 추정해 보면 천재성이나 재능은 4인방에 비해 떨어져도 친구들 잘 챙기고, 궂은 일 맡아서 해 주는 그런 좋은 친구였던 것 같다.

몸이 약해서 장년에는 각혈도 자주 했다. 그러면서도 주당이어서 동해같은 주량을 지녔다고 할 정도로 술이 셌다.[13] 몸이 약한 것이 아니라 술 때문에 몸에 탈이 난 것 같다.

북학에 관한한 박지원, 박제가와 가장 뜻이 통한 인물이면서 박지원과도 각별했다. 동생 이희명과 함께 박지원의 문하가 되었으며, 백탑파 중에서는 박지원의 임종을 지킨 유일한 인물이다. 그는 박제가, 유득공과 동행하면서 평생 5번이나 연경(북경)에 갔다 왔다. 그는 박제가와 같은 해, 혹은 그 직후에 『북학의』의 자매작이라 할 수 있는 『설수외사』를

탈고했다.[14]

하지만 이희경의 삶은 박제가 일행보다 더 고단하고 불행했다. 그는 백탑파의 주류와 가장 가깝고, 북학에 대해서도 깊이 동조하며 놀라운 노력을 했지만, 당대에서나 후세에도 그들만한 명성을 얻지 못했다.

만년에는 강원도 홍천에 낙향해서 직접 농사를 지으며, 가난하고 힘들게 살았다. 그의 저서 『설수외사』는 국내에서 실전되어 사라졌다가 1986년에야 일본 동양문고(일본 국회도서관 지부, 현재는 독립법인이다)에서 발견되었다.[15]

현천 원중거도 문장과 학문이 뛰어난 문사였다. 나이는 이덕무보다도 위였던 것 같다. 과거에 급제해서 진사가 되었고, 낭관(6품관)으로 20년을 근무했지만, 만년 6품관으로 살며, 승진도 못하고, 수입이 되는 외관직에도 나가지 못했다.

박제가는 이것이 부패한 인사행정과 명문가 출신이 아니면 승진할 수 없는 세태 탓이라고 했다. 20년 만에 겨우 찰방이 되었지만 바로 파직되었다. 1763년에 통신사로 일본을 다녀오는 독특한 경험을 했다.

그는 고리타분한 유학자가 아니라 융통성 있는 인물이었다. 관직에서 파직되자 바로 성남으로 이주해서 나무를 재배해 돈을 벌고 그 자금으로 땅을 마련했다.[16] 만년에는 용문산에 은거해서 살았다. 칠순에야 명예직으로 3품계를 받았다.[17]

유금(1741~1788)은 촌수로는 유득공의 작은 아버지였지만, 이덕무와 동갑내기 친구였다. 그 인연으로 박제가 일행과도 동료처럼 지냈다. 본명은 유련(柳璉)인데 1777년에 사신으로 중국에 다녀온 후 이름을 유금

유럽의 아스트로라브와 유금이 만든 혼개통헌의(실학박물관 소장)

으로 바꿨다.

자신의 호를 기하주인이라고 했을 정도로 천문과 수학에 뛰어났다. 유금은 1787년 서양의 천문도구인 아스트로라브를 참조해서 혼개통헌의라는 조선의 아스트로라브를 제작했다. 아스트로라브는 고대 그리스부터 근세까지 꾸준히 제작되었는데, 별자리를 관측하고 시간을 판별하는 도구였다. 혼개통헌의는 아스트로라브의 원리를 사용하면서 조선을 기준으로 별자리를 배열했다.

시가 뛰어나고 감성이 섬세한 시인 변일휴(1740~1778?)는 진사시에 합격했으나, 관직에 나가지 않았다. 당시 지식인으로서는 특이하게 불경에 심취했다. 아마 공부하거나 쉬러 북한산의 사찰에 갔던 것 같은데, 이곳에서 불경을 접하게 되었다. 불경을 읽었더니 마음이 동했다. 이덕무는 이 말에 놀라 다음에 만나면 이 엉뚱한 생각을 부숴야 하겠다고 말했는데,[18] 성공한 것 같지는 않다. 나중에는 가부좌를 하고 범패를 부를 정도로 독실한 불교신자가 되었다.[19]

윤가기는 문장이 화려하고 머리가 명석해서 시를 빨리 짓기로 유명했다. 성격 급한 사람끼리 통했는지, 박제가와는 특별히 각별한 사이가 되었다. 훗날 박제가의 둘째 딸과 그의 아들 윤후진이 결혼해서 사돈이 되었다.

이들 외에도 김창업의 서자이며 유명한 서화가였던 김윤겸과 그의 아들 김용행(1753~1778), 이덕무의 당질로 서예가이며 그림과 음악에 조예가 깊었던 이광섭, 전서와 예서의 대가였던 김두열, 박제가가 당나라 화가 이소도에 견주었던 화가 이희산 등 많은 친구들이 있었다. 대부분이 학문, 문장, 서예, 그림, 천문, 수학, 무술에 한가지 이상의 재주를 지니고 있으나, 서얼로 태어나 재능을 펼치지 못했던 인물들이었다.

재능을 펼치지 못했다는 말이 꼭 벼슬을 못하거나 출세하지 못했다는 말이 아니다. 본인의 좌절 때문이든, 세상의 박대와 무시 때문이든 이들은 재능을 증명할 작품을 남기거나 보존하지 못했다. 우리가 간신히 추억할만한 약간의 작품을 남겼거나 이름만 전해진다.

우리가 그나마 이덕무, 박제가, 유득공, 백동수 등을 기억하는 이유는 이들이 기억할만한 활약과 작품을 세상에 남긴 덕분이다. 덕분에 우리들은 이들의 재능과 이런 재능을 무시한 당시 사회의 부조리와 부당함의 양과 질에 대해서도 알 수 있고, 나의 생에 차별과 부조리를 이겨내지 못하더라도 굴복해서는 안된다는 교훈을 얻는다.

모두들 근처에 살았고, 글공부를 해야할 의무는 있었지만, 의무교육은 없던 시대였다. 이무기들은 무리를 지어 이 집, 저 집 몰려다녔다.

> 형암 이덕무의 집이 (박지원의 집에서) 북쪽을 마주 보고 있었고, 낙서 이서구의 사랑은 그 서편에 솟아 있었다. 수십 걸음 떨어진 곳은 서상수의 서루였고, 거기서 다시 꺾어져 북동쪽으로 가면 유금과 유득공이 사는 집이었다. 나는 한번 갔다 하면 돌아오는 것도 잊고, 열흘이고 한달이고 연거푸 머물곤 했다.(백탑청연집 서문)32)

이덕무의 기록에는 더 많은 백탑파의 다른 친구들이 등장한다. 친구 따라 강남 간다는 10대 시절, 가난하다 가난하다 하지만 서민처럼 직접 농사일을 하지도 않는다. 가계를 위해 나무를 하거나 외양간을 돌볼 일도 없다. 그 정도 가정형편은 되었던 한량한 젊은이들은 서로의 집을 아지트 삼아 오고 가며 매일 모였다.

한번 모였다 헤어지면 다음 날 다시 이런저런 핑계로 누구 집에 간다. 그러면 하필 그곳에 누가 있거나 또 온다. 이서구 집에서 자는데 이덕무가 왔다거나 유득공 집에 놀러 갔더니 이서구가 와 있더라는 식이다.

> 초경(밤 8시)에 유군(유금)을 만나고
> 사경(밤 2시)에 이자(이덕무)를 만났네
> 오늘 밤도 반 이상 지났으니
> 이같이 올해도 또 저물겠지(밤에 유연옥〈유금〉을 찾아가다)33)

겨우 어제 헤어진 주제에 만난 김에 또 한 명 부르고, 마침 누가 어디

갈 일이 있다고 하면 또 같이 가고, 결국 그날 밤 누구 집에 또 모인다. 아침은 이 집에서 점심은 저 집에서, 그렇게 서로의 집을 뱅뱅 돌다 보면 순례는 끝이 나지 않고, 한 달, 열흘이 후딱 지나갔다.

박제가의 어머니는 궁핍한 살림에서도 아들의 기를 죽이지 않고, 친구들 서운하게 하지 않으려고, 친구들이 몰려오면 힘껏 먹이고 마셨다.

내 벗들이 집에 와서 후한 대접을 괴이하게 여기지만, (어머니가) 시집 올 때 입었던 옷 자주 전당 잡혔다오[20]

다른 집들도 마찬가지였을 거다. 출가외인이 된 누나도 대들기도 잘 하는 버릇없는 동생을 미래의 희망이고 집안의 기둥이라고 술지게미가 생기면 밤에 몰래 불러내서 먹이고, 여러 가지로 돌봐 주었다.

그나마 다행이라면 이 시대는 웬만한 부잣집도 술과 음식에 한정이 있어서 먹고 마셔도 취하는 시간이 짧고, TV, 당구, 볼링, 나이트, 전자 오락도 없어서 할 수 있는 오락이 시 짓고 그림 그리기 정도 밖에 없었다는 거다. 대부분의 사람들은 이 모임에 참석하면 이게 어떻게 노는 거냐 매일 세미나 아니냐라고 말했을 지도 모른다. 물론 아내들이 보면 이게 무슨 세미나냐 놀며 잡담하는 거지라고 비평했을 수도 있다. 우리 세미나 팀도 40년 째 이런 상반된 비난(?)을 받고 있다.

박제가의 증언은 방황과 시간낭비를 더 강조하지만, 수재들의 공통점이 자신들이 공부한 이야기보다는 놀고, 딴 짓 했던 이야기하기를 더 좋아한다는 거다. 차분한 이덕무의 기록을 보면 이 패거리 모임은 보통

청소년들과는 수준이 다른 아주 건전하고 학구적이었다. 성리학의 교리를 두고 토론도 하고, 말장난을 해도 현학적으로 했다. 유머 대결에서 한번 망신을 당한 사람은 이를 갈며 다음 기회를 노렸다. 공부도 열심히 들 했다. 박제가는 글공부를 위해 봉선사에 들어가 집단 합숙을 한 적도 있다. 다른 사람도 마찬가지였을 것이고, 함께 몰려갔을 가능성이 더 높다.

그 덕에 이 당대의 수재 패거리는 알고 보면 특별하고 생산적인 시간을 보냈다. 박제가도 한 달, 열흘 어울려 보내면 시와 그림이 책 한권 분량은 쌓였다고 고백(?)한다. '안타깝다', '불우했다'라고 하지만 어찌 보면 현대의 틀에 박힌 입시제도와 공교육이 제공하지 못하는 진정한 영재교육의 장을 스스로 창출했던 셈이다. 진정한 백탑동의 플라톤 아카데미였다.

초기 박제가의 벗들은 거의 서자들이었지만 이 외연도 확대되었다. 1766년 한참 연상인 홍대용(1731~1783)이 백탑파와 인연을 맺었다. 얼마 후 또 한 명의 특별한 형님이 패거리에 합류한다. 연암 박지원(1737~1805)이다. 흔히 박지원과 박제가를 일가로 오해하는 경우가 있는데(어린 시절의 필자도 그 중 한명이다), 두 사람은 본관부터 달랐다. 박제가의 본관은 밀양, 박지원은 반남이다.

박지원은 부친 때부터 과거와 결별해서 벼슬을 하지 않았지만, 집안은 정통 노론의 거물이었고, 이미 문장으로 사회적 명성도 있었다. 1768년에 그는 탑골로 이사했다. 그의 집은 가회동 지금의 헌법재판소 부근에 있었는데, 그 집 마당에서 자라던 백송이 지금도 헌법재판소 뒷뜰에

재동 백송, 수령은 600년 정도로 추정한다. 중국산 소나무로 뿌리가 약해서 한국에서 생존하기가 쉽지 않다고 한다. 중국에 갔던 사신이 가져와 심은 것으로 추정하고 있다.

살아 있다.

이곳에서 박지원은 백탑파의 젊은이들과 교제하기 시작했다. 그도 4살 어린 이덕무와 백동수를 먼저 사귀었고, 1768~69년 사이에 박제가를 만났다. 이서구, 홍대용, 박제가보다 한 살 위였던 처남 이한주도 가세했다. 처남이면서 절친이 된 이한주는 박제가와 함께 박지원의 집에 놀러 가기를 좋아했다고 하는데, 친구를 사귀지 않고 홀로 지내는 경향이 강했던 박지원도 이 젊은 친구들을 무척 좋아해서 벗으로 제자로 마음을 주며 사귀었다.

박지원의 글 중에 조선의 음주문화를 비판한 글이 있다. 시문학에서 보는 그런 우아한 술자리는 평생 본 적이 없다. 원샷 습관에 취할 때까지 달리는 고약한 술문화 덕에 마시면 취하고, 취하면 싸운다. 정말 고약하다.

연암 박지원의 초상: 손자 박주수가 그렸다

이런 글을 읽다 보면 본인이 술에 약해서 이런 글을 썼나보다라는 생각이 드는데, 박제가의 고발에 의하면 진짜 최고의 주당이 박지원이었다. 연암 선생은 그 어떤 백탑파 젊은이보다 많이 마시고 오래 버텼다.

지금 생각해 보면 주당 선생은 술이 약해서 이 글을 쓴 것이 아니고 본인은 아직 취기가 오르지도 않았는데, 젊은 친구들이 픽픽 쓰러지고, 주정하는 꼴을 하도 많이 보다 보니 조선의 음주 문화에 대한 고발문을 쓰게 되었던 것 같다.

백탑파의 어르신이 된 박지원은 술과 음식, 잠자리도 꽤 제공했던 것 같다. 1772년 박지원은 가족들을 아예 경기도 광주 석마石馬에 있는 처가로 보내고, 자기 집을 백탑파의 합숙소로 만들어 버렸다. 그러나 박지원도 경제력이 넉넉하지 않았다. 박제가에게 빈병을 보내 술을 부탁한 적도 있다.[21]

남들이 하는 대로 살아야 하네

장인의 호통

1769년 2월 박제가는 가족을 남겨두고 홀로 행장을 꾸려 서울을 떠났다. 남편과 아들을 떠나보내는 두 여인의 얼굴에는 슬픔이 아니라 미소가 떠올랐다. 장인 이관상이 평안도 영변도호부사로 임명되었다. 조선의 법에 지방관은 가족을 데리고 부임할 수 없다. 하지만 아들, 조카 한 두명 정도는 데려갈 수 있었다. 이관상은 장남 이한주와 사위 박제가를 호출했다.

박제가의 삶에 등장하는 첫 번째 구원자는 장인 이관상이다. 그는 박제가가 똑똑하긴 하지만, 너무 남다르고, 고민과 불만도 많은 위험한 천재라는 사실을 잘 알고 있었다. 동시에 그 마음 속에 있는 고통을 이해했다. 그리고 부친도 없이 자란 이 허탄한 천재에게 무엇이 필요한지도 알았다.

박제가의 얼굴도 싱글벙글했다. 장인이 무섭기도 했지만, 적자든 서얼이든 지방에서 부사의 사위는 그 자체가 무서운 권력이었다. 향리와 지방민 위에서 행세를 하며 살 수 있다는 뜻이 아니다. 조선시대는 여행 인프라가 극도로 부족했다. 백두산, 묘향산, 금강산, 유명한 관광지는 많았지만, 자유상업을 허용하지 않으니 아무리 유명한 관광지라고 해도 호텔, 식당이 존재하지 않았다.

그래도 마음먹으면 관광을 할 수 있지만, 비용이 많이 든다. 이런 사정 덕에 관광을 하려면 그 지역에 인맥이 있어야 했다. 조선시대의 유명한 기행문들은 유배를 당해서 강제 관광을 했거나 자신이나 가족이 지방관이 된 틈에 다녀온 것이 대다수이다.

도호부사의 위력이면 평안도 일대는 물론이고, 더 멀리까지 숙식 걱정 없이 세상 구경을 할 수 있었다. 이미 절친이 된 이한주와 박제가는 출발 전부터 여행계획을 짰다. 아내 없는 곳에서 관기들과도 신나게 놀아보자는 음흉한 속셈도 장착했다. 이덕무의 증언이니까 틀림없다. 음력 9월 단풍철이 되자마자 도호부사의 아들과 사위는 여행을 떠났다. 목적지는 풍광은 전국 최고라는 묘향산이었다.

도포를 입고 허리엔 칼을 차고, 안장에는 책을 실었다. 여행 중에도 책을 읽는다는 의미인지, 우리는 무반이지만 무식한 무반이 아니다라는 과시인지 모르겠다. 이관상의 후광이 있다고 해도, 아직 벼슬도 없는 젊은이들인지라 어디가서든 합당한 대우를 받으려면 이런 자기 증명이 필요했던 것 같다. 대우를 넘어 존경까지 받으려면 시 한 수를 적어내든지, 학식을 과시해야 했다.

성리학의 논쟁과 일상의 예법을 보면, 조선시대 사람들은 우리와는 다른 생각 속에 사는 것 같지만, 먹고 사는 욕망은 똑같다. 특별한 지위나 각오가 필요해서 그렇지 관광과 여행도 무척이나 좋아했다. 관광 수요는 있는데 관광 인프라는 절대 부족한 상황. 이를 해결해 주는 곳이 사찰이었다.

박제가도 묘향산의 명찰인 보현사를 위시해서 암자와 사찰을 돌며 묘향산을 유람했다. 어찌나 관광객이 찾아오는지, 가이드를 전담하는 여승까지 있었다. 보현사에는 사명대사의 스승인 서산대사의 지팡이와 부처의 어금니가 보존되어 있었다. 박제가는 임란 의병장으로서 서산대사의 공로는 인정하면서도 도도하기 그지없는 인물이었다고 평했다.

서얼 차별에는 분노하는 박제가도 불교 차별에는 이의가 없었다. 자신과 같은 유생들은 평생 공부해도 말단 관직 얻기도 힘든 시대에 선조로부터 최고의 존호를 얻고 대접을 받은 것이 맘에 들지 않았던 것 같다.

영변도호부사의 아들과 사위가 책까지 한보따리 안고 나타나자 묘향산 보현사를 위시한 사찰의 승려들이 총동원되어 접대에 나섰다. 영변유지의 아들들이 합세하고, 기생과 악대가 완전한 팀을 이루어 따라왔다. 그들이 보현사 경내로 들어설 때, 승려들이 길까지 나와 도열하고, 건장한 승려들이 두 사람을 모실 당여(가마)를 메고 대기했다.

두 사람은 묘향산 등산길도 가마를 타고 올랐다. 길이 좁고 험해지면 승려가 업어서 모셨다. 더 이상 업어서 모실 수 없는 곳에 도달하자 그때부터 두 손 두 발을 써서 오르기 시작했지만 정상에는 도달하지 못했다. 한참 낭떠러지를 기어오르는데, 절벽 위의 암자에 있던 승려가 조금만 더 오면 된다고 소리를 질렀다. 박제가는 천한 중놈이 달려서와 도와(업어)주지는 않고 머리 위에서 구경만 하는 것이 괘씸했지만, 속으로만 중얼거리고 참았다. 두 사람 다 보통 사람 이상의 무술을 익혔지만, 박식했던 그는 심산유곡에 사는 승려에게 시비를 걸었다가 어떤 괴인을 만나게 될 지도 모른다는 생각을 했던 모양이다.

이 사건만 빼고는 생전 겪어 보지 못한 꽤나 만족스러운 여행이었다.

마당에서 주악을 벌였다. 타는 자, 부는 자, 치는 자가 차례로 벌려 앉아 각자 악기를 연주했다.(묘향산소기)[22]

너무나 흡족했던 박제가는 제법 길고 자세하게 묘향산 기행문을 남겼다. 이 글은 순수 기행문으로 특별한 깨달음이나 가치관의 변화를 겪었다는 이야기는 없다. 그럼에도 불구하고 이 여행을 소개하는 이유는 절도사의 사위로서 지냈던 영변 생활이 비뚤어져 가는 천재에게 세상과 타협하는 기회를 주었기 때문이다.

'타협'이란 표현이 저속해 보이지만 불의와 타협하라는 의미가 아니다. 세상이 나를 거부한다고 느낄 때, 조숙한 천재는 세상을 멸시하고 더러운 세상과 자신을 스스로 격리해 버린다. 더러운 세상, 더러운 차별, 비열한 인맥, 지연, 학연, 부조리, 무능력한 리더, 아첨, 더 웃기는 건 능력도 안되고 입만 살은 지식인들이 고고한 천재인 척은 더 한다는 거다.

"우리나라는 문벌을 숭상해서 태어나기도 전에 귀천이 갈린다, 문벌

검무를 추는 기생(기산풍속도첩)

이 없으면 좋은 관직을 얻을 수 없으니 나라가 계속 쇠퇴한다. 이런 세상에 나가면 뭐하나. 나 하나 나간다고 한들 세상을 바꿀 수 없다. 세상의 부조리로 인해 내 능력을 인정받기조차 힘들다. 잘해야 허접한 하급관리, 샐러리맨 밖에 더 되겠느냐. 내가 잘 나면 잘 나 보일수록 너희들은 더 달려들어서 물어뜯고 핍박하겠지. 너희에게 더 더러운 꼴을 당하기 전에 내가 너희들과 결별하련다."

이관상은 이렇게 투덜거리는 조숙한 사위에게 실제 세상의 모습을 보여 주고 싶었던 것 같다. 허접한 관리라도 얼마나 힘이 있는지, 권력과 지위를 가진다는 것이 아니 직업을 가지고 사회인이 된다는 것만으로 그의 세계가 얼마나 넓어지고, 다양한 가능성을 던져주는 지를 말이다.

여기에 더해서 권력의 달콤한 유혹도 가미했다. 그 정수가 묘향산 여행이었다. 장인 덕에 묘향산에서 청년 박제가는 권력의 맛을 단단히 보았다. 이렇게 말하면 천박하고 불결한 느낌이 들지만, 둑을 쌓으려면 흙탕물에 발을 디뎌야 하고 능력을 인정받으려면 불공평과 질투와 싸워야 한다. 훗날 북학의를 주장하는 박제가 사상의 정수가 욕망의 긍정이었다. 좋은 음식을 먹고, 좋은 옷을 입고, 좋은 집에서 살고 싶다는 욕구가 잘못된 것이 아니다. 그 욕망을 실현하는 방법에서 선과 악이 나뉘는 것이다.

유학자들은 욕망을 더럽다고 한다. 그러면서 자신들은 권력과 부를 차지하고 자신들이 하는 행동은 욕망의 결과가 아니라고 한다. 오직 부모님을 좋은 곳에 모시고 좋은 음식을 드리기 위한 마음. 충과 효심의 고상한 실천이라고 한다.

그것도 좋다. 그토록 고결한 척 하는 사람들이 다른 사람들에게 출생과 신분같은 본인과는 무관한 허물을 씌워 충과 효를 실현할 기회조차 원천차단하는 건 무언가. 이것이 고결한 자의 행동인가? 자신의 욕망을 제일 더러운 방법으로 실현하는 비열한 행동이 아니고 무엇인가?

여기에 더해서 이관상은 관리가 다 탐관오리가 아니고, 선량하고 목표의식이 분명한 관리가 얼마나 많은 일을 할 수 있는 지를 몸소 보여주었다. 욕망의 건전한 발휘를 위해 필요한 것은 본인의 능력과 책임감이다.

박제가는 장인에게서 능력과 책임감, 사명감을 보았다. 이순신 장군은 불행한 최후를 맞았지만, 후손들은 많은 덕을 보았다. 삐딱하게 보면 후손들의 출세도 음덕(조상덕)이다. 하지만 장군의 후예들은 명예와 사명감도 함께 물려받았다.

이관상은 늘 최선을 다했다. 법과 관습을 두려워하지 않고 폐단을 혁신했고, 백성에게 이로운 일은 책임지고 시행했다. 영변의 성벽에는 야간경비를 서는 병사들이 쉴 곳이 없었다. 늦가을이면 영하로 떨어지는 땅에서 병사들은 추위에 떨며 경계를 서야했다.

이관상을 병사들을 위해 12개의 움집을 지어주었다. 성벽을 수선하고 병사들의 군장을 새로 정비하고, 우물이 부족하면 우물을 팠다. 영변성에 포루 60개를 설치하고, 관청 600칸을 수리했다.[23] 움집이나 우물파기는 마음만 먹으면 쉽게 할 수 있고, 관청 수축과 포루도 5년~10년을 방치하면 다시 무너질 업적들이다.

얼핏 생각하면 하기 어려운 일도 아니고, 후세가 기억할 찬란한 업적도 아니다. 하지만 막상 이런 일들을 하는 관리가 많지 않았다. 이관상처럼 한번 사명감 있는 관리가 오면 그 건물이 무너지고, 우물이 마르기 전까지는 수백, 수천명이 혜택을 입는다. 이관상의 활약을 옆에서 보면서 박제가는 자신이 세상을 너무 간단하게 보고 있었다는 사실을 깨달았다.

이관상은 "나는 재벌 아들이 아니라 월급쟁이 밖에 되지 못할텐데, 취직은 해서 뭐하느냐"고 투덜거리는 사위에게 일류 거대 기업의 내부를 보여주고 잠시 생활까지 시켜주었다. 그리고 사위에게서 변화가 감지되자 비로소 하고 싶은 말을 했다. "많은 사람이 하는 대로 따르는 것이 좋다네."[24] 이상을 포기하고 현실에 묻혀 타락한 기회주의자가 되라는 말이 아니다. "더러운 세상"이 현실도피의 핑계가 되어서는 안된다. 현실을 비난하며 회피하지 말고, 현실에 도전해서 세상을 바꾸라는 말이다. 세상을 바꾸지 못해도 최소한 자신의 일에 충실하다 보면 타인에게 도움이 되고, 부끄럽지 않은 삶이 찾아온다.

결혼을 하면 책임감도 따른다. 가장이 된 박제가는 장인의 충고에 수긍을 했다. 기록에는 이렇게 되어 있지만, 실상은 좀 험악했다. 원래 군인의 내리 사랑은 매와 몽둥이, 규율과 단속으로 표현하는 법이다.

장인은 자상하면서도 엄했다. 결혼 첫날 밤 박제가가 장인의 애마를 겁도 없이 끌고 나갔다는 이야기는 앞에서 했는데, 그 뒤로도 박제가는 여러 번 안장도 얹지 않은 채 그 말을 타고 술친구를 찾았다.[25] 장인의 고급 수입차를 안전벨트도 하지 않고 음주운전을 한 셈이지만, 장인은 이런 일에는 관대했다.

하지만 엄할 때는 무서웠다. 사위에게 종아리까지 치지는 못했겠지만, 이관상은 박제가를 자기 옆에 데려다 놓고 격려도 하고, 야단도 치면서 과거 준비를 시켰다.

"연꽃 정자 술자리에 북소리 요란터니 공은 담뿍 취하고, 사위 또한 얼큰했네.... 야단을 치시던 일 잊을 수가 없다. (서울로) 돌아가기 위해 하직 인사를 올리던 날(告歸之日), 내 머리 쓰다듬으시며 이렇게 말했지. 널 사랑함이 나만 한 이 없느니라"[26]

장인어른이 아버지가 되었다. 박제가의 실력이라면 이미 과거에 급제하고 남을 실력이었다. 그러나 시험은 시험이라고 과거는 과거대로 요구하는 문장과 체제, 틀이 있었다. 프리토킹으로 통역을 하는 실력이라고 해도 토플을 보려면 별도로 시험공부를 해야 하는 것과 같은 이치다. 박제가는 "어린 아이도 형식을 배워서 짓고 있다고" 비꼬며[27] 늘 그것을 비웃었다. 그리고 누가 과거를 보자고 하면 자신은 그런 형식적인 입시공부는 하자 않아서 과거용 문장을 지을 줄 모른다고 발을 뺐다. 게다가 응시를 해도 서얼은 합격하기도 어렵고 합격을 해도 벼슬을 얻기는 불가능했다. 이건 자존심의 문제여서 박제가는 세상 핑계를 대며 과거를 회피했다.

이런 박제가를 다잡고 과거공부를 시키려면 특별한 관심과 힘이 필요했다. 이관상은 서얼차별은 곧 없어진다. 그 날이 언제 올지 모른다고 해도 희망을 가지고 노력하라고 훈계했을 것이다.

장인을 감안하면 문과가 아닌 무과로 나갈 수도 있었지만, 문무 어디로 향하든 사회생활, 조직생활을 하려면 박제가는 교정을 받아야 했다. 외아들로 홀어머니 밑에서 성장한 덕에 박제가는 누구든 그를 나무라거나 자신이 옳지 않다고 생각하는 일을 강요하면 아예 피해버리거나 발끈해서 반박하곤 했다.

한참 뒤의 일이지만, 1797년 정조가 사도세자의 능인 현륭원에 거동할 때였다. 박제가는 지경연사(정2품)였던 심환지와 사소한 일로 말다툼을 벌였다. 그땐 박제가도 좀 출세를 한 상태였고, 심환지의 지적이 오해였다고 해도 고관에게 대든 건 대든 것이었다. 분노한 심환지가 정조에게 와서 하소연을 하자 정조는 이렇게 말했다. "박제가 성질 고약한 건 다 알지 않소 그대가 좀 참으시오"[28]

자의식 과잉, 자제력 부족, 사교성 부족, 박제가의 비범함이 타고난 천재성에 서얼 아카데미라는 자유로운 성장환경이 더해진 결과인 것은 분명하지만, 그것이 남긴 멍울도 컸다. 원석이 보석이 되려면 가공과정을 거쳐야만 한다. 박제가의 완성을 위해서는 엄한 훈육의 과정도 반드시 필요했다.

더 중요한 것은 진심어린 인정과 기대였다. 이관상, 이한주는 모두 서얼이라는 벽을 뛰어넘어 박제가를 동등하게 대우하고, 인정하고 격려해주었다.

조숙한데다가 어려서 가정의 불행과 신분의 좌절을 맛보았던 박제가는 일종의 강박증이 생겨서 자신을 자꾸 비극적 상황에 몰아넣고 포장하는 습관이 있었다. 박제가의 호, '초정'부터가 그렇다.

박제가는 어려서부터 중국 최고의 비극시인이라고 할 수 있는 굴원의

『이소離騷』를 좋아해서 입에 달고 살았다. 이소는 초나라 재상이던 굴원이 모함을 받아 쫓겨나자 그 분함과 초나라에게 닥친 멸망의 위험을 노래한 시이다. 그 예언은 적중해서 초나라는 진시황에게 망했고, 굴원은 투신자살로 생을 마쳤다. 이 『이소』를 『초사楚辭』라고도 하는데, 박제가는 겨우 대학생 정도 된 나이에『초사』의 '초'자를 따서 자신의 호를 초정이라고 지었다.[29]

이런 자학적 증세에 대한 최고의 치료제가 진정한 우정과 신뢰이다. 이관상 뿐 아니라 그의 일가 모두가 박제가에게 신뢰와 애정을 쏟았다. 영변에서 장인의 지도 아래 박제가는 변했다. 아니 변하기로 결심했다.

인간적인 기대도 있었다. 이관상은 전라, 경상도의 병사와 수사, 영변 부사 등 요직을 두루 거친 고위 무장이고, 영조와 곁에 두고 직접 면담도 할 정도로 친애하는 신하였다. 장인은 그에게 기회를 주고 후원이 될 충분한 능력이 있다. 그 다음 능력을 증명하는 건 박제가의 몫이다.

새 아버지와 새 형님

아들에게는 호랑이같던 아버지가 손자는 떼를 쓰고, 수염을 당겨도 허허 웃는다. 이런 모습에 충격을 받고 항의까지 하는 아드님도 계시지만, 이게 정상이다. 가족 간에 역할이 달라서 그렇다.

장인 이관상이 박제가에게 아버지가 되었다면 큰 형님의 역할을 해준 사람이 이덕무였다. 비뚤어진 천재를 키우는 데는 손이 많이 필요했다. 두 사람이 평생의 벗이었다고 묘사되지만 이들의 우정은 형님과 아우의 우정이다. 듬직하고 자상한 선배와 총명하지만 지나친 비범함 때문에 대인관계가 힘들고, 한없이 고독을 타는 후배의 만남이었다.

이덕무는 본관은 전주이다. 아버지가 서얼이었고, 어머니도 서얼 집안이었지만, 자신은 서얼이 아니었다. 부친 이성호는 장수했고, 일가친척들도 번성했다. 키는 크고 호리호리하고 탁월한 미남이었다. 걸어 다니는 백과사전이란 표현이 딱 어울릴 정도로 박식했다.

두 사람의 성격은 키와 용모만큼이나 극과 극이었다. 이덕무도 가슴속에 심겨진 한과 아픔은 박제가 못지않게 컸지만, 헤쳐 가는 방법은 반대였다. 항상 조심하고, 세상과 충돌하지 않았지만, 고상하고 꼿꼿했다.

박제가는 집에서는 외동이고 밖에서는 투덜이 막둥이였다. 함께 있으면 모두를 불안하게 만드는 박제가와 달리 이덕무는 좌중에 편안함을 주었다. 말이 적고 신중하고, 모르는 사람은 성격이 차갑다고 느낄 정도로 자제력이 강했다. 그러나 속마음은 다정하고 정이 많았다. 몸은 약했지만, 전형적인 내유외강형으로 의지와 정신은 곧고 강건했다.[30]

자기 별명을 스스로 '간서치(看書痴), 즉 책만 보는 바보'라고 지었듯이 고통과 한은 안으로 삭혔다. 그도 현실에 불만이 많고, 새로운 세상을 꿈꾸었지만, 하늘을 쳐다보며 울분을 터트리기 보다는 현실에서 자신이 할 수 있는 일을 찾고, 최대한 성실하게 목표를 수행했다.

이덕무는 개인적 좌우명이라고 할 수 있는 자수잠도 여러 편 지었는데, 그의 이런 성격이 잘 드러난다.

"죽도록 노력하라"[31]

"말을 아끼고 침묵하라 ... 빛을 다듬고 있으면 언젠가는 밖으로 드러나리라."[32]

옳은 말이긴 하지만 진부하고 평범한 느낌도 든다. 누구나 하는 말 같다. 이런 점이 이덕무의 매력이고 인정받는 이유였다. 합리적인 성격, 매사에 죽도록 노력하는 성실한 모습.

그렇다면 박제가의 자수잠은 어떨까? 그런 것 없다. 『사물잠』이란 글이 있지만, 내용은 좌우명이라기 보다는 철학적 사변에 가깝다.[33] 유실되었을 수도 있지만, 그의 성격상 이런 것을 만들지 않았을 가능성이 높다. 혹시 어쩌다 지었다고 해도 공들여 보존하지 않았을 거다. 누가 자수잠 같은 걸 지으라고 권하면 분명히 그는 이렇게 말했을 거다. "뻔한 말로 왜 자신을 구속해, 세상에 쓸데없는 구속도 이리 많은데"

그래도 이덕무의 행동은 비난하지 않았고, 큰 형님 이덕무는 박제가를 세상 속으로 데리고 다녔다. 홍대용, 박지원, 변일휴처럼 나이가 많았던 인사들은 이덕무가 아니면 박제가가 사귀지 못했을 것이다.

이런 보살핌에도 불구하고 막내 박제가는 확실히 배려심이 부족했다.

내가(이덕무) 단 것만큼은 성성이가 술을 좋아하고 원숭이가 과일을 좋아하는 것만큼 좋아하지 친구들도 단 것을 보면 나를 챙겨주곤 했다네 그런데 박제가만을 그러지 않더라고 세 번이나 단 것을 먹으면서 나를 전혀 생각지 않더군 어떤 때는 누가 내게 준 것까지 빼앗아 먹는 욕심쟁이더군 그대가 뭐라 한마디 나무라주시게(이서구에게 2)[34]

다 큰 어른이 사탕 가지고 싸우는 것 같지만 - 이 시대에 사탕은 아주 귀한 것이기는 했다 - 이덕무가 이런 글을 쓴 진짜 이유는 박제가의 사회성에 대한 걱정이었다. 박제가는 옳고 그른 것을 따질 줄만 알지 남을 배려하는 심성이 부족하다. 형님 이덕무에겐 용납이 된다고 해도, 동갑이나 후배들에게 그렇게 대한다면 당장 인심을 잃을 것이다.

그럼에도 불구하고 이덕무는 자신이 직접 박제가에게 충고하지 않는다. 박제가보다도 4살이나 어린 이서구에게 충고를 부탁한다. 이런 세심한 부분에서도 이덕무의 큰형님다운 태도가 드러난다.

그렇다고 항상 자상한 형님은 아니었다. 이덕무가 이서구에서 충고를 부탁한 이유가 평소에 자신이 잔소리를 많이 해서 그랬을 수도 있다. 술, 여자, 잡기... 박제가의 사생활 중에는 모범생 이덕무가 눈살을 찌푸릴 일이 제법 있었다. 아무리 잔소리를 해도 박제가가 버릇은 고치지 못했지만, 이덕무의 꾸지람을 무서워하기는 했다.

이덕무도 짓궂은 면이 있다. 유머가 있다고 해야할까? 이덕무가 박제가를 소개할 때 '키는 작지만'이라고 아픈 곳을 찌른다.

"그는 키는 작지만 강직하고 강개한 심성의 소유자이다."[35]

온순하고 인격자로 소문난 그가 왜 박제가의 아픈 곳을 콕콕 찔러댈까?

사실 이런 이야기는 박제가에게 하는 충고가 아니라 다른 사람에게 말하는 박제가를 위한 변명이다.

'강개하다', '심지가 굳고 말이 분명하다'라는 말은 고집 세고, 욱 하고 못 참는 성격이란 뜻이다. 박제가는 남들이 답답하고 한심한 이야기를 하면 참지를 못했다. 당장 대화판에 끼어들면서 "야 이 멍청하고 답답한

놈아!"라고 소리를 친다.

이런 박제가의 행동에 대해 이덕무는 이런 식으로 변호를 해 주는 거다.

"그는 키는 작지만 재주와 사상이 풍부하다"

박제가가 북학의를 쓴 뒤로 애국심이 부족하다는 말을 많이 들었다. "너는 왜 우리 것을 비하하고 중국을 칭찬하느냐" 박제가라면 멸시와 비하의 감정을 섞어서 한 타스의 반론을 쏘아 붙일텐데, 이덕무는 이렇게 말한다.

"그는 키는 작지만 중국을 충심으로 사모하고 비범한 기상이 특출한 인재다.[36]

누군가를 변호할 때 일방적으로 감싸 주면 반발을 일으켜 역효과가 난다. 한 가지는 접고 인정하고 들어가 주어야 한다. "그 친구가 키가 작고 못 생기긴 했지, 성격이 모가 나고 발칵발칵 하기는 하는데, 공부할 때는 누구보다 진지해, 생각이 깊고 의리는 있는 친구야"

이덕무는 박제가가 초서와 예서가 출중하다고 했다.[37] 이 말은 박제가가 해서는 잘 못 쓴다는 뜻이다. 박제가도 자기는 해서가 싫다는 고백을 했다.[38] 초서는 흘림체이고 해서는 정자체이다. 해서를 굳이 못 쓸 이유도 없는데, 이것도 박제가의 성격 탓이다. 해서는 정자체이므로 종이와 글씨의 크기를 재단하고, 꼼꼼하게 써야 한다. 쓰는 시간도 더 걸린다. 두뇌회전이 명석한 만큼 참을성이 부족한 천재답게 박제가는 글씨도 후다닥 휘갈겨 써야 직성이 풀렸다.

이덕무는 초어정 현판 글씨에서 차분한 자신에게는 없는 박제가의 성격을 보았고, 그래서 흥미와 망설임을 동시에 느꼈던 것 같다. 비범하긴 한데, 사귀게 되면 귀찮은 일도 많고 손이 많이 가는 친구였다.

그림도 보통 사람보다는 잘 그렸지만, 다른 재능에 비해, 백탑파 수준에서 보면 박제가의 약점이었다. 친구들이 종종 놀려댔지만, 정말 가망 없는 실력이었으면 아무리 절친들이라도 놀릴 수 없었을 것이다. 해서나 그림이나 재능 부족이 아니라 성격과 노력, 관심의 문제였기에 계속해서 놀려 보았지만, 박제가는 꿋꿋하게 버텼다.

박제가가 못 참는 성격이라고 말했는데, 박제가의 개인적 입장에서 보면 많이 참고 참았다고 항변할 것이다. 단지, 끝까지 참고 감정조절은 못했지만 말이다. 이런 모습을 이덕무는 박제가가 사람들 앞에서는 말을 잘하지 못했다고 묘사했다. 그러나 자신을 만나면 말이 터져 나왔다고 한다. 솔직히 자신도 그렇다고 했다.[39] 남들 앞에서는 하지 않는 생각과 이야기가 박제가 앞에서는 정리되어서 펼쳐진다.

두 사람의 성격이 정반대라고 하지만, 본질은 같았다. 대처하는 방식이 달랐던 것 뿐이다. 사회는 그들을 받아들이려고도 이해하려고도 하지 않았다. 아무리 차분하고 성실하고 조용하게 살아도 위험한 사람처럼 대했다. 그래도 이덕무는 참았고, 박제가는 소리쳤다. 서로 그런 모습을 보면서 두 사람은 더더욱 서로를 동정하고 의지했다.

역경은 스스로 멈추지 않는다

아마도 영변에서 맞이했을 1770년의 설날은 박제가의 평생에 가장 희망찬 신년이었을 것이다. 새로운 태양이 박제가를 비추고 있었다. 장인은 아버지이자 든든한 후원자였다. 그리고 그 태양이 갑자기 저물었다. 1770년 8월 19일 이관상이 영변부사로 재직 중에 사망했다.

박제가가 받은 충격과 좌절감은 엄청났다. 하지만 아직 희망은 있었다. 장남 이한주가 가장이 되었고, 정부의 배려로 무반직도 얻었다. 그가 다시 이관상의 지위까지 오르는 데는 오랜 시간이 걸리겠지만, 이한주의 장래는 밝았고, 진심으로 아버지를 대신해서 박제가의 후원자가 되려고 했다.

박제가는 이 시절 이한주의 도움에 대해 이렇게 회고한다.

"(이한주는) "평생 남(아마도 박제가의) 가난한 사정을 보면 불쌍히 여기는 마음으로 베풀고자 했고, 빈객과 더불어 노님에 그 비용을 아까워하지 않았다.(술값은 늘 그가 계산했다)…… 집안에 있는 물건을 여러 형제와 자매가 가져가려고 해도 꺼리지 않았다."[40]

이한주는 부친의 죽음으로 좌절할 것이 뻔한 박제가를 걱정했다. 장남의 권위로 부친의 행장을 박제가에게 맡겼다. 이관상 정도의 고관이면 묘지명, 행장 등은 가능한 명망가에게 부탁하는 것이 상례이다. 감히 사양하지 않을 명망가가 얼마든지 있다. 박제가는 서얼에다 아직 과거급제도 못한 무명의 서생이었다. 고마움 이전에 자격지심이 동한 박제가는 이관상의 체면과 명성을 배려해서라도 명성 있는 사람에게 맡겨야 한다고 거절했다. 자격지심도 작용했지만 진심으로 그것이 장인을 위하는 길이라고 생각했을 것이다. 물론 사양을 하면서도 능력보다는

저자의 스펙에 집착하는 세태에 대한 경멸감도 부아처럼 솟았다.[41]

그러나 이한주를 비롯해서 아내의 이복형제들이 강경하게 권유했다. "선친께서 그대를 깊이 사랑하셨으니 그대는 사양하지 마시게" 충무공의 집안은 뭐가 달라도 달랐다.

박제가는 못 이기는 척 장인의 행장을 썼지만, 이한주의 계획은 성공하지 못했다. 박제가의 방황을 막을 수 없었다. 다시 친구들과 어울려 시간을 낭비하고, 술에 취했다. 공부는 해서 뭐하느냐고 갑자기 벌레와 식물 등 자연탐구에 열중하기 시작했다.

삼년상을 치르느라 묘막에서 생활하던 이한주는 이 소식을 듣자 박제가에게 정신 차리라고 책망하는 편지를 보냈다. 이 편지는 남아 있지 않지만 박제가가 보낸 답장을 보면 이제 그만 나돌아 다니고, 친구도 적당히 만나고 쓸데없는 일에 관심을 분산하지 말고, 제발 누이동생도 그만 울리고 가정과 공부에 충실하라고 했던 것 같다.

처남이 장인 역할을 하려 들자 박제가는 발끈했다. "나를 믿어 주던가 그렇지 않을 거면 교제를 끊어라."[42]

교제를 끊는다는 말은 후원을 끊는다는 이야기도 된다. 이한주가 가문의 체면을 희생해 가며 무명의 박제가에게 부친의 행장을 부탁한 이유는 이관상의 기대를 잊지 않고 책임 있게 살아주기를 바라는 마음에서였다. 그런데 당장 옛날 행태로 돌아가고, 누이동생까지 울리고 있다면 박제가를 도와줄 이유가 없다. 교제를 끊을 수도 있고, 행장도 찢어버리라고 할 수도 있다.

홧김에 세게 나가긴 했는데, 정신이 들고 보니 걱정이 된 박제가는 이관상의 혼유석에 쓸 묘지명은 자진해서 써서 보냈다. 그리고는 행장을 사양하던 태도를 싹 바꿔서 이런 말을 붙여 보냈다.

"묘지명을 구할 때는 천박하게 관직이나 세상의 명성을 보는 게 아니다. 오직 저자의 능력, 글 자체의 수준을 봐야 고인에게도 진정한 명예가 된다."

박제가의 답장과 묘지명을 받고, 이한주가 어이없어서 웃었는지 화를 냈는지는 알려지지 않았다. 하지만 장군의 후손답게 쪼잔하게 행동하지 않았다. 박제가의 집에 후원을 계속했고, 교제도 유지했다.

박제가는 박제가대로 좌절을 유지했다. 장인 덕에 영변과 묘향산을 다녀오면서 방랑벽까지 생겼다. 1773년 23살이 된 박제가는 금강산 관광을 떠났다가 내친 김에 동해바다까지 왔다. 지금의 해금강에 갔거나 고성에서 속초~강릉까지 해안길을 따라 유람했을 수도 있다.

당시 가사는 어렵고 모친도 건강이 좋지 않은데 희망을 잃으니 집안의 분위기도 답답했던 모양이다.

여기서 한가지 짚고 넘어가야할 일이 있다. 박제가가 좌절하고 방황하는 이유가 서얼차별 때문만은 아니었다. 만약 그랬다면 박제가는 세상에 이름을 남기지 못했을 거다.

억울한 일을 당하거나 부조리에 희생되었을 때, 사람들의 반응에는 두가지 형태가 있다. 부조리에 분노하고, 부조리를 타겟으로 공격하는 사람과 그런 억울한 일을 계기로 부조리 너머에 있는 세계, 혹은 사회의 본질적인 문제점을 발견하는 사람이다. 박제가는 당연히 후자이다.

박제가가 살았던 시기는 대담론의 시기였다. 교과서적으로 표현하면 실학의 시대다. 임진왜란, 병자호란이 끝나고 조선사회는 많이 변했다. 상업이 발달하고 시장이 생겼다. 신분제가 동요하고, 사회가 변하니 전기에 만든 정치, 사회, 조세, 군사 모든 제도가 맞지 않게 되었다.

몸이 커지면 옷을 새로 맞춰야 한다. 그런데 새 옷을 맞추기는 싫으니 이전 옷을 찢거나 기워 적당히 맞춰 입는다. 당연히 옷은 누더기가 된다. 법과 제도가 누더기가 되면 부정과 부조리를 저지르기도 쉬워진다. 관료들이 그 맛을 알게 되면 고의적으로 부조리를 조장하고, 편승하고, 개혁에 반대하며 불합리한 제도를 더 오래 끌고 가려고 한다.

세상이 이렇게 되자 18세기에 개혁론이 터져 나왔다. 수많은 개혁론 중에 서얼차별은 한 조각에 불과했다. 박제가는 자신이 서얼이라고 서얼차별에만 매몰되지 않고, 더 크게 전체를 보았다.

그러다가 의문이 들었다. 이 사회는 왜 앞으로 달려 나가는 것을 거부하고, 반대로 뒤로 돌아가자고 하는 사람이 더 많을까? 현실 문제를 지적하고, 변화해야 한다고 말은 하는데, 변화의 방법은 왜 찾아내지 못하고, 엉뚱한 방법을 제시하고, 기껏 올바른 방안을 제시해도 시행하지도 못하는 걸까?

어떤 이들은 공부를 제대로 하면, 배운 것을 제대로 실천만 하면, 착한 사람이 관료가 되면, 이 법 하나만 시행하면 모든 것을 제자리로 돌려놓을 수 있다고 한다. 도무지 신뢰할 수 없다. 왜 저런 수준으로 밖에 생각하지 못하는 걸까?

무언가 근본적인 문제가 있음에 틀림없다. 23살의 청년 박제가는 바다를 향해 남다른 대답을 던진다.

"나와 다르다고 해서 무리 지어 비웃고, 또 덩달아 이를 업신여긴다. 좁은 소견으로 헤아릴 수 없는 깊이를 엿보고(그러니 깊이를 인식하지 못한다), 틀에 박힌 안목으로 끝없는 변화를 논하곤 한다. (고정관념과 기존의 가치관을 바꾸지 않으니 변화를 논의해도 변화가 될 수가 없다) …… 물고기의 관점에서 물 밖에 있는 사람을 보면 반드시 바로 죽어 버릴까 봐 염려할 것이다"(바다의 고기잡이)[43]

박제가의 답은 막연하고 아직은 투박하지만, 중요한 지적이 있다.

"틀에 박힌 안목으로 변화를 논한다."

"물고기의 눈으로 물 밖 세상을 본다"

연못 안에서 연못의 문제를 연구하면 그 문제를 제대로 알 수 없다. 연못 안에서 처방까지 내린다면 이건 더 엉터리가 될 수밖에 없다. 밖에서 다른 연못과 비교하면서 자신의 한계를 발견해야 변화를 추구할 수 있다.

요즘도 이렇게 말하면 큰 반박을 받는다. 우리 문제를 우리 입장에서 보는 것이 정상이다. 우리 문제를 우리가 분석해야지 누구 손에 맡기느냐? 자네 그게 무슨 큰일 낼 소리인가?

다른 사람들의 비난, 반박이 들려오는 듯 하자, 박제가의 사변은 여기에서 중단되었다.

"마음이 갑자기 아득해 지더니 마침내 반도 못되어 절로 어지러워졌다. 비로소 지극히 큰 것은 말로 다할 수가 없고, 지극히 많은 것은 이치로 따

질 수 없음을 알았다."(바다의 고기잡이))⁴⁴⁾

추상적이고 혼돈스러운 결말, 박제가는 논의를 진행할 자신이 없었다. 끈 떨어진 서얼청년에게 무슨 힘이 있겠는가?

이 여행 중에 혹은 여행에서 돌아오자 모친 이씨가 세상을 떠났다. 향년 48세였다. 신동 아들을 공부시키기 위해 억척스레 가계를 꾸리고, 시간을 낭비하며 밖으로 쏘다니는 아들을 기다려 주고, 친구들의 술빚까지 갚아주며 아들의 승천을 기다려 왔던 모친이었다.

박제가가 지금껏 과거 준비생의 모습이라도 유지했던 것은 오롯이 모친과 장인의 기대 덕분이었다. 이제 그것마저 무너졌다. 당장 박제가의 삶에 변화가 발생하지 않은 이유는 조선의 예법, 삼년상 제도 덕분이었다. 부모의 삼년상을 하지 않으면 사람 취급을 받지 못하던 시대였다. 상중에는 반항도 일탈도 자제해야 했다.

이한주는 박제가의 좌절이 걱정이 되었지만, 지원과 격려를 그치지 않았다. 삼년상이라고 하면 무덤가에 초막을 치고 살며 로빈슨 크루소 같은 생활을 할 것 같지만 그렇지는 않다. 친구, 친척들이 주기적으로 선물도 보내고, 격려방문도 하고, 편지와 전령을 이용해 이런 저런 집안 일도 처리한다.

1774년 이한주가 박제가를 방문했다. 아내는 오빠가 좋아하는 게장을 대접했다. 이한주는 이복오빠의 식성을 배려하는 누이에게 고마움을 표시했는데,⁴⁵⁾ 충무공의 고향 아산의 특산이 젓갈이다. 이 게장도 이한주 집에서 보내주었을 것이다. 이한주의 누이에 대한 감사 발언은 제발 정신 차리고 아버지와 자신의 후원과 누이의 삶에 책임감을 가져 달라는 암시였을 수도 있다.

며칠 후에 이한주의 집에서 급보가 왔다. 이한주가 남산 활터에서 활쏘기 연습을 마치고 나오는데, 누군가가 오발한 화살이 날아와 명중했다. 맞은 부위가 하필 관자놀이였다. 즉사는 면했지만, 당시 의학수준에서 치료하기에는 부상부위가 너무 치명적이었다. 이한주는 7일을 신음하다가 사망하고 말았다.

이한주가 죽으면서 장인가마저 갑자기 소원해졌다. 처갓집에서 들어오던 후원도 크게 줄었다.

4년 사이에 박제가의 정신적, 물질적 후원자들이 모두 사망해 버렸다. 박제가의 고질병인 천재의 비극, 불길한 운명론이 다시 도졌다. "몽직(이한주)의 사람됨이 남들보다 조금 나아서 이런 비극이 생겼단 말인가? 만약 몽직이 말을 해도 의미를 알아듣지 못하는 멍청이였다면 반드시 살았을 것이다."[46]

참 이게 이한주를 애도하는 글인지 자신을 애도하는 글인지, 기왕 죽은 이를 애도하면서 '일반인 보다 재능이 조금 나았던 이한주'는 또 뭘까? 좌우간 박제가가 하고 싶었던 말은 이거다. 생각도 꽉 막히고 말도 통하지 않는 이들은 권력을 누리고 장수하고, 괜찮은 사람은 평균치를 조금만 넘어도 불행한 일을 당하는 나라다. 그러면 천재인 자신의 삶에는 어떤 역경이 기다리고 있을까? 아니 이 정도면 더 이상 나쁜 일이 생길 수도 없다. 역경의 끝이고 자기 삶의 종말이다.

1775년 불길한 운명관을 떨칠 수 없었던 25살의 청년 박제가는 자신의 전기를 쓴다. 젊은 청년이 무슨 궁상인가 싶은데, 박제가의 표현을 빌면 이렇다. 자신은 뛰어난 두뇌를 지녔고, 세상을 경영할 제도와 학문을 탐구했지만, 세상은 기회조차 주지 않는다. 기회를 얻는다 해도 썩고 진부한 말만 중얼거리고 있는 관료와 학자들이 무엇을 할 수 있겠는가? 그래서 자신은 세상에서 인정받을 생각을 포기하고, 성리학과도 작별한다. 대신 새 소리, 풀과 나무, 벌레, 물고기, 서리와 이슬, 날마다 변화하지만 정작 왜 그런지는 모르는 자연현상을 탐구할 것이다.

잘못된 나라에 태어난 죄로 불운한 천재는 이렇게 세상에 흔적조차 남기지 못하고 사라지게 되었다. 공적도 존재감도 없는 무명인의 전기를 써 줄 사람이 없으니 내가 스스로 전기를 써서 남긴다.

겉으로는 차분했지만 이런 좌절과 불안감은 이덕무와 다른 친구들도 마찬가지였다.

저희들 네 사람은 옛것을 사모하고 글을 읽으며 때로는 저술을 하지만 현재 사람의 눈에 들지 못합니다. 그리고 천성이 은둔을 즐기므로 마을 밖까지도 이름이 알려지지 않습니다. 조석으로 서로 찾아다니며 (우리들끼리) 공부할 뿐입니다.…… 다만 바다 밖 작은 땅에서 말라 죽어 (후세에) 알아줄 사람조차 없게 될 것이 마음 속에 있는 한입니다.(이우촌(이조원)에게 쓴 편지)[47]

다음 해에는 박제가는 이런 시도 썼다.

특별한 풍류가 내게 있건만 / 스물 여섯 살이 되도록 이룬 것 하나 없다 / 호탕한 문장은 천년을 축적한 업적이요 / 가슴엔 오악도가 들어있건만 / ······ 떨어지는 물시계 소리 시름 겨워 듣노라(서상수의 집 관재에서 밤에 술을 마시며)[48]

이제 박제가를 들볶을 사람은 세상에 단 한사람 부인 이씨만 남았다.

"아내가 봄이 되자 병이 많아져 / 집에 가면 대꾸하기 귀찮기만 해 / 의원을 찾다가 땅거미 지고 / 초승달이 등 뒤로 떠올랐구나"(집에서 지은 절구 3수)

아내가 잔소리가 늘자 박제가는 친구를 찾았다. 그런데 친구들도 반응이 예전 같지 않다.

"그 후 6,7년 사이에 뿔뿔이 흩어져 지내면서 가난과 질병이 날마다 찾아든다. 이따금 서로 만나도 별 탈 없는 것을 다행으로 여긴다. 풍류는 지난 날만 못하고 낯빛도 예전같지 않다. 그제야 비로소 벗과 노는 것도 때가 있어서 한 때임을 알게 되었다."(백탑청연집 서문)[49]

가난과 질병은 핑계다. 이덕무와 변일휴 등은 이미 30대다. 다른 사람도 다들 결혼을 해서 거의 모두 아이 아버지가 되었다. 세상 모든 남편의 비애지만, 나이가 들수록 점점 더 아내 눈치를 보지 않을 수 없게 되는 게 유부남의 운명이다. 그러니 핑계를 대고 집을 빠져나와 모처럼 다시 모여 술자리를 벌여도 낯빛이나 씀씀이가 예전 같을 수가 없다. 게다가 다들 돈도 못 벌고 직업도 없고 출세도 못하고 있는 백수들 아닌가?

박제가는 현실을 깨닫는다. 아내의 잔소리에서 벗어나기 위해서도 자연으로 돌아가기 위해서도 친구들과 만남을 지속하기 위해서도 경제력이 있어야 한다. 박제가와 친구들은 상인이 되기로 결심한다.

북경에서 온 편지

유금의 뜻 밖의 제안

1776년 3월 25일, 박제가는 이덕무, 원중거 등 친구들과 한강에서 조각배를 타고 김포, 광주 일대를 유람했다. 이덕무의 말에 따르면 시골로 낙향하기로 결정한 원중거의 전송을 겸한 뱃놀이였다. 하지만 유람만이 목적이 아니었던 것 같다.[50] 최소한 박제가에겐 그랬다. 이때 박제가가 지은 시에서는 배와 장사, 무역에 부쩍 관심을 보인다.

내 손수 가벼운 배 한 척 만들리 …… 다닐 때는 거마 삼고, 쉴 때는 집 삼으면 몇 식구 처자식 먹고 살 일 걱정 없네(광흥창 아래 배에서 자고 2경에 운양나루에 이르다)[51]

77년에 이덕문, 변일휴, 박제가는 통영을 방문하고 한산도까지 다녀왔다. 유람일 수도 있지만, 삼도수군통제영이 위치한 통영은 조선시대 최대의 군산복합산업단지였다. 한강 유람도 그렇고 통영방문도 장사를 위한 답사였을 가능성이 없지 않다.

아무리 서얼이라도 무관직, 하위관직은 노릴 수 있는데 왜 하필 장사였을까? 아직 버릴 수 없는 최후의 꿈이 남아 있었다. 이 답답한 차별의 땅 조선을 벗어나 신세계를 숨 쉬어 보는 것이다.

> 선비란 이름 내버리고, 상인 무리에 들어가, 강회와 오월 땅(중국 강남지방)을 왕래하리라.(광흥창 아래 배에서 자고 2경에 운양나루에 이르다)[52]

이런 희망은 푸념이 아니었다. 장사 준비는 실질적으로 제법 진행되었다. 그렇게 이들이 상인 프로젝트를 진행하는 모습을 보자, 유득공의 작은 아버지 유금은 가슴이 쓰렸다. 이렇게 끝나서는 안될 사람들이었다.

1776년 말에 유금이 1777년 정월에 시행하는 청 황제의 신년하례식에 파견하는 정례 사신단에 선발되었다. 책임자는 예조판서 서호수였다. 이때 유금에게 멋진 아이디어가 떠올랐다.

백탑 아카데미 시절에 이들은 모였다 하면 시를 지었다. 자타가 공인하는 최고의 시인은 이덕무, 유득공, 박제가, 이서구였다. 시가 쌓이자 바지런한 친구 이희경이 시를 모아 시집을 만들었다. 제목을 『백탑청연집』이라고 지었다. 백탑에서 만난 맑은 인연, 즉 백탑파 청년들의 시집이

통제영: 문 뒤에 지붕만 보이는 건물이 정청인 세병관이다.

통제영의 공방들: 12공방이 있었다고 하며 무기류만이 아니라 금은, 금속세공, 갓 등 공예품
과 생활용품 공방까지 있었다.

란 뜻이다.

『백탑청연집』을 청나라에 가지고 가서 청나라 명사들에게 보여주고, 그들의 서평을 받아 오면 어떨까? 국내에서는 공정한 평가도 명성을 기대하기도 힘드니, 차라리 외국인 학자에게서 평가를 받아 보자는 것이었다. 성공한다면 이들을 보는 시각이 완전히 달라질 것이다.

그런데 외국인 학자는 공정하며, 얼굴도 모르는 조선의 무명 청년들의 부탁을 들어주기나 할까? 당시 조선에서 돌아다니는 청나라 관원들에 대한 인상은 강대국이란 위세를 끼고 조선을 무시하는 야만족 악당 그 이상도 이하도 아니었다.

그럼에도 불구하고 유금이 이런 용기를 내게 된 데에는 사연이 있었다.

북경에서 만난 인연

백탑파의 진짜 최고령 고문은 홍대용이었다. 박지원보다 6살, 이덕무보다 10살이나 위였다. 명문자제였지만 그도 30대가 되도록 벼슬을 하지 않고 살았다. 천문학과 서양의 과학기술에 관심이 많던 그는 중국에 가 보고 싶어 했다. 1765년에 기회가 왔다. 홍대용의 숙부인 홍억이 사신단의 서장관이 되었다. 홍대용은 홍억에게 부탁해서 수행원 자격으로 사신단에 끼어들었다.

조선에서는 개인이 중국으로 자유여행을 할 수 없었다. 돈을 내거나 관원의 힘을 빌어서 사신단에 마부나 상인, 기타 인원으로 참여해서 중국 관광을 하는 방법이 유일한 수단이었다.

삼전도의 굴욕 이후로 청나라는 조선인에게 원수의 나라였다. 힘에 밀려 어쩔 수 없이 황제의 나라로 인정해 주고는 있었지만, 마음 속의 적개심과 증오감은 버리지 않았다. 누가 일부러 시킨 것도 아닌데, 청나라 관료나 황족을 만나면 조선인들은 속으로는 반드시 욕을 하고, 시선에서 벗어나면 고개를 돌려 침을 뱉었다.

청나라인들도 이런 행동을 다 알고 있었는데, 그냥 못 본 척 했다. 하지만 참지 못하는 험한 관원도 있었다. 하필 홍대용이 그런 관원을 만났다. 북경에 도착한 홍대용은 당장 시내관광을 나가려고 했는데, 역관들이 제지했다.

"왜 못 나가게 하는 겁니까?"

"죄송합니다만 궁 밖에 나가 관광을 하려면 청나라 관원들에게 허락을 받아야 합니다"

"그건 나도 이미 알고 있소. 그래서 비용을 준비해 왔소이다"

"그게... 뇌물로 될 상황이 아닙니다."

역관들의 말로는 청나라 역관 중에 서종맹이란 우두머리 역관이 있는데, 그가 조선에 무슨 억한 심정이 있는지 사사건건 조선사신단을 괴롭히고, 궁 밖 출입을 금지한다는 것이었다. 뇌물을 들고 가도, "너희 나라는 우리가 사신으로 가면 궁 밖으로 나가지도 못하게 하면서 너희들은 왜 맨날 궁 밖으로 내 보내 달라고 하느냐?"고 호통을 쳤다.

역관들이 서종맹을 만나는 것조차 무서워해서 홍대용이 직접 나섰다. 서종맹을 만나보니 나이는 60여세 쯤 되었는데, 홍대용이 보기에도 인상이 좋아 보이진 않았다. 사납고 깐깐하기 그지없고 세속에 닳고 닳은 사람 같았다.

홍대용은 난감했지만 다른 방법이 없었다. 인사를 나누고, 금족령을 풀어 달라고 정중하게 요청했다. 놀랍게도 서종맹은 선뜻 허락했다. 너무 선선히 허락해서 홍대용이 놀랐다.

홍대용을 만난 사람의 평을 모아 보면 한결같다. 점잖고 예의바르고, 누구에게나 편견 없이 대하는 진정한 인격자였다. 세파에 닳고 닳은 사

홍대용의 초상: 청에서 만나 의형제를 맺은 엄성의 작품이다

람이라 그런지 서종맹은 사람 보는 눈이 빨랐다. 몇마디 형식적인 인사를 나누는 사이에 벌써 홍대용의 인격을 파악했다. 홍대용도 조선인이고 진실한 성리학자였다. 그도 청나라에 감정이 좋지는 않았지만, 국가의 한을 무차별로 개인에게 전가하는 건 치졸한 행동이었다. 당연하고 합리적인 행동이지만 이런 참된 지성을 가진 사람이 정말 드물었다.

서종맹은 순식간에 홍대용의 팬이 되었다. 그가 홍대용에게 한 말이다. "공자는 우리를 사람으로 대접하고 예의 바르고 고관이신데도 겸손하시니 진짜 선비십니다."[53] 서종맹 뿐이 아니었다. 홍대용은 청나라 황족도 만났는데, 그도 홍대용의 인격에 진한 감동을 받는다.

홍대용 덕분에 사신단의 금족령이 풀렸다. 2월 1일, 홍대용의 일행이던 비장 이기성李基成이 망원경을 사려고 유리창 거리에 갔다가 안경을 낀 두 문인을 만났다. 마침 그의 쇼핑 목록 중에는 안경이 있었다. 친구의 부탁이었다. 그때도 외국인에게 사기를 치는 상인이 많았는지 이기성은 흥정을 하는 것이 무서워서 안경을 구입하지 못하고 있었다.

마침 길에서 마주친 이 두 사람은 인품이 있어 보였다. 이기성은 사정을 얘기하고 안경을 자신에게 팔라고 했다. 그때는 도수 개념은 없었던 모양이다. 사정을 듣자 둘은 바로 자신이 쓰고 있던 안경을 벗어주었다. 이기성이 따라가 공짜로 받는 것이 도리가 아니니 사례를 하겠다고 말했다. 두 사람은 자신들의 순수한 선의를 좀스럽게 손상시키지 말라고 하고는 유유히 떠났다.(나중에 알았지만 두 사람은 강남의 부호집 아들이었다)

이기성은 그들과 통성명을 하고 헤어졌고, 숙소로 돌아와 사람들에게 이 이야기를 했다. 이들에게 관심이 생긴 홍대용은 동료 김재행과 함께 2월 3일에 이기성에게 들은 주소대로 건정동에 있다는 두 사람의 숙소를 방문했다. 두 사람의 이름은 엄성과 반정균. 엄성이 홍대용보다 한살 아래인 35세, 반정균이 25세였다.

엄성과 반정균은 중국의 지방과거인 향시에 급제하고, 북경에 와서 최종 시험을 준비하고 있던 선비였다. 향시 급제자를 거인擧人이라고 하는데, 중국이 인구가 많다 보니 거인 되기가 절대 쉬운 일이 아니었다. 현에서 치루는 현시, 그 다음에 치루는 부시에 합격해야 성省에서 개최하는 향시에 응시할 자격을 얻는다.

향시는 3년에 한 번 개최한다. 합격정원은 성의 크기나 인구수에 따라 달랐다. 제일 많은 곳이 순천부(베이징 부근)로 168명, 극변방인 운남성 지역이 40명이었다.

거인을 대상으로 수도에서 치르는 최종 시험이 회시다. 회시에 합격해야 관리가 될 수 있다. 회시는 4년에 한번 실시하며, 합격자도 20~30명 미만이었다. 조선은 정시 문과 정원이 33명이고, 이외에도 증광시, 알성시 등 임시과거가 많아서 합격자 수는 훨씬 많았다. 청은 그런 것이 일체 없었다. 청나라 인구가 조선의 10배 이상은 되었다고 보면 과거 급제가 조선보다 100배는 어려웠다고 하겠다.

이런 극심한 경쟁에 북경 거주비까지 포함하면 교육비용도 만만치 않았다. 공부를 좀 하거나 현시에 급제하면 친인척들이 총동원되어 거국적인 지원을 했다. 구조가 이렇다 보니 아무래도 부유한 지역에서 합격자가 많이 나왔다. 이 당시 중국의 부는 강남에 몰려 있었다. 두 사람도 강남에서도 제일 부유한 절강성 그 중에서도 꽃인 항주 출신이었다.

홍대용은 두 사람과 금세 친구가 되었다. 인격이 훌륭했다고 하지만 신기하고 미스테릭한 능력이 아닐 수 없다. 다음 만남 때는 절강성 향시 장원 출신인 육비가 합류했다. 육비는 키는 작지만 체격은 통통했다. 주량이 대단하고 농담도 잘했다. 향시 장원으로 명성이 대단했지만 끝내 회시에는 붙지 못했다. 낙향한 뒤에 후손대에는 집안도 몰락했다고 한다.

짧은 교제였지만, 이들은 진짜 우정을 나누었다. 반정균은 홍대용에게 중국에서도 얻지 못한 진정한 친구를 만났다고 말했다. 나이가 비슷했던 엄성은 홍대용과 의형제를 맺었다. 오늘날 전하는 홍대용의 초상은 엄성의 작품이다.

홍대용의 귀국날이 가까워 오자 엄성과 반정균이 작별인사를 위해 사신단 숙소를 찾아왔다. 작별인사를 하던 엄성은 갑자기 눈물을 주체하지 못해 울며 문 밖으로 뛰쳐나갔다. 주변 사람이 다 놀랐다. 얼마 후 엄성은 과거를 포기하고 낙향하는데, 홍대용의 충고 덕분이었다고 한다. 그런데 겨우 며칠 사귄 외국인이 "당신은 급제할 능력이 안되는 것 같으니 포기하고 낙향하는게 좋겠다"는 충고를 할 수 있을까? 엄성은 홍대용과 대화 중에 깨달음을 얻고 실행에 옮겼다고 봐야 한다.

두 사람의 우정은 진실했지만 짧았다. 귀향한 엄성은 무슨 일로 복건성에 갔다가 학질에 걸려 사망했다. 임종 직전에 홍대용이 선물한 묵향을 맡아보고는 숨을 거두었다고 한다. 엄성의 아들 엄앙嚴昻은 홍대용에게 엄성의 시집과 홍대용을 그린 초상화를 보냈다. 이 편지에서 엄앙

은 홍대용을 "큰아버지"라고 불렀다.[54]

홍대용의 중국행은 이것이 처음이자 마지막이었다. 그는 중국 친구들을 평생 다시 만나지 못했지만, 서로 편지를 보내며 지속적인 교제를 했다. 박제가의 전기를 준비하다가 놀란 사실이 이 시대에 한국과 중국의 왕래였다. 무역과 통신이 활성화 되어 있지 않던 시대임에도 이들은 서로의 가정사를 알고 있을 정도로 소식을 주고 받았다.

홍대용은 이 청나라 친구들과의 추억, 숙소에서 나누었던 필담을 정리해서 글로 남겼다. 제목이 친구를 만난 기록, 『회우기會友記』였다. 1766년 조선사회에 실망하고 바깥 세계를 동경하던 이덕무와 박제가는 이 글을 읽고 무작정 홍대용을 찾아갔다가 교우를 맺게 되었다.[55] 친구가 된 이덕무는 『회우기』를 새로 편집하고 제목도 그들의 동경을 담은 단어 '천애'를 넣어 『천애지기서』로 바꾸었다.

이 일이 벌써 10년 전이었다. 중간에 많은 일이 있었지만 아무리 기다려도 서얼허통도 중국 여행의 기회도 오지 않았다. 모든 것을 포기하고 상인이 되겠다고 할 때에 유금이 자신이 북경에 가는 길에 그들을 만나보겠다는 제안을 한 것이다.

반대할 이유가 없었다. 유금은 문집을 재편집했다. 제목도 청소년의 작품 혹은 왠지 모르게 불우한 느낌이 나는 『백탑청연집』 대신 『한객건연집』으로 바꾸었다. '삼한(조선)에서 온 손님이 보자기에 싸들고 온 문집'이란 뜻이다. 나쁘게 보면 더 구차해 보이기도 하는데, 그만큼 이들의 형편이 힘들고 절실했다는 의미로 이해하자.

중국으로 간 유금이 돌아오는 데는 5개월이나 걸렸다. 장사 준비는 당연히 올스톱되었다. 추진하려고 해어도 일이 손에 잡힐 리가 없다. 아무리 반정균 등이 인품이 훌륭한 학자들이라고 해도 겨우 북경에서 며칠 사귀었던 이방인 과객(홍대용)의 친구(유금)의 친구(이덕무)와 그의 조카(유득공)와 조카의 친구들(박제가, 이서구)을 위해서 성의를 보여줄까? 설사 보여준다고 해도 의례적이고 형식적으로 처리하지 않을까?

냉혹한 평가를 내릴 가능성도 버릴 수 없다. 같은 한자를 사용하고, 이들이 뛰어난 시인이라는 평가는 받고 있지만, 조선과 중국의 시는 기준이 다르다. 일단 한국어와 중국어는 어순이 다르다. 아무리 명문이라고 해도 중국어 기준에서 보면 주어와 목적어가 바뀌고, 한국식 언어 표현을 쓴 경우가 적지 않다.

한시는 더 골치 아프다. 우리나라 문인들은 시를 정말 좋아한다. 중국 시와는 표현의 세계가 다른 걸작도 많다. 이미지, 상징, 묘사가 풍부하고 함축적인 의미가 깊다. 중국의 한시는 의외로 묘사가 평탄한 경우가 많다.

그러나 중국인의 기준에서 보면 조선의 한시에 치명적인 결함이 보일 수도 있다. 중국어는 옥타브가 높고, 사성이 분명해서 시에서 운율을 중시한다. 간단히 말하면 시를 읊으면 거의 노래가 된다.

우리 시는 운율을 지켜도 어차피 노래가 되지 않으므로 멜로디보다 가사, 시상과 내용, 이미지를 중시한다. 공부를 많이 한 선비라고 해도 중국어 발음과 사성을 정확히 알기 어렵고 어순도 다르다. 중국 시의 기준에서 보면 가사는 훌륭한데, 음이 이상하고 화음형식이 맞지 않는 노래가 된다. 어떤 심사위원이 음정, 박자 무시하고 가사만 보고 점수를 주겠는가? 이건 노래가 아니다라고 내팽개칠 가능성도 배제할 수 없었다.

1777년 3월 24일에야 유금이 귀국했다.[56] 안절부절하던 이덕무와 박제가는 한 달음에 유금의 집으로 달려갔다. 유금은 웃음을 머금고 자랑스러운 표정으로 그들을 맞았다. 그의 앞에는 잘 포장한 책뭉치가 놓여 있었다. 표정을 보니 일이 잘 된 것 같기는 했다. 그러나 유금은 보따리를 풀지 않고 흐뭇한 미소만 짓고 있었다.

한참동안 유금은 이들의 초조함을 마음껏 만끽한 후에 자랑스럽게 말했다. "청국에서 대단한 명사를 만났다네" 천천히 보따리를 풀자 눈이 번쩍 뜨일 정도로 고급진 붉은 비단으로 장정한 서첩이 모습을 드러냈다. "이게 그대들에게 선사한 서문일세, 어느 분의 글인 줄 알겠는가?" 8개의 눈동자가 번개처럼 서첩을 쓸었다. 서첩의 마지막에 적힌 서명은 '이부 고공원외랑 겸 문선사사 이조원'이었다.[57]

홀로 일어선 자는 힘이 없다

유금은 1776년 12월 26일에 북경에 도착했다. 같은 기온이라도 북경의 추위는 한국과 다르다. 얼음창고 속에 들어간 듯한 추위 속에서 유금은 친구와 조카를 위하여 바지런하게 움직였다.

먼저 반정균부터 찾았다. 반정균은 부탁을 선뜻 들어주었고, 진심으로 그들의 시에 호평을 남겼다. 반정균의 서문과 평만 해도 소중한 것이었다. 아직은 잠룡이지만, 앞으로 그는 더 큰 명성을 얻을 유망주이다. 그의 부인 상씨도 『구월루시집』이란 문집을 간행했을 정도로 뛰어난 시인이었다.

그러나 반정균과 친구들은 다 미래지향형이다. 아직은 회시 급제도 하지 못한 서생이다. 사실 중국에서는 '거인'만 되어도 관료 못지않게 권위가 대단하지만, 조선 기준에서 보면 명성과 직함이 부족했다. 신분과 직함으로 차별받는 사람이 신분과 직함을 따지는 것이 모순이지만, 그게 세상이고 차별을 극복하는 유일한 방법이었다.

유금은 열심히 노력했지만 추가적인 인맥을 개척하기란 쉽지 않았다. 지금까지 이 책에는 너무나 착하고 조선에 호의적인 청인들만 등장했지만, 청나라 관원들은 대부분 교만했다. 청은 전성기에는 규율이 엄했다. 이것이 공무 처리에서는 도움이 되었지만, 사적인 만남에는 제약이 되었다. 교만한 자들도 많아서 한참 낮은 관원 주제에도 조선의 고관에 대해 까탈을 부리고, 모멸감을 주는 경우가 곧잘 발생했다.

귀국 날짜는 다가오는데, 성과는 없었다. 초조한 유금은 자금성 문 주변을 어슬렁거리며 출퇴근 하는 관료들을 살폈다. 경복궁의 정문이 광화문이라면, 북경의 자금성에는 광화문 같은 문이 3중으로 있다. 광장에 면한 첫 번 째 정문이 천안문이다. 천안문을 지나면 만나는 문이 단문端門, 제일 안쪽에 있는 문이 오문午門이다. 문무관료도 단문 안쪽으로는 자유롭게 출입할 수 없었다.

유금이 갈 수 있는 곳도 단문까지였다. 어느 날 유금은 단문 밖에서 한 관원을 발견한다.

인상으로 봐서는 사람이 비범하고 괜찮아 보였다. 인상이 꼭 정확하

자금성 단문: 이곳에서 유금이 이조원을 만났다고 한다

지는 않지만, 부딪혀 볼 수 밖에. 중국어도 모르고, 역관도 없어서 유금은 다짜고짜 인사를 하고 땅에 자신의 성명과 자字를 써 보였다.

유금의 도전은 당돌하고 무모하며 무례한 행동이었다. 이것이 첫 번째 시도였는지는 알 수 없다. 이전에도 여러 사람에게 접근해 보았지만 무시당했을 수도 있다. 물끄러미 바라보던 그 관료는 유금의 이름이 기이하다고 칭찬했다.[58] 유금의 자는 탄소였고, 별호가 기하주인인데 둘 중 어느 것을 썼는지는 모르겠다.

이 청나라 관리가 이조원이었다. 관직은 이부의 속사인 고공사와 문선사의 일을 맡은 낭관이었다. 고공사는 관원의 출근상황을 관리하고, 고관이 사망하면 그의 업적을 평가해서 시호를 책정하는 부서다. 문선사는 관직의 제수, 과거급제자의 관리와 관리처벌을 담당한다.

품계는 6품직이라 재상, 장관직에 비하면 간신히 중간에 턱걸이 하는 수준이지만, 인사행정을 맡은 관서이므로 엘리트 관원에게나 허락하는 귀중한 자리였다. 여기서 승진하면 언관이 되고, 한번 더 승진하면 차관급으로 올라간다.

이조원에게는 품계로 판정할 수 없는 명성이 있었다. 그는 사천성 면주 나강현 출신으로 1734년생이었다. 사천성의 부호로서 도서관 수준의 개인 서고를 지닌 독서가였고, 이미 상당한 저작을 남겼을 정도로 청나라 조정에서도 실력을 인정받는 문장가였다.[59]

유금을 좋게 본 이조원은 북경 순성문 밖에 있는 자택으로 초대했다. 유금은 이후 여러 번 그의 집을 방문했다. 어느 날 유금은 슬쩍 유득공이 지은 시 한 수를 보여주고 이조원의 반응을 살폈다.

이조원은 아주 훌륭한 시라고 칭찬하더니, 족자로 만들어 벽에 걸었다. 이제야 확신을 얻은 유금은 이조원에게 『한객청연집』을 내놓고 서문을 부탁했다. 그들의 불우한 처지와 서문을 부탁하게 된 사연도 이야기했다.

이덕무의 『청장관전서』에는 유금과 이조원의 사연이 이렇게 기록되어 있는데, 이조원은 다른 증언을 한다. 어느 날 그가 집에서 쉬고 있는데, 낯선 외국인이 찾아왔다. 필담으로 대화를 했는데, 유금이 유리창에서 이조원의 저작인 『황화집』을 보고 감동을 받아 찾아왔다고 했다.

이조원은 놀라면서도 반가웠다. 자신의 명성이 조선 사람들에게까지 전해졌다는데 반갑지 않을 사람이 있겠는가? 마침 출근을 보류하고, 집에서 쉬는 중이었다. - 사실은 무슨 일로 정직을 당하거나 기분 나쁜 일이 있어서 휴가를 내고 칩거 중이었던 것 같다 - 이조원도 사람 사귀기 좋아하고 재산도 부유해서 접대비 걱정은 없는 사람이었다.

필담을 나누다 보니 유금이란 사람도 마음에 들었다. 이조원은 말한다. "그의 이야기는 나의 번민을 제거해 주고 마음의 병을 치료해 주었다" 교제가 트이자 유금이 그를 찾아온 본의를 말하고 서문을 부탁했다. 이조원은 흔쾌히 수락했다. 조선 청년들이 불우함을 동정해서만은 아니었다. 4명의 시가 이조원이 좋아하지만 정작 중국에서 보기 힘들어진 당시풍이었다.

잠깐 부연하자면 유득공은 이덕무, 박제가와 소년시절부터 교류하고 시에 대해 논의했는데, 당시에만 한정하지 않고 당송, 원명 등 모든 시대의 시를 폭넓게 보고 연구했다고 했다. 이조원은 그 중에서 당시풍이 마음에 들었거나 그런 부분이 주목해서 보였던 것 같다.[60]

청나라는 만주족이 세운 정복왕조이다. 만주족은 한족의 전통문화를 존중하고 문예를 장려한다고 했지만, 기본이 정복왕조이다 보니 사회분위기가 군국주의적이었다. 이런 기질은 문예 사조에도 영향을 미쳤다. 질박한 만주족들은 당풍과 같은 화려하고 귀족적인 고전문화는 과도하게 형식적이고 실용적이지 않다고 경시하는 경향이 있었다. 이조원은 그런 청의 태도가 편협하다고 생각했지만 드러내고 불만을 토로할 수는 없었다.

덕분에 중국에서 당시는 사라지고 있는데, 조선 청년들의 작품에서 당나라 풍의 진수를 만났다. 더욱이 이들의 시는 당시풍이면서도 자신조차도 당나라 문화의 병폐라고 인정하는 과도한 탐미주의와 귀족적인 오만함도 없었다. 사치와 화려함을 극혐하는 조선의 풍조와 불우한 청년들의 작품임을 감안하면 화려함과 교만이 결여되는 것이 당연지사였지만, 정작 중국인의 눈에는 그것이 신기했다.

이조원은 시평을 달고 서문을 써 주었다. 서문은 최고급 비단으로 장정까지 했다. 서문의 요지는 "중국에서 사라진 도가 조선에 있더라"였다. 그리고 이런 말로 매듭을 짓는다. "이 서문은 곧 나를 위한 서문이기도 하다." 동정으로 쓴 글이 아니라는 말이다.

이덕무와 이조원의 회고가 왜 이렇게 다를까? 이조원이 만남의 과정을 각색했을 가능성이 높다. 아마도 단문 밖에서 조선 관원과 개인적으로 만나서 교제를 나눈 것이 조정에서 문제가 될 수도 있기 때문이 아닐까 한다. 이조원의 관료생활도 평탄치 못했고, 그를 싫어하는 무리가 있었다.

이조원은 반정균과도 교유가 있었다. 그는 반정균도 초대했다. 반정균은 네 사람의 시를 읽어 보고 홍대용과 김재행의 만남을 회상하면서 기꺼이 서문과 시평을 써 주었다.

이조원이 써준 서문의 내용은 데면데면하고 조심스럽다. 그저 이 서문을 쓰게 된 동기에 대한 설명이 대부분이다. 서로 낯선 사이라는 티가 난다. 하지만 이 일이 조선에 퍼지자 이조원은 조선에서 명사가 되어 중국을 방문한 조선 관료들과 자주 만났다. 4인방과도 나중에 편지로 교류하면서 박제가, 이덕무, 이서구 등이 개인 문집을 편찬할 때 따로 서문을 써서 보내주었다.

나중에 써 준 서문이 더 진솔하다. 박제가에게 준 서문이다.

초정 박제가는 동국에서도 문장으로 빼어난 자다. 그는 키가 작고 왜소하지만 (이건 이덕무의 영향을 받은게 틀림없다) 굳세고 날카로우며 재치있는 생각이 풍부하다. … 그의 문장은 찬란하기가 별빛 같고, 조개 뿜어내는 신기루 같고, 용궁의 물과 같은 것이 있다.

그런가 하면 어둡기가 마치 먹구름이 잔뜩 낀 것 같고, 날이 오래도록 흐린 것 같으며…. 산더미 같은 성난 파도가 일어나 온갖 괴이한 일들이 일어나는 느낌을 주는 것도 있다…

찬란함과 어두움, 이런 극단적인 대비가 발생하는 이유가 무엇일까? 바로 박제가의 빛나는 재능과 이를 알아주지 않는 조선의 어두운 현실이다. 이조원은 이렇게 정곡을 찌른다.

홀로 떨쳐 일어난 자는 힘이 없다. 알아주는 자가 몹시 드물어 만 리 밖에 있는 나에게 서문을 구했다.(박제가의 문집에 대한 이조원의 서문)[61]

만년에 이조원은 유금과 이덕무, 박제가의 글과 이들과 교유했던 이야기를 모아서 자신의 저서인 『함서』에도 수록해서 출간했다.

이조원은 서문과 서평 외에도 자신의 저서인 『월동황화집』과 작은 초상화, 이조원에 필적한다는 명성을 듣던 축덕린의 시집 등 다양한 선물을 주었다. 이때 선물인지 나중 선물인지는 모르지만 유득공의 성이 버드나무 류씨인 것에 착안해서 유득공에게 자신이 그린 버드나무 그림을 보냈다.[62]

이덕무에겐 땅콩을 보냈다. 지금도 중국 요리에는 땅콩을 많이 사용하지만, 그때만 해도 땅콩이 조선에 없었던 모양이다. 이조원의 고향 사천성이 땅콩의 특산지이기도 한데, 유금이 대접받은 땅콩을 보고, 내 친구 이덕무가 초목에 대해 잘 안다고 하자 이덕무에게 주라고 땅콩 종자까지 선물했다.

최후의 절망과 첫 번째 희망

이조원과 반정균의 서평은 대단한 사건이었다. 오늘날로 치면 세계적 거장이 한국에 와서 쟁쟁한 교수들과 명문대 학생들을 제쳐 두고, 길거리에서 동호회 연주나 하고 있는 젊은이를 이 나라 제일의 유망주라고 지목한 격이었다.

이덕무는 이조원과 반정균에게 감사의 편지를 썼다. 너무 고마웠던 그는 반정균에게 시와 함께 초상화를 보내주면 시는 가보로 삼고, 초상은 불상처럼 집안에 모시겠노라는 부탁까지 했다.[63] 그리고 선물로 받은 땅콩(낙화생)을 기념하는 시를 지었다.

낙화생이란 이름은 혜암의 책(진나라 혜함이 지은 남방초목상)에도 없는데 심으면 가지도 없이 열매를 맺으니 낙화생이라고 한다.

그대의 손을 거쳐 내 입에 들어오니 향긋한 침이 생기며 가슴이 시원하

네.(유탄소〈유금〉가 이우촌에게서 받은 낙화생을 보내오다.)[64]

아무리 땅콩을 처음 맛보았어도 그 맛을 시원하다고 표현한 것은 상식적으로 이해가 가지 않지만, 혀로 느끼는 미각이 아니라 마음의 맛으로 이해하자.

박제가도 이조원에게 감사편지를 썼다. 그의 어조도 이덕무와 비슷했다. 구구절절 자신의 처지에 대한 한이 배어 있다.

저는 바다 밖의 변변찮은 서생으로 올해 나이 28세입니다. 가족들도 얼굴을 거의 보지 못하고, 이웃사람들은 제 이름을 알지도 못합니다. …… 아아 선비는 자기를 알아주는 자를 위해 목숨을 바칩니다. 어찌 그것이 명예를 좋아하고 허물을 싫어해서 그런 것이겠습니까.(이조원에게 쓴 편지)[65]

박제가는 이때 벌써 사신단의 말구종이라도 되어 중국에 가서 이조원을 만나고 싶다고 말한다. 반정균에게 보낸 감사편지에서는 4명의 친구 중 문장실력은 자신이 제일 처지지만 중국을 보고 싶은 열망은 자신이 제일 강하다고 했다. 그러나 이때만 해도 그저 소원일 뿐, 이런 생각이 실현된다는 기대는 전혀 하지 않았다.

유금도 그들 못지않게 감동을 받았다. 그는 벽에 이조원의 초상화를 걸어 놓고 살았다. 이조원의 생일인 12월 5일이 되면 친지들을 불러 이조원의 생일 파티를 하고, 서쪽을 향해 술을 뿌렸다.[66] 박제가도 이 생일파티에 참석해서 이조원의 초상을 두고 축하시를 지었다.

지난 날 내 벗을 만났을 적엔

한마디 한마디가 참된 뜻이라

중원과 외방은 한집안이니…

시 속에 알아주는 벗 있다하여

진중한 한마디를 보내주었다…

(초상화를 향해) 부처에게 절하듯 절 올리노니

운집으로 천고를 견뎌 내리라.

(기하실(유련)이 소장한 운룡산인(이조원)의 작은 초상화에 쓰다)⁶⁷⁾

이조원이 백탑파에게 보내준 서문은 매스컴에서 난리가 날만한 획기적인 사건이었다. 이때는 매스미디어가 없지만 입소문의 위력이 매스컴 못지않았다. 순식간에 소문이 퍼졌다.

4인방의 감격했고, 소문이 가져올 변화를 기대했다. 하지만 소문은 찻잔 속의 태풍이었다. 잠시 들썩이는 듯하더니 세상은 그런 일은 들어본 적도 없다는 듯이 침묵했다.

아니 질투와 경계심은 더 심해졌다. 박제가가 장인 이관상 덕에 영변에 살 때이다. 영변 도호부 정원에 연못이 있고 연못 가운데에 육승정이란 정자가 있었다. 이 정자는 지금도 남아 있다. 연못 위로 육승정으로 통하는 나무다리가 걸려 있었는데, 박제가가 불이 달군 쇠막대기로 다리 판자에 시를 썼다. 어느 날 서울에서 온 어떤 선비가 그 시를 보더니 화를 내며 뽑아버렸다. 그때가 언제인지는 모르지만, 박제가가 유명해진 다음이 분명하다.⁶⁸⁾

박제가는 세는 나이로 벌써 28살이고, 이덕무는 40대가 다 되어 간다. 이 해에 박제가에게 첫 딸이 태어났다. 결혼 10년 만이었다. 막연하게나마 찾아온 기회는 절벽 앞에 꽂혀 있었다. 이 순간이 마지막 한고비인 걸까? 아니면 또 다시 버려야 할 꿈에 미련을 던져 주어서 포기할 기회마저 놓치게 하는 진정한 운명의 장난인 것일까?

박제가는 그런 고민을 하기에도 지쳤다. 더 이상 생계를 미룰 수도 없었다. 박제가는 잠시 접었던 장사계획을 다시 꺼내들었다. 배도 장만했다. 그렇게 막 항구를 떠나려던 차에 놀라운 소식이 들려왔다.

1777년 3월 21일, 새로 즉위한 정조가 서얼차별법의 폐지를 선포했다.[69] 박제가는 배를 팽개치고 바로 과거장으로 달려갔다.

우리가 세상을 바꿀 수 있을까

독서를 좋아하는 군주

1777년 연초에 박제가는 정조의 즉위를 기념해서 실시한 증광시(특별한 행사를 기념해서 개최하는 과거)에 응시했다. 개혁군주 정조의 즉위기념 증광시답게 과제가 '선비를 시험하는 방법'이었다. 운이 트이려는지 이거야 말로 비판의식이 강한 박제가가 내내 입에 달고 살던 주제였다. 박제가의 가슴 속에 수십 년 간 갇혀 있던 말이 폭포처럼 터져 나왔다.

그런데 막상 답안지를 작성하려고 하자 문제가 생겼다. 조선은 끔찍하게 형식과 서식을 좋아해서 과거답안지에도 문장에 정해진 형식이 있었다. 이처럼 문장의 형식에 집착해서 평가하는 것도 박제가의 과거제에 대한 중요한 비판 중 하나였다. 다만 박제가에게 비판은 멸시와 같은 뜻이라 그는 평생 답안지 문장 형식을 공부한 적이 없었다. 이관상이 살아 있을 때는 연습을 좀 했지만 그것도 오래 전 일이다.

생각과 말은 차고 넘치는데, 형식 파괴를 주장하는 답안을 형식에 맞춰 써야 하는 난감한 상황이 발생했다. 세상에도 화가 나고 자신에게도 화가 났다. 그 순간에 돌아가신 어머니의 모습이 떠올랐을까? 장인의 엄한 목소리가 떠올랐을까?

멍 하니 과거장을 둘러보자 화가 더 솟구쳤다. 과거장은 자리배치부터 난장판이었다. 열과 오를 맞추지도 않았고, 컨닝을 방지하기 위한 가림막도 없다. 응시생들은 여기저기 둘러 앉아 답안을 두고 토론한다. 누구는 대놓고 컨닝을 하고, 누구는 열심히 대리시험 중이었다. 포기를 한 건지, 미리 작성한 답안지를 가지고 온 건지 시간이 얼마 지나지도 않았는데, 사람들은 벌떡벌떡 일어나 답안지 수거함에 집어 던지고 속 시원하다는 듯이 손을 털고 나갔다.

오랑캐의 과거시험장이 선비의 나라 조선보다 훨씬 질서가 있고 엄했다. 밖에 나가서 이런 얘기를 하면 그 놈들은 오랑캐라 엄하게 단속해야 하고 우린 군자의 나라라 그런 형식이 필요 없다고 하겠지.

그렇게 엉망인 과거장, 박제가가 입에 달고 비판하던 그 무질서가 박제가를 구했다.

나는 이때 사실 과거 답안지 작성방식을 한번도 익힌 적이 없었다. 우연히 시험장에서 옆 사람이 지은 것을 보니 그리 어려워 보이지 않았다. 마침내 서두를 얽어 놓고 그 뒷부분이 형식은 벗인 이희명에게 채우게 했다. 내가 일부는 직접 쓰고, 일부는 불러 대필을 시키며 말했다. "(이희명이 뒷부분을 쓰니) 용두사미가 되겠군" 이희명이 웃으면서 말했다. "자네는 꼬리도 없는데 뭘 따지나" 마침 날이 저물고 바람이 불어서 손가는 대로 써서 바쳤다. 다만 시험장을 나서는 것이 통쾌했을 뿐 애초에 합격과 등수 따위는 염두에 두지 않았다.(선비를 시험하는 일에 대한 책문試士策)[70]

이렇게 지은 글이 형식이 제대로 맞을 리가 없다. 내용은 또 고분고분한가? 낙방은 불을 보듯 뻔했다. 박제가는 시험장을 나설 때 마음이 통쾌했다고 말했지만, 그건 한가닥 미련마저 사라진 완전한 낙담의 다른 표현이다. 가슴이 통쾌해도 눈앞에는 아내의 삶에 찌든 모습이 떠올랐을 것이다. 아내를 볼 면목이 없었기에 분명 그날 밤 집에는 늦게 귀가하고 친구들과 취하도록 마셔댔을 것이다.

그런데 기적이 일어났다. 오늘날 정조가 칭송받는 이유는 오래된 폐단과 말 안되는 부조리에 대한 문제의식이 있었기 때문이다. 정조는 세상에 알려진 만큼 개혁군주는 아니었지만, 부조리를 제거하고 칭송받는 군주가 되겠다는 목표의식은 확실했다.

조선왕조에서 절대지존의 힘은 대단했다. 국왕의 개혁의지는 바로 과거장에 투영되었다. 시험관인 이명식이 신랄한 박제가의 답안을 일등으로 뽑았다. 아마도 선정 기준이 정조가 제일 만족할만한 답안지였을 것이다. 교과서적인 답안을 제출하면 기성관료들을 지극히 불신하는 젊은 국왕은 짜증을 낼 게 뻔했다. 사도세자의 아들인 정조가 즉위했을 때 관료들은 거의 모두 연산군과 갑자사화를 떠올렸다. 정조가 즉위한 날 한 첫마디가 "나는 사도세자의 아들이다"였다. 영조는 세손(정조)에 대한 신하들의 불안감을 해소하기 위해 세손을 고인인 효장세자의 양자로 입적시켜 서류상으로 사도세자와의 혈연관계를 단절시켰다. 정조는 즉위하자마자 이 조치를 부정한 것이다.

이러니 신하들은 정조가 사도세자의 복수를 하지 않을 리가 없다고 생각했다. 다만 어떤 군주가 개인적 복수를 숙청의 명분으로 내세우겠는가? 뭔가 구실을 찾고 있음이 틀림없다. 이런 때에 구태의연한 모습을 보였다가는 찍히기 십상이다.

좀 더 긍정적으로 생각하면 이명식은 앞으로 정조의 신뢰를 받게 될 인물이었다. 그는 정조의 뜻을 잘 알았고, 서얼출신에 형식파괴자인 박제가를 장원으로 뽑는다는 놀라운 파격이 정조의 출발에 상징적인 의미를 지닌다고 생각했던 것 같다.

그러나 보수적 관료들의 의지도 대단했다. 지존의 요구도 그들의 저항에 튕겨 나왔다. 다른 시험관들이 박제가의 답안이 격식에 맞지 않으므로 실격이라고 이의를 제기했다. 형식 타도를 주장한 글이니 형식 무시를 용납해 주어야 한다는 이명식의 주장과 형식주의를 타도하자는 글도 형식을 지켜야 한다는 의견이 맞서다가 3등으로 타협을 보았다.

장원과 3등의 차이는 뭘까? 박제가가 장원을 했으면 무조건 문관 6품관으로 등용이다. 정조가 즉위하자마자 서얼 차별의 철폐를 공포했고,

첫 번 과거에서 서얼이 장원을 한다는 역사적 이벤트가 된다. 박제가의 등수와 합격여부를 둘러싸고 이명수와 다른 시험관이 벌인 논쟁의 본질은 이것이다. 만약에 박제가가 답안을 형식에 맞춰서 제출했으면 형식파괴를 주장하는 사람이 형식을 지켰다. 말과 행동이 다른 자라 장원을 줄 수 없다고 반대했을 것이다. 결론적으로 박제가는 3등이란 좋은 성적으로 급제하는 데는 성공했지만 3등이라 관료로 바로 등용될 수는 없었다.

그래도 이 급제로 초야의 박제가는 주류 사회에 턱걸이는 한다. 정조는 이미 박제가와 그 친구들에 대해 알고 있었던 것 같다. 이조원과 반정균이 다른 사람도 아닌 서얼 젊은이들을 극찬했다는 이야기는 상당히 센세이셔널한 사건이었다. 벌써 중국에 가는 사신들이 이조원과 반정균을 만나 인사를 나누는 게 공식처럼 되었다. 그들이 백탑파 친구들의 안부를 묻는 게 껄끄럽긴 했겠지만, 사신단 중에는 이들과 가깝고 먼 친인척들도 있고 서얼차별을 반대하는 착한 양반들도 있었다. 그들 편에 편지와 선물이 계속 오고 갔다.

이런 일이 벌어지는 동안, 궁중에서도 변화가 일고 있었다.

늦은 밤, 정조의 침실은 아직도 밝았다. 왕은 홀로 앉아 책을 읽고 있었다. 우리에게 호학의 군주로 알려진 정조는 심할 정도로 독서를 좋아했다. 하루 종일 정사에 시달린 뒤에도 반드시 일기(일성록)를 기록하고, 늦은 밤까지 책을 읽었다.

이런 독서 습관은 세손 시절부터 그랬다. 세손 시절의 정조는 위태로웠다. 사도세자 살해를 지지했던 사람들은 정조라는 존재가 껄끄러운 가시였다. 정조 입장에서는 자신이 언제 폐위되어서 아버지의 전철을 밟게 될지 알 수 없었다. 암살시도도 있었다. 죽음의 공포에 시달리면서 정조는 세자궁에 틀어박혀 오직 책만 벗하며 살았다. 누구를 만났다가는 정치적 음모에 휘말릴 수도 있었다.

고독했던 소년은 책을 읽고 또 읽으면서 시린 가슴을 붙잡고 잠 오지 않는 밤과 싸웠다. 내용이 머리 속에 들어올 상황이 아니었지만, 책이라도 읽지 않으면 돌아버릴 것 같았다. 수십 번 읽은 책을 읽고 또 읽으면서 끊임없이 솟아오르는 불안과 치미는 분노를 밀어냈다.

이 길고 긴 투쟁의 과정에서 정조는 한가지 정치적 요령을 터득했다. 신하들과 토론을 할 때는 자신의 박식을 마음껏 뽐냈다. 장황하게 토론하고 경전이 제시하는 원칙과 현실 사이에서 고민하는 모습을 보였다. 원칙과 현실! 구름 위와 속세를 오락가락 하는 정조의 태도에 신하들은 토론을 자신들이 원하는 방향으로 몰아갈 수가 없었다. 이런 식으로 정조는 결론을 미루고, 자신의 본심을 숨겼다.

정작 중요한 결정은 정조 혼자 고민하고, 혼자 궁리했다. 정책은 방향도 중요하지만 실현하는 방법도 조달해야 한다. 신하들을 믿을 수 없었던 정조는 신하들의 사소한 행동과 발언까지 되짚어 보고 의심하고, 방법을 강구했다. 왕이 되어서도 밤은 길고, 생각할 거리가 너무나 많았다.

정조는 이런 궁리도 책을 펴서 읽으면서 진행했다. 왕이 홀로 사색하고, 결정하는 모습을 보여서는 안된다. 독선적이고 독재자가 된다는 인식을 준다. 심야의 독서는 이를 위장하기에는 너무나 좋은 방법이었다.

신하들은 정조가 독서에 너무 깊이 빠져서, 책에서 배운 이론과 원칙에 얽매이는 것이라고 생각했다. 정조는 이런 착각을 훌륭하게 이용했다. 경이로운 인간의 두뇌는 읽으면서 생각하는 멀티 플레이를 얼마든지 해 낼 수 있었다.

오늘의 생각거리는 며칠 전에 치룬 과거였다. 증광시 급제자들의 답안지와 합격자 명단을 본 정조는 울컥했지만 내색하지 않았다. 이덕무와 박제가 등의 이야기는 정조도 이미 들었고, 꽤나 솔깃한 정보였다. 신하들을 신뢰할 수 없었던 정조는 평생토록 자신이 신뢰할 만한 신하를 발굴하고 양생하는데 집착했다. 서얼허통도 그런 목적의 일환이었다. 서얼차별이란 부조리를 개혁해야 한다는 뜻도 있었지만, 자신을 위한 정치적 안배도 있었다.

양반가 사람들 절반은 서얼이다. 서얼을 등용하면 이들은 그동안 자신들을 박대한 혈족이 아니라 자신들의 구세주인 국왕에게 절대적인 충성을 바치려 들지 않을까?

조선후기에는 공신이 늘면서 문벌의 힘이 너무 강해졌다. 여기에 숙종 이래 당쟁이 격화하면서 이 문벌, 관료집단들의 결속력도 비할 데 없이 강해졌다. 이들은 학연, 인연, 지연을 총동원해 서로 뭉치고 서로를 배척했다.

당파의 힘과 결속력이 너무 단단해져서 여기서 한발자국만 더 나가면 왕도 좌지우지할 판이었다. 서얼등용은 위태로운 자신의 권력을 강화하고 관료의 힘은 약화시키는 일거양득의 묘수였다. 신진세력을 등용한다고 해도 기존 양반층에서 신진을 등용하면 새로운 당파를 만들어줄 뿐이다. 서얼을 등용하면 기성 관료세력의 지분을 줄이고, 위협하면서 친위세력을 형성할 수 있다.

훌륭한 구상이었지만 관료들도 바보가 아니었다. 3등이라는 박제가의 성적표를 보면서 정조는 쓸쓸하게 웃었다. "이래서야 어느 세월에 되겠나. 친위세력을 만들기도 전에 내가 먼저 늙겠군"

기존의 제도는 방어벽이 너무나 탄탄했다. 서얼을 등용하려면 우회로가 필요했다. 권력에서 멀어진 마이너 양반들과 서얼 인재들에게 희망을 던져주는 방법은 없을까? 홍보효과를 극대화할 수 있는 이벤트를 가미하면 더욱 좋다. 정조에게 기발한 아이디어가 떠올랐다.

청나라에 좀 다녀오시게

박제가는 이조원에게 보낸 답례 편지에서 청나라에 가서 그들을 만나고, 다른 세상을 보고 싶다고 말한 적이 있다. 조선 사회의 부조리에 대한 실망이 커질수록 다른 세상을 보고 싶은 열망이 더욱 간절해졌다. 이런 심정은 이덕무, 유득공도 마찬가지였다.

그들이 편지로만 이런 생각을 피력했을까? 아니 주변 사람들에게도 말했을 것이다. 말이 돌고 돌아 정조의 귀에까지 들어갔던 것 같다. 정조가 뒷조사를 시켰을 수도 있다. 조선시대에 소문의 속도와 파급력은 현대인이 상상하는 이상으로 빠르고 넓었다. 우리들은 TV 뉴스와 SNS로 세상 소식을 듣고 전달한다. 소문이 신뢰와 역할을 잃었다. 조선시대는 반대이다. SNS의 역할을 입과 귀가 대신한다. 우편배달부와 택배 기사의 역할은 노비들이 대신하는 덕에 대갓집에는 하루에 수십 명의 노비들이 들락거렸다. 이들이 쓸 만한 소문도 함께 지고 날랐음이 틀림

없다.

박제가가 급제한 다음 해인 1778년 초(이덕무는 74년에 급제했다), 갑자기 정부에서 이덕무와 박제가에게 이 해 3월에 중국에 파견하는 사신단에 종사관으로 참여하라는 통지가 왔다.

중국에 파견하는 사신에는 정기 사행과 임시 사행이 있다. 3월 사행은 임시사행이었다. 전년에 보낸 외교문서에 잘못된 내용이 있어서 그것을 사과하기 위한 것이었다고 한다. 사신단 대표인 정사는 채제공, 부사는 정일상, 서장관은 심염조였다.[71]

두 사람이 종사관으로 선발된 경위에 대해 이덕무는 자신이 심염조와 친분이 있는 사이여서 사신단에 끼워 달라고 부탁을 했다고 한다. 심염조가 박제가까지 주선해 주었는지는 확실치 않은데, 박제가도 채제공의 종사관이 되었다.[72] 1781년에 쓴 시에 의하면 심염조는 박제가, 서이수와도 아주 친했다.[73] 이 친분이 이전부터 있었던 것인지, 중국 사행 이후에 생긴 것인지는 알 수 없다.

사신단에서 정사, 부사 아래에 실무를 담당하는 정5품 관원이 서장관이다. 종사관은 이 3명의 휘하에서 여러 실무를 맡는다. 그런데 사신의 종류에 따라서는 서장관을 종사관으로 호칭하는 경우가 있어서 혼돈을 일으킨다. 덕분에 이때 이덕무와 박제가가 서장관으로 따라갔다고 기록된 사료도 있다.[74]

하지만 이덕무의 기록을 봐도 둘의 직책이 종사관이었던 것이 분명하다.

그런데 두 사람이 종사관으로 선임된 것이 정말 심염조의 개인적인 호의 덕분이었을까? 두 사람이 맡은 임무는 국가의 공무이기도 하지만 정조의 개인적 의지가 강하게 반영된 임무였다. 규장각에 소장할 대량의 서적 구매였다.

당시 청나라는 중국 역대의 저서를 총수집한 『사고전서』(1772~1781)를 편찬 중이었다. 3,458종 7만 9582권에 해당하는 거대한 총서였다. 정조는 『사고전서』를 구하고 싶었으나 아직 완성도 되지 않았고, 청나라가 외국에 줄 마음도 없었다.

1777년에 중국에 간 사신 서호수는 대신 1725년에 완성한 『고금도서집성』을 구입해왔다. 이것도 1만권에 달하는 거대한 장서였다. 하지만 정조는 성에 차지 않았다. 『사고전서』를 구입할 수 없다면 우리가 민간에서 대량 구입해서 『사고전서』 수준의 장서를 갖추자. 왕은 이덕무와 박제가에게 북경의 서점가를 돌며 이미 구입한 『고금도서집성』의 목록과 대조해서 그 목록에 없는 도서를 조사하고, 가능하면 책도 구입하게 했다.

이런 중요한 임무를 맡을 사람을 정조가 그냥 관원에게 선발을 위임했을까? 정조의 성격상 절대 그럴 수 없다. 심염조가 이덕무와 박제가가 적역이라고 추천했다고 해도, 이미 증광시 급제 건으로 정조는 이들을 알고 있었을 것이고, 불우한 서얼을 구제하는 일이 불러올 정치적 효과와 파장을 충분히 고려했을 것이다.

예산은 알려지지 않았지만, 옛날 책값과 운송비를 감안하면 거액이 투입된 사업이었다. 컴퓨터도 없는 시절이다. 목록을 대조해서 목록에 없는 책을 찾고, 양서를 판별하려면 컴퓨터를 대체할 기억력과 단단하게 축적된 독서 내공이 있는 인재이어야만 이런 임무를 감당할 수 있었다.

조선시대 사람들은 공부하는 방식이 암기고, 토론을 하거나 지식을 자랑할 때도, 시를 쓸 때도 암기력이 승부를 나눴다. 우리 현대인들이 상상하기 힘든 수준의 암기력이 뛰어났는데, 이덕무와 박제가의 기억력과 독서량은 타의 추종을 불허했다.

사신단의 출발 예정일은 1778년 3월 17일이었다. 잘해야 일생에 한번뿐인 북경 여행에서 사람들도 사귀고, 필요한 물품도 구입하려면 개인 비용도 필요했다. 어려운 살림에 여비가 넉넉할 리 없다. 백탑파의 친구들이 나서서 비용을 추렴했다. 금교 찰방으로 재직 중이던 이수대는 노자에 보태라고 입고 있던 웃옷을 벗어 주었다.

그러나 이 보헤미안들은 술값을 절약해서 여비를 보탠다는 생각은 전혀 하지 않았다. 출발 전날 박지원 이서구, 강산, 이덕무의 친척인 이광석이 모여 이별 모임을 가졌다. 질펀한 술자리는 새벽까지 이어졌다. 전통 공법으로 주조하는 술은 생산효율이 낮아 쌀 소비량이 커서 꽤 비쌌다. 친구들이 모아준 여비 일부가 이렇게 날아갔는데 이게 끝이 아니었다.

아침에 사신단이 출발했지만 홍제원 계곡에서 또 주당들이 기다리고 있었다. 아침에 헤어진 박지원을 선두로 박제도, 유곤, 유득공, 이유동, 윤가기, 원경진, 원명술, 홍병선 홍유섭 원호문 조수범 이광섭과 이광선, 김계상 윤소기에 이덕무의 아들 이중구와 아마도 그가 가르치던 학동들까지 왔다. 당연히 술과 안주도 챙겨왔다. 홍제원 잔디밭에서 벌어진 술판은 오후 4시에나 끝났다.[75]

이거 무단 조퇴 아닐까? 공식 일정이 있는데, 어찌 이럴 수가 있나 싶지만 홍제원 벌판에 눌러앉은 사람은 이들만이 아니었다. 지금 홍제원 계곡은 7부 능선까지 주택으로 꽉 들어차서 옛 모습을 잃어버렸지만, 조선시대에는 한양에서 제일 경치 좋고 놀기 좋은 곳이었다. 정사 이하 모든 사신단이 홍제원에서 이별의 술판을 벌리는 것도 오랜 관행이었다.

이렇게 간신히 서울을 떠나 파주-개성을 거쳐 평안도로 진입했다. 두 사람이 서얼이고 직책도 낮았지만, 왕의 특별명령을 띄고 있으니 대우도 융숭했다. 국경 도시인 의주까지 가는 동안 두 서얼 종사관은 지방관이 베푸는 만찬, 정사, 부사가 배석하는 공식 행사에 똑같이 참여했다. 부윤, 도호부사 같은 고위 지방관들은 이덕무에게 시 한수를 부탁하고 시를 잘 쓴다고 하더니 과연 헛된 명성이 아니었다고 감탄을 했다.[76]

경유지 중에는 10년 전 이관상이 박제가를 데리고 부임했던 영변도 있었다. 이때 영변 도호부사는 이덕무의 종형 이경무였다. 마침 이덕무의 부친도 이곳에 머무르고 있었다. 이경무는 이덕무를 위해 잔치를 베풀고, 사신단 일행과 기생들을 거느리고 영변의 명승인 약산 유람까지 시켜주었다. 김소월의 대표작 진달래꽃에 등장하는 그 약산이다. 아쉽게도 이때가 음력 3월말이어서 진달래가 만발한 철은 지났을 것 같다.

김소월의 시가 주는 이미지와 다르게 약산은 평안도의 군사 요충이고 성벽이 봉우리를 휘감은 요새화된 진지였다. 이관상의 추억과 흔적이 남아 있는 성벽을 보면서 박제가는 장인에 대한 감사와 감회에 젖었다.

박제가는 자신의 작품을 보여주겠다며 이덕무를 끌고 육승정 판자 다리로 갔다. 다리에 지져 놓았던 시는 온데 간데 없었다. 전 해에 서울에서 온 누가 부서버렸다는 이야기만 들었다. 화가 났지만 참았다. 이런 수모도 이제 끝이다. 전과 다르게 울분이 올라오는 대신 가엾다는 생각이 들었다. 이게 가진 자의 여유라는 건가 보다.

인격자 이덕무는 더욱 잔잔한 미소만 지었고, 담담하게 이 일을 일지에 기록했다. 그것이 그가 하는 최상의 복수였다.

어떤 의미에서 이 순간이 그들의 삶에서 최고의 순간이었다. 두가지 기대가 가슴에 꽂혔다. 청나라, 다른 세상을 볼 수 있다는 기대와 드디어 관운이 트였다는 벅참이었다. 사신행은 가장 중요한 국가행사여서

영변관아와 약산(해동지도 평안도 영변부)

관료에게는 출세와 승진의 보장이기도 했다. 사행을 마치면 그 보답으로 관계와 관직을 올려주는 것이 상례였다. 이들은 자신들의 갑작스런 발탁이 자신들을 등용하기 위한 정조의 안배라고 확신했다.

무엇보다 새로 즉위한 임금은 고루한 조선사회에 변화와 혁신을 추구하고 있었다. 단지 서얼이 불쌍해서 인정을 베푸는 것이 아닐 것이다. 절대 입 밖에 내지 않았지만, 정조의 마음 속에 있는 정치적 속셈을 이들이 눈치 채지 못할 리도 없었다. 박제가의 꿈은 단순한 출세가 아니었다. 갑자기 조금 민망하게 느껴지기는 하지만, 25살에 쓴 자서전에서처럼 그는 세상을 바꾸고 경영할 제도를 연구했다고 자부했다. 왕은 그 이상에 공감하고 함께 추진할 강력한 후원자였다.

그러나 이 기대감에 대한 두사람의 대응태도는 아주 대조적이었다. 근실했던 이덕무는 맡은 임무를 뛰어나고 성실하게 수행하는 것으로써 자신의 가치를 증명해 보이려고 했다.

이 출장 후에 두 사람은 다 기행문을 남겼다. 이덕무가 남긴『입연기 入燕記』는 현존하는 그 어떤 연행록보다도 가장 꼼꼼하고 성실한 여행 일지이다. 박지원의『열하일기』가 분량이나 문학적 관점에서 최고의 기행문이라면 행정문서적 관점에서『입연기』는 최고의 연행일지이다.

이덕무는 매일 매일의 이동지역, 거리, 식사장소, 날씨 등을 꼼꼼하게 기록했다. 물론 대부분의 연행록이 이 사항을 기록한다. 하지만 이덕무의 기록은 단 하루도 빠짐이 없고, 한 항목도 생략하는 법이 없다.

기행문적인 요소, 문학적인 서술이 없지는 않다. 하지만 여행 중의 일화와 소감을 적을 때도 개인의 주관적 감상과 자유분방한 관찰태도를 마음껏 드러내지 않는다. 꼭 일지의 아랫부분에 있는 항목, "오늘 있었던 일", "특기사항"을 적듯이 적는다. 충분히 문학적인 부분도 일지의 맨 마지막 항목 "개인이 느낀 점"을 채운 듯한 느낌을 준다.

반면 박제가는 이번은 물론이고 도합 4번의 연행을 했지만, 단 한번도 이런 여행일지를 남기지 않았다. 기행문이라고는 시 뿐이다.(이덕무도 시는 썼다) 대신 사회개혁안을 담은 북학의를 세상에 던져 놓았다.

덕분에 이덕무가 없었다면 박제가도 없었다는 공식이 이번에도 통한다. 박제가가 중국에서 누구를 만나고 어디에 갔는가는 이덕무의 기록이 아니면 알 수가 없다.

나는야 조선의 기인

나는 도리를 따르지만 세속과는 맞지 않는 사람[기인畸人]입니다.(박제가, 「갱당 이조원에게 쓴 편지, 추루 반정균에게 쓴 편지」) [77]

5월 15일 두 사람은 대망의 북경에 도착했다. 조양문 남쪽에 위치한 객관에 자리를 잡은 그들은 바로 시내구경을 나갔다. 북경까지 오는 긴 여행동안 박제가는 동료들과 별로 말이 없었다. 진지한 대화는 피하고, 가끔 모여 떠들 때는 유머나 해서 청중을 웃기기나 좋아하는 실없는 사람이었다.

북경에 도착하자 박제가는 이덕무만 졸졸 따라다녔다. 제멋대로이고 격하고, 열정적인 모습은 찾을 수 없다. 그는 자신이 익숙한 환경, 자신이 잘 아는 사람 속에서만 격하고 호탕해진다. 그런 성격이었다.

박제가가 이 글을 읽는다면 그렇지 않다고 화를 낼지도 모르지만, 어쩔 수 없다. 절친 이덕무의 기록이 그런 느낌을 준다. 억울하면 일기라도 남겼어야지, 역사가 승자의 기록이 아니라 기록을 남기는 자가 승자이다.

하지만 북경의 거리가 익숙해지기 시작하자 박제가는 흥분했다. 낯선 세상 속으로 이덕무보다 과감하게 뛰어들었다. 처음 두 사람의 눈을 사로잡은 광경은 크고 화려한 건물, 쉴 새 없이 다니는 짐수레와 태평거라 불리는 인력거, 인파로 붐비는 시장과 그곳에 쌓아 놓은 상품이었다. 고결한 선비였던 이덕무는 박제가와 달리 상공업에 대한 흥미가 훨씬 적었지만, 그도 시장과 상업의 규모에는 충격을 받았다.

오후 4시 쯤 동악묘東岳廟에 들어갔다. 시장이 열렸는데 물화가 구름처럼 쌓였고 사람들이 매우 많았다. …… 통주通州 대로에서부터 여기까지 40리로 길에 네모난 흰 돌을 깔았는데, 수레바퀴 소리와 말발굽 소리가 우레 소리 같았다. 북경의 길은 흙이 모두 검고, 인가의 번성함과 시장의 사치스러움이 참으로 천부天府라 할 만하다. 수륙에서 생산되는 물건은 말로는 그 대략도 설명할 수 없고, 붓으로는 그 일부도 기록할 수 없다.[78]

이틀을 구경으로 보내고 나니 업무 생각이 났다. 17일에 두 사람은 정양문 밖에 있는 유리창 거리로 갔다. 북경에 온 조선 사신들의 순례코스가 유리창 거리, 문묘(공자묘), 천주당이었다. 관광 목록에 문묘와 천주당이 공존하는 게 이 시기 조선 사람들의 세계관을 잘 대변한다.

이중에서도 제일 많이 방문하는 곳이 최고의 쇼핑가 유리창 거리였다. 유리창 거리라는 명칭은 원나라 때 이곳에 유리기와 공장이 있었던 데서 유래했다고 한다. 그러다가 과거를 보기 위해 북경에 왔다가 낙방한 사람들이 고향에서 가져온 책, 벼루, 묵 등을 이곳에서 팔아 체류비용을 조달하면서 시장이 형성되었다. 청나라 때는 온갖 공예품, 악기, 사치품과 서적 등을 파는 고급시장이 되었다. 궁정악사나 궁정에 납품을 하는 명장들이 자기 명성을 이용해서 이곳에 가게를 개설했다. 조선 사신들은 주로 책이나 안경, 기념품을 구입하기 위해 이곳에 들렀다.

박제가는 공무라는 핑계를 대고 이곳을 마음껏 구경할 수 있었다. 그들이 방문할 서점들이 유리창거리에 밀집해 있었다. 현재 유리창 거리는 관광 쇼핑가가 되어서 서점가라는 말이 어색하지만, 18세기의 유리창 거리는 지금보다 훨씬 규모가 컸고, 상점도 다양했다.

유리창 거리에 가서도 이틀을 더 관광으로 소비하고, 19일에야 본격적인 서점 탐방을 시작했다. 참 이런 보고서를 솔직하게 남긴 걸 보면 조선시대 관료들이 공사개념이 희박했거나 인정이 넘쳤던 것 같다.

그러나 천재의 임무수행 방식을 보통 사람의 눈으로 판정하지 말자. 게으른 천재는 게으른 것이 아니라 노력하는 방식이 다른 거다. 사람들이 기분 나빠하니 말을 못해서 그렇지 천재들을 인터뷰하면 토끼와 거북이의 경주 이야기가 제일 잘못된 우화라고 말할 거다. 집중력과 이해도, 일처리 속도가 남다른 사람을 일하는 시간으로만 비교한다.

이덕무는 일지에 자신들이 방문한 서점명과 서점에서 찾은 구매대상 목록을 꼼꼼하게 기입했다. 그의 기록에 따르면 이날 하루 동안 14개 이상의 서점을 방문했고, 12개 서점에서 구매 대상 목록을 뽑았다. 이 속도가 가능했다는 건 만권 이상의 도서목록이 다 머리 속에 들어 있었다는 거다. 한 사람이 서점의 도서 목록을 죽 훑으면서 머리 속의 목록에 없는 책을 발견하면 말로 전달하고, 한 명이 자기 기억과 대조하여 검증한 뒤에 바로 적는다. 한 명이 기억나지 않거나 애매하면 다른 한 명의 기억으로 보정해 준다.

아니면 두 사람이 서점의 도서목록을 반씩 나눠서 한편으로는 보고, 한편으로는 묻고 대답하면서 체크 했을 수도 있다. 컴퓨터가 없던 시절

근래의 유리창 거리: 1990년대 모습이다. 규모는 많이 축소되고 관광객을 위한 기념품 가게가 주류이다.

에 이런 방법이 아니면 이 속도가 날 수가 없다.

단 이틀 만에 두 사람은 임무를 완수했다. 임무가 완결된 건 아니다. 구매 목록을 종합 검토하고, 거래처를 선정하는 일이 남았다. 뭐 마음속으로 정해둔 서점도 있고, 실무작업은 서점 측에도 시간을 줘야 한다. 목록작업만 해도 다른 사람이라면 일주일이 걸려도 못할 일을 단숨에 끝낸 두 천재는 자신들이 벌은 시간을 이용해 진짜 용무에 착수했다.

5월 20일 두 사람은 이조원의 사촌동생인 묵장 이정원(1749~1812)을 만났다. 이조원은 이들이 오기 직전에 모함에 걸려 관직을 반납하고 고향 사천으로 낙향했다. 이조원을 대신해서 이정원이 이들을 영접했다.

벗으로는 이정원이 더 적역이었다. 그는 박제가와 동갑으로 체격이 크고, 소소한 일에 구애받지 않는 호탕한 사람이었다. 술을 좋아하고 주량도 셌다.[79] 관리로서의 자질은 반정균이 더 뛰어났지만 인간 친화력은 이정원이 훨씬 좋았던 것 같다. 이조원과 이덕무 사이에 있었던 땅콩 에피소드를 알고 있던 이정원은 이덕무에게 선물하기 위해 땅콩까지 마련해 놓고 기다리고 있었다.

5월 23일, 기념비적인 날이 왔다. 이날 이부 근처에 있던 반정균의 집을 방문한다. 두 사람이 온 건 이미 알고 있었을테니, 이날 시간이 났던 것이리라. 이정원도 동석했다. 반정균과 이정원은 마침 이 해에 함께 급제해서 급제 동기가 되어 있었다.

반정균은 홍대용과 헤어진 뒤에 드디어 급제를 했다. 그것도 장원급제였다. 그런데 이 해 과거에 무슨 부정이 있었다고 한다. 정부는 급제자 전원을 합격취소 처리했다.

영원히 슬럼프에 빠질 수도 있는 엄청난 충격이었지만, 반정균은 극복해 냈다. 다시 6년의 세월을 노력한 끝에 마침내 급제했다. 장원을 포함한 1갑 3명에는 들지 못했지만 2갑에 들어 한림원 서길사가 되었다. 이정원도 비슷한 성적으로 급제해서 서길사가 되었다.

청의 과거제와 진사

회시 합격자를 진사라고 했다.(조선의 진사, 생원과는 개념이 다르다) 진사는 마지막으로 다시 황제 앞에서 전시를 본다. 전시는 당락을 가르는 시험이 아니고 오직 성적을 나누기 위한 시험이다. 전시의 성적에 따라 관직이 정해졌다. 장원을 포함해서 1-3등은 한림원 수찬(종6품)과 편수(정7품)에 제수했다. 나머지 급제자는 2갑과 3갑으로 분류하는데, 2갑에 속하면 한림원 서길사庶吉士로 임명하고, 나머지는 경관이나 지방 수령으로 제수했다. 조선은 장원이나 해야 간신히 6품직에 임명하고, 나머지는 품계만 올려주거나 관료 후보군 자격만 준다. 그 중 몇 명을 임명을 해도 여기저기 관청에 흩어놓는 조선과 달리 청나라는 1갑과 2갑에 속한 사람은 일괄로 한림원에 배치한다. 그러므로 명, 청대에 한림원의 관원이라고 하면 그 자체만으로 당대 일류의 문사라는 증명이었다.

반정균도 감회가 특별했던 것 같다. 장원급제가 취소되는 충격적인 불운을 겪고, 고생 끝에 급제했다. 그 때 자신이 얼굴도 모르면서 호의를 베풀었던 조선의 불우한 서생들도 장벽을 뚫고 성공해서 자신을 만나러 왔다. 이 정도면 우연이 아니라 전생에 특별한 연이 있거나 운명적인 안배가 있는 것이 아닐까? 반정균은 이 감회를 다음과 같이 노래했다.

십년 간 높은 명성 북경에 들리더니
이제 사신되어 다시 중국에 왔구려
중국 조정의 선비들이 모두 칭송하네.[80]

반정균은 비용을 아끼지 않고, 성대하게 상을 차려 그들을 대접했다. 이들의 기연과 우정은 중국 조정에서도 화제가 되었다.

25일에 두 사람은 거래처 선정이란 마지막 업무를 종료했다. 천주당을 나와 유리창 거리로 들어서는 초입에서 오류거라는 독특한 명칭을 지닌 서점이 있었다. 다른 서점들의 이름은 승문당, 옥문당, 문수당, 문무당 등으로 뜻은 명확한데 좀 평범했다. 오류거 주인은 도씨로 강남 출신이었다. 그는 이덕무와 박제가에게 며칠 내로 절강에서 4천 권의 책이 배편으로 도착한다고 자랑했다. 오류거의 소장본들을 보니 정말로 좋은 책들이 많았다. 여러 서점에서 복잡하게 구입할 필요가 없어졌다. 오류거와 독점 계약을 맺었다. 아마 반정균 등 강남 문사들의 추천도 있었을 것이다.

이후 오류거도 조선에서 유명해져서, 조선 사신의 버킷 리스트에 들어갔다. 조선 문인과 청나라 문사들 사이에 만남의 장소로도 이용되었다. 유득공과 박지원도 연경에 갔을 때 오류거를 방문했다.

두 사람은 북경에 한 달을 머물렀는데, 반정균과 이정원의 주선으로 이정원의 형제인 이기원, 축덕린, 원권, 당낙우 등 명사들과의 만남을 이어갔다. 만물박사에 초목에 관심이 많던 이덕무는 이 참에 이기원에게서 땅콩 재배법까지 배웠다.

축덕린은 5월 28일에 이정원이 그의 집에 있다는 소식을 듣고 찾아가 만났다. 축덕린도 이정원에게서 구해 이들의 시와 청인들의 시평을 읽은 적이 있었다. 축덕린은 절강 출신으로 이때 37세였고, 관직은 편수관이었다. 그는 모친상 중이었음에도 불구하고 잠시 틈을 내서 이들을 만나주었다.

30일에는 반정균, 이정원과 법장사에서 만나 사찰 구경을 했다. 이덕무는 이들이 외국인이고 처음 만난 사람들이었음에도, 오래된 친구들 같았다고 했다.

처음 보아도 옛날 친구와 같았고
잠시 만난 것도 좋은 인연이었네
옥루산의 가을 구름 아득하기만 한데
청구엔 새벽 달이 곱게 비추네
외로운 회포는 만리 밖을 달려가고
한 번 이별은 천 년이나 된 듯하구나
(이들과의 만남을 기록한) 값지고 묵직한 청장관기는
대대로 간직하여 보배로 삼으련다
(이묵장〈이정원〉을 생각하며)[81]

이들은 여러 차례 만남을 가지고, 술과 시를 나누었다. 백탑파의 북경 판이었다. 모두가 한결같이 두 사람을 높게 평가했다. 그런데 박제가는 나중에 그가 사귄 청나라 문인들의 면모를 시로 남기기는 하지만, 북경에서의 만남에 대해 아예 말이 없고, 이덕무는 예의 일지체로 일관해서 언제 만나서 어디서 헤어졌다는 이야기 뿐 남다른 감회나 소감을 남기지 않았다. 절대 담담할 수가 없는, 만감이 교차할 수밖에 없는 만남이었는데 말이다.

주관적 생각이지만, 이덕무의 담담함 자체가 터져 나오는 울음과 감정을 일부러 초연한 척 억제하고 있다는 느낌이 든다. 박제가는 게으름으로 어색함을 밀어낸다.

두 사람의 재능은 조선에서도 알만한 사람은 다 알고 있었지만, 공개된 비밀과도 같았다. 그런 그들의 재능과 사정을 이해하고 도움의 손길을 내밀어준 사람은 얼굴도 본 적이 없는 타국의 학자들이었다. 이 외국인들은 진심으로 환영하고, 만남을 기뻐하고, 주변의 일류 문인과 수재들을 불러 교제를 주선해 주었다.

새로 만난 사람들도 한결같이 두 사람의 재능을 감탄하고 인정해 준다. 그냥 불쌍한 외국인에게 베푸는 동정이 아니라는 말이다. 귀국할 날이 되자 반정균은 다시 사람들을 불러 모아 밤새도록 성대한 환송회를 열었다.

자존감이란 인간을 지탱하는 기본적 힘이다. 아무리 꿋꿋한 사람도 주변 사람들에게서 계속 무시당하고 악평을 받으면 자신감을 잃고 위축된다. 반대로 자신이 부족한 사람이라고 확신하던 사람도 주변 사람들이 칭찬하고 높게 평가하면 말과 행동에서 자신감이 배어 나온다. 바로 작년까지만 해도 거의 꿈을 포기하려고 했던 젊은 천재들에게 이방인들이 몰려와 그들을 격려하고, 그들의 글을 읽고 엄지손가락을 치켜세웠다.

그들도 인간이다. 고목에 물이 통하듯, 말라버렸던 존재감이 젖어 오르고, 이제는 꽃과 열매를 피울 수 있겠다는 기대감이 솟아오른다. 하지만 동시에 국내의 이웃에게는 차별받고 무시당하고, 아무 인연도 없는 외국인에게서 존재를 인정받는 이 황당하고 모순된 상황이 주는 비감은 더욱 커진다.

이런 이야기를 하면 화를 내는 분들이 있다. 외국인에 기댄다고 말이다. 우리 사회에는 아직도 '민족주의'='애국'라고 생각하는 분이 많다. 이 등식이 틀렸다고 할 수는 없다. 진짜 문제는 민족주의의 내용과 실천방법에서 나온다. '우리 것'만 쓰고, '우리끼리'만 하고, 우리 것을 맹목적으로 사랑하는 것은 민족주의를 위한 행동이 아니라 독이다.

히딩크 감독이 성공신화를 쓰기 전에 한국에 초빙한 외국인 감독들은 대부분 끝이 좋지 못했다. 어느 감독이 도중에 해임되어 한국을 떠날 때, 그때는 신예였던 스타 선수가 공항에서 펑펑 울었다. 그 이유를 당시에는 알지 못했다. 그저 정이 들어서 그런가 보다 했다.

히딩크 감독이 유명해진 이유는 월드컵 4강이란 성적도 성적이지만 그가 한국 스포츠계의 고질적인 인맥, 지연, 학연을 부수고, 음지에서 발굴해서 키워낸 스타들 덕분이다. 근대 스포츠가 시작된 이래로 우리는 얼마나 많은 재능들을 억누르고, 무시하고, 파묻었을까?

정조가 서얼차별법을 폐지할 때 이렇게 말했다. 우리나라는 명분을 중시하고, 지연과 문벌을 숭상해서 서얼을 차별하는 법을 만들었다. 재능있는 자를 억누르고, 재능을 가진 자가 있어야할 자리에 있지 못하게 했다.[82]

명분을 스펙으로 바꾸고, 지연과 문벌은 지연과 학연으로 바꾸면 서얼차별법과 뭐가 다른가? 차별의 도구만 살짝 바꾸었을 뿐이다. 이 사실이 우리가 반성할 일이지, 그 스타를 향해 너는 외국인 덕에 출세한, 외국인에게 기댄 인간이야라고 분노할 일인가?

이런 말을 하면 히딩크는 우리가 고용한 감독이고, 이조원, 반정균은 원수 청나라의 관리들 아닌가라고 맞불을 놓을지 모르겠다. 정말 이제는 말하기도 귀찮다. 그러니까 더 반성해야 하지 않는가? 히딩크 감독은 한국에 고용된 처지라 유망주 발굴이 의무였다. 청조의 한인 관료들에겐 그런 의무도 없었다.

훨씬 나중에 이덕무는 그날 모임에 참석했던 당낙우에게 보내는 편지에서 그날의 감상을 비로소 솔직하게 고백했다.

제가 일생에 잊을 수 없는 일은, 오촉吳蜀의 명사들이 위의가 정숙한 가운데 우리 두 사람(이덕무, 박제가)을 전별하면서 술잔을 계속 주고받으며 얼굴이 단사丹砂처럼 붉어가지고 웃음과 해학으로 날이 이미 저문 지도 모른 채 유쾌히 즐기던 바로 그 날의 광경입니다. 그 순간이 얼마나 즐거웠습니까?

그런데 지금 (조선에서) 외롭게 있으면서 그 일을 회고하니, 마치 꿈속의 일과 같으므로 하늘을 우러러 길이 탄식하며 쓸쓸한 마음을 스스로 억제할 수가 없습니다.
(원항 당낙우에게 보내는 편지)[83]

"꿈 속의 일과 같다." 그냥 들어서는 즐거운 추억을 회상하는 표현같지만, 그날의 술자리에서 그들이 느꼈던 감정이자 조선으로 돌아가면 벌어질 일에 대한 걱정과 불길한 예감이기도 했을 것이다.

하지만 날이 밝고 태양이 솟아오르면 불길함 보다는 희망의 힘이 크게 느껴지는 법이다. 북경에서의 30일은 이덕무와 박제가에게는 태양의 힘이 더욱 컸다. 신중한 이덕무보다는 박제가가 훨씬 더 고무되었던 것이 분명하다. 이덕무는 박제가의 홍분상태가 조금 불안했다. 천해 보이는 마부와 시장터의 장인과도 오래도록 이야기를 나누며, 별별 것을 묻고 다니고, 수레 밑을 보겠다고 허리를 굽혀 기어 들어가는 박제가를 이덕무는 조금은 걱정스런 눈으로 바라보았다.

박제가는 확실히 고무되어 있었다. 하지만 그것이 갑자기 내려 쮠 희망의 햇살 탓만은 아니었다. 박제가가 조선의 현실에 답답해한 것은 오직 신분적 장애, 출세의 한 때문만은 아니었다. 이 점이 박제가의 남다른 점이다. 보통 차별받고, 부당한 대우를 겪는 사람, 그것이 한이 된 사람은 오히려 그 한에 매몰되어 자기 문제에만 집착하는 경우가 많다. 근본적인 원인에 대한 탐구나 개혁보다는 피해보상, 감성적인 해결책에 몰입한다.

박제가는 이 함정에 빠지지 않았다. 홍길동은 절규하며 집을 떠났지만, 박제가는 나라를 바꾸려고 했다. 조선의 잘못된 법과 관행이 조선인의 심성 때문이거나 한, 두가지 이상한 법 때문이 아니다. 지금 와서 아버지를 아버지라고 부르게 된다고 해서 조선의 사회상이 바뀔 것도 없다. 그는 절규하는 대신에 문제의 근원을 보았다. 조선의 농본주의,

폐쇄적이고, 단조롭고, 역동성이 결여된 사회구조가 이 모든 한심함의 진정한 원인이다.

사실 박제가는 이런 생각을 중국에 가기 전부터 하고 있었다. 그가 과거를 포기하자 장사를 생각하고, 해외무역을 구상한 이유가 오직 중국 관광을 해 보고 싶다는 소원 때문이 아니었다. 농본체제의 한계에 대한 인식이 이미 있었다. 우물 안에 있는 자신의 실체를 보려면 우물 밖에서 내려다 보아야 한다. 우물 밖의 세상을 봐야, 개혁의 방향, 방법, 다른 사람들을 설득할 수 있는 증거를 확보할 수 있다.

저는 조공 가는 사신의 수행원이 되기를 바라고 있습니다. 마부가 되어서라도 중국의 산천과 인물의 장대함, 궁실 건축과 수레와 배를 만드는 제도, 농사를 비롯한 온갖 기술과 산업의 종류를 마음껏 보고자 합니다.

꼭 견학하고 싶은 것을 미리 하나하나 서면으로 작성해 선생께 여쭙고 싶습니다. 그런 뒤에 돌아와 밭 사이에서 죽는다 하더라도(이름없는 필부로 죽는다고 해도) 한이 없겠습니다. 선생은 어떻게 생각하시는지요.(갱당 이조원에게 쓴 편지)[84]

이처럼 이미 변화할 준비가 충분히 되어 있던 박제가였다. 귀국길에 오르자 5개월 동안 보고 느낀 일들이 폭발적인 깨달음으로 몰려왔다.

조선 건국 이래 사대부들은 상공업을 누르고 농업사회로 살아가는 것이 행복하고 아름다운 사회를 만드는 유일한 방법이라고 믿고 실행해

왔다. 물자의 부족, 삶의 고통은 이 땅에 주어진 운명이거나 인정 많고 도덕성이 살아 숨 쉬는 사회를 위해 감수해야 한다고 했다.

박제가는 이 논리를 거부했다. 우린 속고 살고 있다. 아니면 바보들 때문에 우리가 이렇게 비참하게 산다. 박제가도 차마 이런 직설적인 표현은 못했지만, 이게 솔직한 심정이었을 거다. 청에서 보고 느끼고 발견한 이야기는 그의 이런 생각을 논리적으로 주장할 수 있게 해 주었다.

반면에 이덕무는 조심스러웠다. 이덕무는 자신이 박제가의 생각은 뭐든 잘 들어주고 공감했다고 주장한다. 그러나 이 조심스러움이 인품과 처세술 때문만은 아니었던 듯하다. 북경에 가는 도중에 중국의 동네 시장 구경을 할 기회가 있었다. 시장에서 길거리에서 영업하는 노점 이발소를 보았다. 2000년대 초반까지만 해도 중국의 대도시에서도 이런 길거리 이발소를 여러 번 볼 수 있었다.

이발을 하면 면도, 귀청소가 서비스로 부가된다. 그 광경이 신기했던 이덕무는 소감을 기록했다.

(시장에) 귀 후비는 것을 직업으로 하는 사람이 있었다. 높은 의자에 앉아서 낮은 의자에 사람을 앉혀 놓고 그의 귀를 후비는데, 기구가 여덟 가지였다. 후비고 꺼내고 휘젓고 소통시키고 하여 귓밥을 하나도 남기지 않았다. 귀를 후비는 자는 천하에 가장 못난 사람이고 후비게 하는 자는 천하에 가장 게으른 사람이리라.[85]

이발사는 천한 사람이고, 이발소의 고객은 게으른 사람이다. 소비를 말하면서도 아직 소비의 광경은 낯설다. 생각은 바뀌어도 몸이 바로 따라오지는 않는 법이다. 옆에서 박제가도 같은 말을 했을 수도 있지만, 이덕무에 내재한 이런 차이가 그의 신중함의 원인일 가능성이 높다.

박제가는 신중할 수 없었다. 감정의 격동을 주체할 수 없었던 그는 가족이 기다리는 집으로 돌아오지 않고, 임진강변인 통진에 주저 앉아 집필에 몰입했다. 왜 통진에 머물렀는지는 알 수 없다. 그곳에 친척집이나 친구, 하여간 장기거주가 가능한 인연이 있었다고 짐작해 볼 뿐이다.

하여간 박제가는 3개월 동안 추가 외박을 하면서 감동과 격정을 글로 옮겼다. 그 글이 불멸의 명저 『북학의』이다.

흥분 상태에서 명작을 남기다

통진에 틀어박혀 북학의를 써 내려가는 동안 박제가는 초흥분상태였다. 『북학의』를 읽으면 한문체임에도 불구하고 '이 답답하고 멍청한 인간들아!'라고 외치며 속사포처럼 터져 나오는 어투와 목소리가 그대로 느껴진다.

내가 북학의를 처음 읽었을 때 박제가에 대해 느낀 소감은 시대를 너무 앞서 간 사람. 현상의 본질을 꿰뚫는 통찰력이 남다르지만, 덕분에 다른 사람의 답답함과 시대의 어리석음은 참지 못하는 사람이었다. 다른 사람에게는 머리는 좋은데, 한이 맺혀서 심성이 비뚤어진 사람으로 보일 우려가 있겠다는 걱정도 들었다.

솔직히 조금 비뚤어지기는 했다. 그러나 비뚤어져 보이는 건 그의 성격과 대인관계의 요령이지 빛나는 지성과 통찰은 아니다. 사람들은 이 부분을 착각한다.

이덕무가 기록한 박제가의 사회생활의 모습을 분석하면, 박제가도 자신의 서툰 사회성, 부족한 대인관계의 요령을 의식하고 극복하기 위해 노력한다. 모임의 자리에 끼면 말을 아끼며 튀고 부담스런 사람이란 이미지를 주지 않으려고 노력한다. 그렇다고 침울하게 입을 닫고만 있으면 사회성 결여자가 된다. 밝고 건전한 이미지를 주기 위해 실없는 농담을 던지고, 기를 쓰고 사람들을 웃긴다.

박제가를 처음 보는 사람들은 호감을 느낀다. 잘 난 척 하고 안하무인인 사람이라고 들었는데, (농담을 해도 잘 난 척하는 면이 있는 듯한 위화감이 살짝 느껴지긴 하지만) 뭐 괜찮은데...

그러나 박제가를 아는 친구들은 조마조마하다. 친구들은 서로 쳐다보며 눈으로 말한다. "오늘은 좀 참아야 하는데", "그게 가능하겠어?"

이덕무의 증언처럼 사람들 사이에서 조용히, 실없이 있다가도 사람들의 대화가 점점 더 저공비행을 하면 더 이상 참지 못하고 끼어든다. 한번 이야기를 시작하면 단숨에 말은 빨라지고, 말투는 신랄해진다. 이쯤 되면 사람들은 슬금슬금 피하거나 잘난 척 그만하라는 시무룩한 표정이 된다.

학창시절부터 박제가의 행동이 꼭 이랬을 것이라고 생각했었는데, 증거가 없었다. 오랜 시간 후에 박지원의 『열하일기』에서 증거를 찾았다. 박지원은 압록강을 건너 북상 중에 봉황성을 보러갔다. 이곳은 지금도 군사요충이라 답사가 어려운데, 당시에는 봉황성이 당태종이 고구려를 침공했다가 눈에 화살을 맞은 안시성이라는 설이 있었다.

박지원은 안시성의 고사를 생각하면서 성벽의 구조를 살폈다. 벽돌로 쌓은 성벽이 인상적이었다. 돌아오는 길에 동행한 정진사에게 물었다.

"청나라의 축성법을 우리와 비교하면 어떤가?"

"중국의 벽돌이 우리나라 돌보다 못한 것 같아"

늘 듣던 애국적인 대답이다. 문득 박제가가 떠올랐다.

내가 이전에 박제가와 함께 축성제도를 논한 적 있었오. 그때 어떤 이가 말했죠. "벽돌의 강도가 어찌 돌(화강암)을 당하겠소" 그러자 박제가가 소리를 버럭 지르며 이렇게 말했지. "벽돌이 돌보다 낫다는 게 어찌 벽돌 하나와 돌 하나의 강도를 비교한 것이오"[86]

박제가의 말은 성의 기능은 성벽의 강도만으로 판정할 수 없다. 화강암은 강도는 높지만, 벽돌만큼 다양한 구조를 건축하는데 불리하다는 말이다. 이건 벽돌을 사례로 든 것 뿐이고, 세상의 이치를 논할 때는 한두가지에 매몰되어서도 안되고, 우리 것을 변호하는 것이 애국도 아님을 깨우치라는 말이다. 박제가는 이런 답답함을 참지 못했다.

박제가의 지적질에 공감하는 사람도 있긴 했겠지만, 청중의 10%나 되면 다행이었다. 동의하는 사람들도 며칠 후에 조용히 찾아와 다독인다.

"자네 심정은 이해하네 그러나 다른 사람들 감정도 배려를 해야지"

벽돌로 건축한 중국의 성(섬서성 시안 성벽)

"이봐 다른 사람은 다 그렇지 않다는데, 자네만 왜 그렇게 우기나. 자네만 그렇게 똑똑해? 다른 사람을 설득하려면 자기 말만 하지 말고 다른 사람의 의견도 존중해 줘야지"

그런 말을 들을 때마다 박제가는 다시 조심 모드로 돌아갔다. 자신의 말과 행동을 반성해서가 아니라 바보들을 설득할 소재, 방법이 딸렸기 때문이다. 그래서 더욱 바깥 세상을 보고 싶었던 것이고, 마침내 보았다. 이제 저 바보들에게 쏘아댈 실탄은 넘치도록 충분하다.

"기다려라. 바보들아 내가 너희를 충분히 계몽시켜 주마"

가슴 속에 타오르는 이야기, 하나하나가 너무 소중했다. 하나라도 잊어버리기 전에 가슴 속의 불길이 주변사람들의 만류와 지적질에 움츠러

들기 전에 토해 놓아야 했다. 오죽하면 집에 돌아가서 아내와 친지들에게 부대끼는 시간도 아까워서 통진에 틀어박혔을까?

이때 박제가의 나이가 29세였다. 그와 동시대에 지구 반대편에서 모차르트(1756~1791)라는 천재가 활약하고 있었다. 모차르트가 작품을 내어 놓자 세상은 단숨에 그의 천재성에 굴복했다.

박제가가 모차르트를 알았을 리가 없지만, 박제가도 그런 꿈을 꾸었다. 자신의 천재성을 인정받기 위해서만이 아니었다. 그의 글은 단박에 조선을 깨우고, 생기와 부를 선물하리라. 괄시받던 서얼에게 남부럽지 않은 부와 명예도 따라올 것이다. 어깨를 으쓱해 본다. "그건 어쩔 수 없지 뭐"

제2부
북학론,
적을 인정하고
배우는 자가 이긴다

조선의 가난 타령

책을 덮고 책을 먹는다

박제가는 중국의 시장과 거리를 관찰하면서 조선의 가난에 대한 원인과 진단을 확증하고 분노한다. 박제가를 흥분시킨 조선의 가난이란 어떤 것일까?

먼저 박제가와 친구들의 경험담이다.

자기 별명을 '책 밖에 모르는 바보(간서치)'라고 지었던 이덕무의 경험담이다. 정조에게 등용되기 전 이덕무는 두 칸 정도의 허름한 집에 살았다. 끼니도 자주 걸렀지만 땔감도 자주 떨어져서[87] 아주 아껴서 때야 했다. 1760년에서 61년 사이의 겨울은 별나게 추웠다. 넉넉하지 못한 살림에 일기예보도 없던 시절이라 만약을 위해 장작을 충분히 확보해 둘 수도 없었다.

어느 날 이덕무는 갑작스레 잠에서 깼다. 몸이 차갑게 식어 있었다. 두터운 이불을 덮고 있는데도 불구하고 얼음같은 냉기가 몸을 감싸고 있었다. 방은 냉골이고 이불은 딱딱해져 한기를 발산하고 있었다. 자세히 보니 이불에 닿는 입김이 얼어붙어서 성애가 되어 있었다. 그 뿐이 아니었다. 이불을 만져 보니 속에서 와삭와삭 소리가 났다. 이불이 흡수한 수증기가 얼어붙어서 이불 자체가 살얼음화 되어 있었다.

"허어 내가 지금까지 얼음을 덮고 자고 있었구만" 잠이 깨어서 다행이었다. 그대로 세상 모르고 잠들어 있었다간 동사하거나 폐렴에 걸렸을지도 모른다. 당시엔 폐렴 치료는 불가능하니 자다가 죽느냐 피를 토하며 고생하다가 죽느냐의 차이였다.

정신이 번쩍 들었다. 생과 사가 한순간이었다. 이덕무는 벌떡 일어나 책장에서 한서(중국 한나라의 역사를 담은 책) 한 세트를 꺼내 이불 위로 죽 펼쳐서 덮었다. 옛날 책은 크기도 재질도 현대의 책과 다르다. 전통 한지는 솜도 틀 수 있는 천연섬유다. 덕분에 이덕무는 위기를 넘겼고, 살아서 아침을 맞이할 수 있었다.

4년 뒤인 1765년 11월 27일, 등불을 켜고 책을 읽고 있는데, 방안으로 황소바람이 들어왔다. 벽을 살펴보니 갈라진 틈이 보였다. 4년 전 얼어 죽을 뻔했던 밤이 떠올랐다. 해결책이 책이었다는 생각도 났다. 그는 『노론魯論』(논어의 고본 3판본 중 하나, 한나라 때에 노나라에서 전해진 논어라고 함) 1권을 뽑아서 갈라진 틈에 꽂았다.[88]

독자들은 이 이야기에서 가난과 분투하면서도 독서와 공부를 놓지 않는 참 선비의 모습을 본다. 눈물을 훔치는 분도 있다. 책 읽기를 싫어하는 아이들에게 이처럼 훌륭한 교훈이 없을 듯하다. 이런 오해는 조선 사회의 실상을 몰라서 그렇다.

그날 이불 위에 덮은 책은 팔면 이불 몇 개는 마련할 수 있는 고가품이었다. 우리만 그런 것도 아니다. 인쇄술이 등장하기 전 모든 나라에서 책은 상당한 고가품이었다.

이덕무의 가난 일화 중에서 제일 애절한 일화는 쌀이 떨어져서 책을 팔아 끼니를 이었다는 이야기이다.

내 집에 가장 좋은 물건은 다만 『맹자』 7책뿐이오, 오랫동안 굶주림을 견디다 못하여 돈 2백문에 팔아 밥을 잔뜩 해먹고 희희낙락하며 영재(泠齋 유득공의 호)에게 달려가 크게 자랑하였소. 영재의 굶주림 역시 오랜 터이라, 내 말을 듣고 즉시 『좌씨전』을 팔아 그 남은 돈으로 술을 사다가 나에게 마시게 하였으니, 이는 자여씨(맹자)가 친히 밥을 지어 나를 먹이고 좌구생(좌씨전의 저자 좌구명)이 손수 술을 따라 나에게 권한 것과 무엇이 다르겠소. 그리하여 우리 둘이 맹씨와 좌씨를 한없이 찬미했오.

우리가 1년 내내 이 두 책을 읽기만 했다면 어떻게 조금이나마 굶주림을 구제할 수 있었겠는가? 글을 읽어 부귀를 구하는 것은 요행을 바라는 수작이오. 당장에 팔아서 일시적인 배고픔과 술고픔이라도 해결하는 것이 보다 솔직하고 가식이 없는 것이라는 것을 이제사 알았으니 서글픈 일이오. 족하는 어떻게 생각하시오?(이낙서(이서구)에게 주는 편지)[89]

우리들은 이 이야기를 가난한 소년이 참고서를 팔아 라면을 사서 끓어 먹었다는 이야기로 듣는다. 아니다. 이덕무가 판 맹자의 가격이 동전 200문(2냥)이다. 이때 쌀 한가마 가격이 500문(5냥)이었다. 조선시대는 1가마가 15말이어서 200문이면 6말 가격이다. 6말을 현재 가격으로 환산하지 말아야 한다. 조선시대 5인 가족 자영농의 기준이 1년에 300말 수입이었다. 이 정도면 보통 중산층이 아니고 상위 중산층이다. 6말이면 1주일 생활비, 50% 이하 서민 수준의 가정이라면 반달 치 생활비도 된다.

즉 책을 덮고 잤다는 이야기는 현대판으로 각색하면 밤에 갑자기 난방장치가 고장 나서 오리털 파카를 꺼내 덮고 잤다는 얘기와 비슷하다. 쌀 6말 값으로 그런 옷을 살 수 없다고 반문할 수 있는데, 쌀 가격이 아니라 서민들의 1~2 주 생활비라는 개념으로 비교해야 한다.

조선시대 가난의 본질은 물자와 유통능력의 부족이다. 이덕무 집에 땔감이 없다고 하면 겨울에 연탄도 없는 극빈층 가정을 연상한다. 아니다. 17~18세기 쯤에 서울 인구가 크게 늘고, 전면 온돌(방 전체를 데우는 온돌)이 대중화 되면서 서울 주변 수십리의 산이 다 민둥산이 되었다. 서울 인구가 수십만인데, 땔나무가 없다.

가옥의 열효율도 문제다. 전통 가옥은 벽의 절반이 종이(창호지)이다. 집은 단열이 안되고, 과거의 온돌은 열전도율이 낮다. 화상을 입을 정도로 뜨겁게 온돌을 달궈도 이불에 성애가 앉고, 물에 얼음이 어는 경험은 조선시대 가옥보다는 단열이 훨씬 잘 되는 1970년대까지도 흔

한말의 민둥산, 개성 만월대: 인구가 늘고 온돌이 보급되면서 18세기부터 한국의 산들이 급속히 민둥산이 되었다.

개성 만월대 현재 모습: 바위산이기도 하지만, 북한은 현재도 산에 나무가 많지 않다.

전통 가옥: 창호지를 바른 문이 벽에서 차지하는 비율이 너무 커서 단열이 잘 되지 않는다.

한말 서울의 나무 장수

했다.

이 추위를 이겨내려면 열효율을 한탄하지 말고 바닥이라도 최대한 뜨겁게 달구는 수 밖에 한다. 그런데 땔나무는 수십 리 밖에서 가져온다. 공급이 수요를 따라가지 못한다. 도로는 좁고, 수레는 무겁다. 운송비가 생각 외로 많이 든다. 조선시대는 인건비가 극악하게 싸고, 노비는 무상으로 부리니 물가가 쌀 것이라고 생각하는 분이 많은데 절대 그렇지 않다.

인건비는 싸도 운반능력이 크게 떨어지고 속도도 몇 배로 느리다. 트럭 한 대에 실어서 반나절에 나를 물량은 수레 수십 대, 사람 수십 명 말이나 소 수십 필을 동원해서 며칠을 날라야 한다. 수레를 끄는 말이나 소는 사람보다 3배를 먹는다.

박제가 이전에 상공업 육성을 주장했던 선구자가 유수원(1694~1755)이다. 그가 1734년에 저술한 『우서迂書』에서 운송 문제를 이렇게 지적한다.

오늘날 우리나라의 상판(商販 상업)을 보면, 말은 있으나 노새가 없고 배는 있으나 수레가 없으니, 선상船商보다는 마상馬商이 많고 마상보다는 보부상負商이 많다. 우차牛車를 사용할 줄은 알아도 마차馬車나 나차騾車를 알지 못하고, 소와 말을 키울 줄은 알아도 노새를 번식시킬 줄은 모르며, 홀로 장사할 줄은 알아도 자본을 모아 힘을 합하는 것이 장사하는 데 가장 이익이 크다는 것을 알지 못하기 때문이다.

… 오늘날 이른바 마상들은 1필의 말 등에 물품을 싣고 다니니 적재량

이 얼마나 되겠는가. 이들이 지방으로 가면 이들 물품을 사들일 좌상(坐商, 도매점, 중간상을 말함)이 없어서, 마상이 직접 이 장, 저 장으로 뛰어다니고 깊은 산골에까지 돌아다니니, 간신히 물품을 팔아도 이익이 매우 적다. 또 그동안 사람과 말의 여행비용도 얼마나 썼겠는가.

겨우 1필의 말등짐으로 이익을 얻으려 하니 서울과 지방을 막론하고 어찌 대단한 이익이 있겠는가. 오히려 자칫하면 본전마저 잃기가 십상이다. 팔러 보내는 사람이나 팔러 가는 사람이 모두 대단한 이익을 얻지 못하는 까닭이 여기에 있다.[90]

인건비만 많이 드는 게 아니다. 물자가 풍족하지 않고 조달이 느리고 고비용이니 무얼 생산해도 생산원가 자체가 몇 배로 든다. 마지막으로 최종 가격은 수요와 공급이 만나는 점에서 결정되는데, 땔감 포함해서 공급이 수요를 따라가지 못하니 또 가격이 상승한다. 가격이 세니 상인이라도 부유해지느냐 그것도 아니다. 생산원가는 고비용인데, 시장 부족, 운송수단 부족으로 수요와 판매량이 제한되니 이윤이 급락하는 악순환이 반복된다.

대저, 물화가 비싸고 귀하기가 우리나라와 같은 곳은 세상에 없다. 올이 고운 무명이나 삼베의 값이 중국의 활백주(闊白紬 명주의 일종)보다 배나 비싸니 그 까닭이 무엇이겠는가. 무명·삼베·모시 들은 오래 전부터 우리나라에서 생산되어 온 것이지만 평안도와 충청도 지방 이외 지역에서는 이를 힘써 재배하고 직조하지 않고 있다. 그런 까닭에 그 값이 이같이 비

소와 말에 짐을 싣고 이동하는 사람들

싼 것이다. 이 풍속이 일변하여(즉 상업과 유통이 활성화되어) 모든 아낙네가 공들여 애쓴다면, 그 값이 어찌 이처럼 비싸기까지야 하겠는가.[91]

벽이 갈라진 틈을 책으로 막았다는 일화도 얼마나 가난하면 저런 집에 살까라고 예단해서는 안된다. 미리 말해 두지만 초야 시절의 이덕무도 가정형편이 일반 백성 중간 이상은 된다.

벽이 갈라진 집에 산다? 조선의 흙벽은 쉽게 갈라진다. 밤에 갑자기 전화를 해서 수리공을 부를 수도 없다. 전화도 없고 전문기술자도 극소수이고, 상공업을 억제하니 전문 상점은 아예 없다. 노비를 충분히 두고 사는 집은 평소에 벽도 손보고, 지붕도 손질하겠지만, 노비를 왁자지껄하게 거느리려면 아주 상류층이어야 한다.

그래도 중산층으로 간주하기에는 심해 보이는 한탄들이 있다. 서울에 집이 저렇게 많은데 내겐 집 한 채 없다. 밭 한 뙤기 없다. 나물죽으로 때우는데 저녁에 손님이 찾아왔다. 가난을 노래하는 이런 처량한 시들이 꽤 있다. 심지어 쌀이 떨어져 끼니를 거른다는 얘기도 쉽게 한다. 이덕무, 유득공이 끼니를 거른다는 건 어떻게 이해해야 할까? 이 정도면 극빈층 아닐까?

조선시대에 궁중이나 관리, 군인들의 식사를 보면 하루 세끼가 기본이었다. 그러나 전국민적으로 하루 세끼를 챙겨먹을 수 있는 사람은 매우 희귀했다. 대개는 하루 한 끼, 두 끼가 보통이었다. 말 그대로 믿기는 힘들지만, 두 끼도 먹지 못하는 사람이 더 많았다는 진술도 있다. 그래서 특별히 체력을 요구하는 혹서기나 농번기에 보신탕, 천렵, 새참 먹는 관습이 생긴 것이다. 하지만 조선시대 산릉역이나 축성사업 때보면 그 힘든 공사장에서 돌과 흙을 나르는 역부들도 거의가 점심을 거르며 일을 했다.

우리나라에서 소위 부잣집이라고 해도 대개 사대부와 훈척勳戚과 상인商人·역관譯官들이 여유가 좀 있는 정도에 불과할 뿐이다. 농가를 보면, 비록 삼남(三南 충청·전라·경상도)의 비옥한 지역이라 할지라도, 햅쌀과 묵은 쌀이 이어지는 집(보릿고개를 겪지 않는 집)이 거의 없다.[92]

이런 사정에도 절대 생산량만이 아니라 유통구조의 취약함이 원인이다. 현대인들은 슈퍼와 상점에서 쌀을 사다 먹는다. 옛날 사람들은 부

전통 부호가의 쌀 창고(연자방아 뒤에 보이는 건물): 쌀이 줄어드는 것을 감안해서 위에서 부터 한단씩 가로대를 들어내게 되어 있다.

자는 충분한 양을 창고에 저장해 두지만, 축적량이 부족한 보통 사람은 대단히 불안정하고, 위태로운 유통망을 통해서 혹은 친인척과의 거래나 동정으로 구한다. 이런 방식도 수송비가 상당해서 중간에 새는 비용이 크다. 그것도 감당하기 힘든 일반 농민은 식량을 줄이고 굶는 수밖에 없다. 국민 거의가 보릿고개나 절량 상태를 경험한다.

정확한 통계는 알 수 없지만 최대치로 잡으면 전국민의 80% 정도가 점심 내지는 하루 한 끼를 일상적으로 거르고 있다. 사족, 양반들도 좀 여유가 있는 수준에 불과한 사람이 많아서 간간이 끼니를 거르는 고통을 겪는다.

쌀이 떨어지는 사연도 여러 가지다. 보릿고개, 흉년으로 쌀 공급이 원활치 않아서... 이덕무가 쌀이 떨어져 유득공 집에 갔더니 유득공도 굶고 있더라고 했다. 두 집이 다 처절하게 가난해서 그랬을까? 이 무렵에 서울의 곡물 유통이 원활치 못해서 그랬을까?

제사나 잔치로 지난 주에 떡을 해 먹는 바람에 오늘 먹을 쌀을 당겨 썼을 수도 있다. 녹봉이 나오려면 며칠 남았는데, 극도의 유동성, 화폐 부족으로 현금도 없다. 그러면 아는 사람에게 가서 꾸거나 뭘 팔아야 한다. 하지만 옷도 단벌이고, 가구도 없어 팔 물건이 없다. 종로 육의전에 쌀가게가 있다지만 반경 몇 키로 혹은 수십 킬로 안에 쌀가게가 없는 경우가 허다하다.

이런 상황이다 보니 양반 지주들도 가난하단 말을 입에 달고 살고 그게 자랑처럼 되었다.

중봉 조헌은 학문을 좋아하여 항상 촌음寸陰도 아꼈다. 집안이 가난하여 몸소 농사를 지었는데, 혹 밭에서 소를 먹여 기를 때에도 책을 놓은 적이 없었고, 날마다 땔나무를 해다가 그 불에 비춰 책을 읽었다.(야매夜寐)[93]

조헌은 임진왜란 때 의병장이다. 영규 대사와 함께 청주성을 탈환했고, 금산 탈환을 시도하다가 금산벌에서 왜군에게 포위되어 전사했다. 조헌은 어렸을 때는 김포에 살았고, 임란 직전에는 옥천에 살았다. 그는 명문대가가 아닌 전형적인 시골 양반으로 부친은 벼슬을 못해서 직접 농사를 지었다. 조헌도 낮은 벼슬을 했다 그만뒀다 했는데, 가난해서 몸소 농사를 지었다. 그 와중에 공부를 했으며, 등불을 켤 수 없어서 모닥불을 피워 책을 읽었다고 한다.

이런 이야기를 들으면 아주 가난한 농사꾼의 삶 같지만, 알고 보면 조헌도 마을에서는 유지 수준이다. 조선시대 농가 중에 소를 가진 집은 10집에 한 집도 안된다. 소가 있다면 최소한 지주나 부농급이다. 기름과 초는 아주 귀해서 등불이나 초를 켜서 책을 읽으려면 아주 부자여야 했고, 돈이 있어도 조달하기가 힘들었다.

일상용품의 생산량이 적고, 유통은 느리고 비싸고, 일반 대중들의 수입에 농업 의존도가 너무 높고, 수입을 올릴 직장이 드물어서 구매력이 떨어진다. 상품가격을 높고 구매력이 떨어지니 투자가 안되고, 생산량은 정체되고, 소득과 구매력도 늘지 않는 악순환이 반복된다.

어쩌면 1~2%의 초상류층 사람을 제외하고는 반찬, 과일, 종이, 약재, 의복과 같은 기본적인 생필품에도 늘 부족함을 느끼고 살아야 했다.

이덕무는 비가 오면 외출을 걱정했다. 단벌신사여서 갈아입을 옷이 없었다. 이런 이야기도 이덕무가 무척이나 가난했구나가 아니라 조선시대는 중산층, 크게 양보해서 소시민층도 이렇게 살았구나로 이해해야 한다.

이덕무의 경우는 공부와 독서로 지출하는 비용이 꽤 컸다. 공부에 투자를 하지만 않았어도 삶의 질이 좀 더 나아지긴 했을 것이다. 이덕무는 장서가였는데, 그가 소장한 책은 정확히 모르지만 최소치로 계산해도 일반 중산층의 4,5년치 수익은 되었다. 크게 잡으면 10년치 수익일 수도 있다.

따지고 보면 현대 한국인들도 엄청난 교육비 투자에 삶의 많은 부분을 희생하고 산다. 다만 중산층을 기준으로 볼 때 교육을 위해 삶의 질을 희생한 분들도 비가 새는 집이나 벽이 갈라진 집에서 살지는 않는다. 희생하는 삶의 내용이 크게 다른 것이 조선시대와 현재의 차이이다.

출세도 가난을 떨쳐낼 수 없다

그러면 고급관료는 풍족하게 살까? 상공업을 억제하고, 유통은 잘 되지 않으니 상류층도 늘 물자부족에 시달린다. 선조, 광해군 때의 문신으로 송도삼절로 불린 최립(1539~1612)은 종2품인 동지중추부사까지 역임한 재상급 인사였다.

한때 낙향해서 은거했던 그를 승문원제조 겸 교정청 당상으로 임명하자, 최립은 취임을 사양하고, 차라리 작은 시골의 수령에 임명해 달라고 청원했다. 자신이 『주역』의 주해서를 저술하고 있었는데, 집이 가난해서 종이를 조달할 수가 없어 초고도 정리를 끝내지 못하고 있었다.94) 수령이 되면 녹봉이 적지만, 군현의 모든 생산물을 총괄하므로 돈으로 구입하지 않아도, 혹은 싸게 종이나 온갖 물자를 확보할 수 있다. 이것이 최립이 재상 임명을 거절하고 수령을 원하는 이유였다.

당상관도 종이를 사서 조달하기가 힘들다. 당상관의 녹봉이 콩, 보리 제하고 쌀만 1년에 60석이 넘는다. 그리고 부수입이 대단히 많다. 아무리 조선이 가난해도 거의 재상급인 당상관이 녹봉으로 종이조차 살 수 없을 정도로 가난하지는 않다. 그러나 판매하는 종이량이 많지 않아 종이가 비싸고, 돈이 있어도 조달하기가 쉽지 않다. 최립같은 명사라면 일상에 쓸 종이구입 정도야 괜찮았겠지만 저술을 하려고 보니 종이 구입

정조가 세운 수원 화성의 상점거리(수원화성 박물관 복원모형): 조선후기에는 상업이 조금씩 발달했다. 이런 환경이 박제가가 북학의를 제기할 수 있는 여건을 조성했다.

에 물적, 시간적 부담을 느꼈던 것이다.

　이상의 이야기는 두가지 사실을 알려준다. 관리가 되어도 보통의 관리는 경제적으로 자유롭지 않다. 그래도 관료가 되어야 국가가 장악하는 공적 유통망에 발을 담그고, 좀 더 풍족하게 살 수 있다. 이것이 공부해서 출세해야 삶이 풍족해 진다고 하는 이유. 책에서 돈 나오고 떡 나온다고 말하는 이유이다. 동시에 조선이 정체하고 나라 전체가 가난한 이유이다.

　물론 18세기 말이면 전기와는 다르게 상업이 발달하고 상업으로 부를 축적해서 부호가 되는 평민들도 꽤 많이 등장하고 있었다. 변화와 성장이 발생하고 있던 것은 사실이다. 하지만 조선은 여전히 상공업에 회의적이거나 소극적이었다. 농본정책에 대한 신념과 자유로운 경제활동, 이익에 대해 비판적인 시각은 바뀌지 않았다.

박제가의 눈으로 보면 변화는 너무 느리고, 이런 속도로는 사회 경제를 죄고 있는 새장의 틀을 깨트릴 수 없었다. 하지만 그나마 이런 변화가 있었기에 박제가는 북학의를 주장할 용기를 얻었고, 자신의 주장이 받아들여질 수 있다는 가능성을 던져 볼 수 있었다.

판도라의 상자를 열다

욕망이 경제를 발전시킨다

박제가 사상의 핵심은 욕망의 긍정이다. 욕망을 해방해야 부가 증가하고 물자는 풍족해 진다.

조선은 반대로 "검약과 극빈이 아름다운 사회를 만들고, 사람들을 근면하게 하고 나라와 백성을 부유하게 한다"라고 주장한다. 이상한 말 같지만, 조선의 성리학자들은 사람이 가난하고 배고파야 열심히 일해서 부유해진다고 한다. 심지어 실학자의 거두인 성호 이익도 이런 주장을 했다.

이 논리를 따르면 사람이 부유해지면 안된다. 가난해야 열심히 일한다. 그런데 사람들이 열심히 일해서 부유해지면 일을 안 하니 나라가 다시 가난해 진다. 이런 사태를 방지하기 위해 국가가 개입해서 강제로라도 적당히 가난하거나 부족하게 살게 만든다. 그러면 가난해진 백성

영국의 증기기관, 맨체스터 과학관: 17세기 유럽에서는 증기기관이 발명되었다. 유금이 연경에서 이조원을 만났던 1776년에 제임스 와트는 실용적인 증기기관을 발명했다.

이 계속 열심히 일하게 만들 수 있고, 나라는 부를 유지할 수 있다. 근데 이렇게 되면 가난한 사람은 언제 부유해질까? 가난한 사람은 열심히 일해도 가난하거나 가난해 진다. 가난한 사람에게서 세를 거둬봤자 나라가 얼마나 부유해질까? 결국 나라와 백성 다 가난한 상태로 있고, 그것이 가장 부유한 상태라는 말 아닌가

뭔가 이상한 순환논리인데, 이 말 속에 숨은 주장은 백성들이 농사를 지으며 가난하게 살아야 말도 잘 듣고, 딴 마음도 먹지 않는다는 것이다. 가난한 백성들은 경조사가 있거나 몸이 아프면 서로 상부상조 하거나 그래도 부족하면 양반, 지주의 도움을 받아야 한다. 그러니 말도 잘 듣고, 자애로운 양반층을 고마워하면서 살게 된다.

반대로 평민, 노비도 부유해지면 교만해지고, 신분상승을 노린다. 유교적 이상국가를 만들고자 했던 조광조파가 제일 증오했던 사회악이

고구려 고분벽화의 수레

상업으로 돈을 벌어서 비단옷을 입는 노비였다.[95] 이런 흉악한 상황을
방지하려면 모든 국민이 삶에 절실하지 않은 물건에 욕심을 내지 않고
가난하게 살도록 해야 한다. 비단은 너무 비싸니까 그럴 수도 있지 않
을까? 조선시대 기준을 따르면 빗, 거울, 화장품도 평민에게는 금지해야
하는 사치품이다. 방물장수도 불법이다. 행상도 허가를 받은 극소수만
허용되었다.

　하지만 막상 이렇게 살아 보니 양반사대부도 나라도 물자부족에 고
통 받고, 삶이 피곤하다.

　박제가는 양반층의 "가난해야 부유하다". "아름다운 농업사회"라는
궤변이 제 발등을 찍었음을 알았다. 애초에 욕망은 나쁜 것이다. 이익
은 욕망의 배설물이고, 세상을 오염시킨다는 생각 자체가 틀렸다.

조선시대 수레: 바퀴 테두리가 너무 두꺼워 바퀴가 무겁다

수원 화성 박물관의 수레

박제가는 조선과 청의 비교를 통해 이 위선을 공격한다.

중국은 사실 사치로 망했다. 그렇지만. 우리나라는 검소한 데도 쇠퇴해지는 것은 무슨 이유일까? 검소하다는 것은 물건이 있어도 남용하지 않는 것을 말하는 것이지, 자신에게 물건이 없다하여 스스로 단념하는 것을 말하는 것이 아니다. (내편, 시장과 우물)

중국이 사치로 망했다는 말도 반발을 생각해서 적당히 해 준 말이다. 사치 문제는 후술하고, 검소하다는 핑계, 사실은 강요된 단념의 결과를 보자.

우리나라 군에서 사용하는 큰 수레는 너무 투박하여 빈 수레를 운행해도 소가 지친다. 큰 나무로 소 정수리를 누르므로 소가 병들어 죽는 수가 많다. 수레는 끌던 소는 고기도 먹을 수 없고, 뿔도 이용할 수 없으니 이는 (소가) 극도로 지쳐서 독기가 발생한 때문이다.(외편 수레 9칙)

조선의 전통 수레는 너무 무겁고 투박해서 적재량이 줄어들고, 운송비용은 늘어난다. 이것이 상품가격을 높이거나 아예 유통을 포기하게 하는 결정적 요인이었다. 세종도 기능적인 수레 제작을 위해 고민했다. 상품 유통 때문이 아니라 군량 수송의 고비용을 해결하기 위해서였지만, 실패했다. 그 이유 속에는 조선 사회의 총체적인 모순이 집약되어 있다.

중국 송나라 때의 수레(청명상하도): 청나라 태평거는 기술적으로 이보다 더 발전한 형태였다.

고구려의 덕흥리고분, 안악 3호분 벽화에서 보이는 고구려의 수레를 한말의 사진과 비교해 보면 변화가 없다. 이 비효율적인 수레 덕분에 장작이 부족하고 가격이 너무 비싸 이덕무가 자다가 불귀의 객이 될 뻔했다. 그나마 이덕무는 비싼 책을 덮어서 위기를 모면했지만, 책도 없는 서민들은 그 한파를 어떻게 이겨냈을까?

북경 거리에서 박제가는 태평거라는 택시 역할을 하는 수레를 보았다. 1대에 5명이 탔다. 조선 수레 수송력의 3배이다.[96] 이 차이는 바퀴다. 바퀴가 크고 쇠로 만든 바퀴살을 사용해서 튼튼하고 가볍다.

이 말을 이해하려면 조선에서 통용되는 수레를 이해해야 한다. 고구려 벽화에 나온 수레도 양반이다. 이 보다 못한 수레가 돌아다닌다. 바퀴살이 없고, 사이클 경주에 등장하는 디스크 바퀴처럼 둥근 통판으로 두꺼운 바퀴를 만들고, 각목보다 두꺼운 목재로 바퀴살을 댔다. 바퀴를 연결하는 가로대도 없다.

이런 지적을 하면 대뜸 반론이 나온다.

"우리나라는 도로가 나쁘고 산악지형이라서 그럴 수밖에 없다."

"쇠로 만든 바퀴살은 비싸잖아 운송비가 더 든다."

유수원과 중국에서 살아 본 경험이 있는 김육은 이렇게 대꾸한다.

"임진왜란 때 원병으로 온 명나라 군대는 다 수레로 물자를 날랐다."

"중국이라고 땅이 다 평원이 아니다. 우리나라 보다 험한 지형이 있지만 다 수레로 넘나든다."

결국 문제의 본질은 수레를 만드는 기술, 기술을 개량하려는 의지와 그 의지를 보상해 주는 이윤이다. 오늘날 15톤 트럭은 2억 가까이 하지만, 트럭이 비싸다고 리어카로 대체하는 상인은 아무도 없다. 하지만 날라야할 상품이 라면 한 박스라면 누구도 15톤 트럭을 사용하지 않을 것이다.(오늘날에는 택배업이 그 기적을 이루긴 했다)

자유상업, 다양한 생산자와 소비자. 풍부한 물동량이 있다면 지형이나, 도로부족이니, 기술자 부족, 제작비용 등등의 불만은 단숨에 해소된다. 이윤이 보장되면 수레를 개량하지 말라고 해도 민간에서 새로운 기술과 부품을 개발하고, 도전할 것이다. 수레가 늘면 부품값도 줄고, 도로 등 인프라가 개발되면 제작비가 더 낮아지거나 더 고성능의 고급 수레가 개발된다.

이 매카니즘을 적용하면 수레 뿐만 아니라 조선사회의 다양한 문제를 해결할 수 있다. 몇가지 예를 들어 보자.

건축에 벽돌을 사용하자는 아이디어도 조선 초기부터 꾸준히 등장했지만 번번이 실패했다. 결국 전통 벽돌 건축은 수원 화성 정도에서나 사용되고 끝내 보편화되지 못했다. 여기에도 수레와 비슷한 논란이 벌어졌다.

"우리나라 흙이 중국과 달리 돌가루 성분이 많아서 벽돌제작이 힘들다"

"험한 지형 탓에 (수레도 없는데) 무거운 벽돌을 운반하기 힘들다."

진실한 이유는 이윤이 보장되지 않고 대중의 구매력이 없어서 민간에서 건축붐이 일지 않았던 탓이다. 요즘은 아파트에 밀려 수가 줄었지만, 20세기에 초가집을 대체한 주택이 빨간 벽돌집이었다.

북학의에는 조선 사회를 비하하는 듯한 구절이 많다. 이 때문에 애국심이 상하는 분도 많은데, 가난을 극복하자는 말이 왜 비애국적일까? 우린 충분히 잘 살고 있으니 이대로 살자는 생각이 정말 애국일까?

박제가의 아픈 지적질은 결코 우리 민족이 무능하거나 어리석다는 지적이 아니다. 반대로 무능하지 않은데 잘못된 이념과 방법으로 능력을 발휘하지 못하고 있다는 지적이다. 애국심 부족도 아니고, 민족감정에 상처를 주는 발언도 아니다.

※ 우리나라 배는 엉성하고 낮다. (방수와 방습이 안되) 적재한 화물이 썩으니 중국의 선박 제조술을 배워야 한다.(외편 수레 9칙)

조선의 어선

12세기 중국의 상선(청명상하도), 이 그림에는 훨씬 더 크고 웅장한 배도 그려져 있다.

※ 우리나라는 천호나 되는 고을에도 반듯하고 살만한 집이 한 채도 없다. …… 구들이 뜯겨 지기도 하고 움푹 들어가기도 해서 앉을 때나 누울 때도 항상 기울며, 불을 지피면 연기가 방에 가득차서 숨이 막힌다.(내편, 궁실)

※ 우리나라에서 길을 닦을 때는 땅 표면만 긁어서 흙 빛깔만 새롭게 할 뿐 실제로는 몇 발자국도 평평하게 못한다. 돌을 깐 것도 판판하게 하지 못해 울퉁불퉁하여 넘어지기 쉽다.(내편 도로)

※ 중국은 소를 씻기고 손질해 준다. 우리나라는 소가 죽을 때까지 씻지 않아 몸뚱이가 말라붙은 똥으로 더럽혀져 있다.(내편 소)

우리 역사가 박제가의 지적과 해법이 옳았음을 증명한다. 한국이 산업화하면서 세계적인 조선국가가 되었다. 한국의 아파트와 도로는 이제 세계가 주목하는 한국의 풍물이 되었다.

소비가 생산을 촉진하느니라

박제가는 마침내 현대 경제학의 진리인 소비가 생산을 촉진한다는 결론에 도달한다.

재물은 우물과 같다. 퍼 쓸수록 자꾸 가득차고 이용하지 않으면 말라버린다. 비단을 입지 않으므로 나라 안에 비단 짜는 사람이 없다. 여공이 없으므로 그릇이 찌그러지든 말든 개의치 않으므로 교묘함을 일삼지 않아서 나라에 장인과 가마와 철공소가 없고, 기술도 없어졌다.…. 그러니 사농공상 모두가 가난해져서 서로 도울 길이 없다.(내편, 시장과 우물)

이 우물 비유는 박제가의 글 중에서 제일 유명한 구절이다. 과소비와 사치가 부유층의 전유물이라는 생각, 과소비는 사회적 위화감을 조성한다는 건 세계 공통의 감정이다. 덕분에 16세기에 자본주의가 시작된 서구 사회도 이런 대담한 결론에는 빨리 도달하지 못했다. 산업혁명으로 엔진이 대량생산 사회를 돌리기 시작했을 때도 소비 문제에 대해서만은 보수적인 지식인들이 넘쳐났다.

21세기인 지금도 이렇게 비판하는 분이 있을 것이다.

"가진 것도 없는 백성에게 절약을 강요하니 나쁜 것이다. 부유한 상류층은 절약하고 검소해야 한다. 권력자들이 쓰는 돈은 다 세금이다."

죄송하지만 이 말은 틀렸다. 앞서 말했듯이 정부는 백성에게 가난을 강요하고, 빗과 거울도 사치품으로 규제했다. 지배층의 검소가 백성에게 덕이 되는 것도 아니다.

정조의 유명한 사례가 있다. 정조는 백성을 사랑하는 마음을 실천하기 위해서 왕실용 도자기를 구울 때 갑기를 사용하지 않고, 도자기에 그림도 그려 넣지 못하게 했다. 갑기는 흙으로 만들어 도자기를 넣고 굽는 그릇이다. 갑기를 사용하지 않고 도자기를 그냥 쌓아서 구우면 열을 고르게 받지 않고, 구워지는 동안 반죽이 눌려 자기가 찌그러지고, 색이 고르지 않게 된다. 갑기는 한번 만들면 두 번 사용할 수 없어서 매번 새로 만들어야 한다.

왕실용 도자기는 주로 경기도 광주에서 굽는다. 현재 여기에 경기 도자 박물관이 세워져 있다. 문제는 도자기 공정이 주민의 무상노역으로 운영된다는 것이다. 도자기 제작은 기술자가 하지만 나무를 베어오고,

가마를 만드는 건 백성들의 몫이다. 정부에서 요구하는 도자기 수량이 많아지면 노역이 힘들어 진다. 임금을 주려니 또 다른 곳에서 세금을 걷어야 하고 일이 늘면 더 많이 걷어야 한다.

정조는 갑기를 제작하는 일이라도 줄여주려고 했다. "내가 찌그러진 그릇을 쓰더라도 백성들의 노고를 줄여주겠다" 훌륭한 마음인건 부정하지 않겠다. 그러나 여기에는 함정이 있다. 세계적인 도자기 브랜드 중에는 왕실 납품용 사업권을 따고, 그 수익과 기술을 토대로 발전한 회사들이 많다. 유럽 왕실도 세금으로 도자기를 구입했지만 이 비용은 기업과 직원의 소득을 높이고 생산의욕과 기술개발을 촉진한다.

조선은 무상노동이거나 극도의 저임금이니 기술개발이 안된다. 공장을 짓고 고가의 상설가마를 만드는 건 어림도 없다. 매년 일회용 저가용으로 만들고 부수고 새로 만든다. 운송비 등 정부도 돈을 쓰는데, 생산에 투입된 자금은 재투자가 안되고 순비용이 되어 허공에서 사라진다.

더 좋은 사례가 있다. 오늘날 우리들이 자랑하는 고려청자와 조선백자의 기술은 근현대로 오면서 끊어졌다. 지금 우리나라 백화점에는 외국의 고급 브랜드가 도자기 시장을 점령하고 있다. 반면 임진왜란 때 일본에 잡혀간 도공은 공장을 차리고 일본을 도자기 강국으로 만들어 세계 시장으로 도자기를 수출했다. 유럽의 궁전, 저택에 가면 일본 도자기를 쉽게 볼 수 있다.

누구는 임진왜란 때 왜군이 도공들을 잡아가서 조선의 도자기 산업이 쇠퇴했다고 한다. 새빨간 거짓말이다. 한나라의 기술자를 모조리 잡

중국 도자기 가마

중국의 도자기 가마와 한국의 가마, 중국가마(위)는 벽돌로 지어서 영구 사용이 가능하다.
반면 조선의 전통가마는 일회용이어서 매년 노동력을 징발해야 했다.

유럽의 저택에 있는 도자기. 근세에 유럽의 실내 장식에서 도자기는 필수품이 되었다.

아간다는 게 말이 안된다. 임란 이후에 만든 도자기, 정조가 만들라고 한 도자기는 뭔가? 설사 일류 기술자들이 모조리 잡혀가서 한 두명만 남았다고 해도, 조선 도자기가 고수익 상품이었고, 막대한 이윤을 창출했다면 기술자는 쉽게 양성되었을 것이다.

일본에 간 조선도공은 도자기 불모지였던 일본에서 고령토를 찾아 도자기 공방을 세웠다. 지방 정부는 이 수익 사업을 적극 지원했다. 일본 도자기가 유럽, 튀르키에 등으로 수출되면서 도자기 시장과 수익성이 계속 확대되었다. 이 노다지 시장에 쇄국으로 일관한 조선은 참여하지 못했다. 일본으로 간 도공은 오히려 대접을 받고 부와 명성을 획득한 반면, 가난하고 천대받는 조선의 도공들은 기술과 디자인 개발에 투자하지 않았고, 조금이라도 돈을 벌면 도자기를 버리고 차라리 농부나 양반이 되고 싶어 했다. 다음은 이희경의 지적이다.

자 여기 어떤 사람이 있어서 자기 굽는 기술을 배워 가지고 정성과 힘을 다하여 그릇을 만들었다고 합시다. 나라에서 그 그릇을 사주기는커녕 도리어 도자기가 훌륭해서 돈을 많이 번다고 세금을 후하게 매기니 기술 배운 것을 후회하고 버리지 않을 기술자가 어디 있겠습니까.[97]

조선 도공들 일부는 소문을 듣고 일본으로 밀항했다. 이희경은 『설수외사』에서 옛날에는 자기를 구울 줄도 몰랐던 일본은 기술이 날로 발전해서 세계적인 명성을 얻었다고 한탄한다.[98]

한말에는 정부에서 역으로 일본 도자기 기술을 수입해 도자기 산업을 일으키려다가 실패했다.[99] 궁중에서는 일본 도자기와 식기를 수입해서 사용하는 형편이 된다.

박제가는 애민이라는 명분으로 도자기를 깨트리지 말고, 정부에서 투자해서 산업을 육성하라고 건의한다. 산업화 초기에는 국가가 거대한 투자자가 될 수밖에 없다. 조선처럼 상공업은 해악이라고 가르치고 통치하던 사회가 변하려면 더더욱 국가가 솔선수범을 해야 했다.

박제가는 말로만 주장하지 않고 상품까지 고민했다. 시장규모와 구매력이 극도로 열악한 사회에서 최초의 산업을 일으킨다면 어떤 산업이

고궁박물관에 소장된 일본 도자기: 한말에 궁중에서 수입한 것
이다. 유명 일본 브랜드 자기도 수입해 왕실 식기로 사용했다.

좋을까? 이 시기에 아파트나 관광산업에 투자해서는 어림도 없다. 모든
국민의 구매욕을 자극하고, 저렴하고, 시너지도 경제 전반으로 확산될
수 있는 상품은 무엇일까?

박제가는 간장을 지목한다.

더러워서 입에 댈 수 없는 것이 (조선의) 간장이다. … 메주 만들 시기
가 되면 원근 여러 지방의 콩을 모아 합쳐서 찌는데, 콩이 많아서 다 깨끗
하게 씻지 못한다. 주는 사람도 가려서 주지 않고, 받는 사람도 씻지 않아
서 모래나 좀벌레도 섞여 있다. … 또 콩을 삶아서 부서진 뱃바닥에 쓰고
는 옷을 걷어붙이고 맨발로 밟는다. 여러 사람들이 오르고 내려 침과 눈
물로 더럽혀진 뱃바닥에 밟이다. 온 몸에서 흐르는 땀이 다리를 타고 발밑

의 콩에까지 떨어진다. 요사이도 가끔 된장 속에서 빠진 발톱과 머리카락을 발견한다.

나라에서 관청을 설치해서 장 만드는 것을 감독하고 편리한 기구를 사용하도록 가르쳐야 한다. 그러면 만 섬이나 되는 콩도 깨끗하게 할 수 있다.(내편, 장醬)

간장 맛이 뚝 떨어지는 발언이지만, 핵심은 국가에서 자본을 투자해서 공장을 세우고, 기계와 기술을 개발하자는 부분이다. 공장에서 만 섬이나 되는 콩을 대량으로 매입하면 농사꾼에게는 판로가 열린다. 예의 불친절한 서술 습관에 따라 박제가는 그 다음 이야기는 아예 언급도 하지 않지만, 그렇게 만든 간장은 당연히 판매해야 한다. 간장은 모든 백성에게 필수품이다. 백성은 맛있고, 위생적인 간장을 싸게 사먹을 수 있고, 국가는 재정수입을 올릴 수 있다.

오해를 방지하기 위해 여기서 약간 부언을 하면, 우리가 알고 있는 콩 반죽을 손으로 빚어 벽돌모양의 메주를 만드는 방식은 아직 조선에 보급되지 않았다. 박제가의 말로는 메주 만들기가 당시에 북부의 강계지방에서 막 시작되었다고 한다. 여기에도 이유가 있을 것 같은데, 알려진 내용은 없다.

박제가의 아이디어는 현실성이 있었을까? 기업의 성공에는 여러 가지 요인이 복합적으로 작용하므로 성공과 실패를 단언할 수는 없지만, 발상 자체는 적절했다. 도쿠가와 바쿠후 설립으로 에도(도쿄)가 일본의 중심지가 되자, 대도시 수요를 염두에 두고 여러 개의 간장공장들이 생

기꼬만 간장 공장, 일본 치바현, 기꼬만은 대성공을 거두고 천황가 납품업체로 선정되었다. 현재는 현대화한 공장이 운영되고 있지만, 그와 별도로 천황가에 납품하는 간장을 전통양식으로 제조하는 공장이 명맥을 유지하고 있다.

졌다. 바쿠후가 무너지고 에도는 도쿄가 되면서 메가 폴리스로 발전했다. 1917년 8개의 중소 간장 공방이 합쳐서 도쿄 외곽인 치바현에 회사를 세우고 대량생산이 가능한 근대식 공장을 전설했다. 이 기업이 일본의 대표 간장 회사인 기꼬만이다.

한국은 어떨까? 20세기 한국 근대화 과정에서 최초로 대량생산 시대를 연 기업이 샘표식품이다. 1946년에 창립한 샘표식품의 주력 상품이 간장이었다.

박제가는 상공인에 대한 차별과 편견도 버려야 한다고 주장했다.

중국 사람은 가난하면 장사를 한다. 그래도 사람만 현명하면 원래 가진 풍류나 명망 절개는 여전히 대접받는다. 유생이 거리낌 없이 서점을 출입하고, 재상조차도 직접 시장에 나가 골동품을 사기도 한다. 내가 시장에서 높은 사람을 만났는데, 우리 일행들이 모두 그 사람을 비웃었다. 이건 비웃을 일이 아니다.... 우리나라는 허례허식만 숭상하고 주변 눈치를 보면서 금기시 하는 일이 너무 많다.[100]

이 지적은 더 중요한 의미가 있다. 상공업이 발전하지 않고 부자가 희귀하니 사대부들은 상공업을 천시하고, 과거 외에는 아무 일도 하지 않으려고 한다. 양반이 늘어 벼슬 얻기가 힘들어 져도, 상공업으로 돌파구를 찾지 않고, 한줌 안되는 벼슬을 얻기 위해서 무슨 짓이든 다 한다. 상인은 거짓말을 하고 술수를 쓰니 천하다고 하지만, 관직을 둘러싼 양반들의 행태는 더 더럽고 구질구질하고, 피비린내까지 진동한다.

임란 이후로 양반층이 극도로 늘었다. 한때는 18세기면 거의 70-80%가 양반이 되었다는 학설도 있었다. 이건 과도한 추정이지만 양반층이 급격히 늘긴 늘었다. 여기서 기현상이 발생했다. 허울만 양반이라도 양반이 되는 순간 일을 하지 않는다. 양반이 너무 늘어서 남자들이 일을 안하니 여자들만 농사일을 해서 국가의 생산력이 줄고 있다는 말이 거의 공식적인 견해가 되어 돌아다녔다. 박지원은 양반전과 호질을 지어 이런 기막힌 상황을 풍자했지만 바뀌는 건 없었다. 사회의 기본적인 구조, 농본억말의 행태가 변하지 않았기 때문이다.

상공업을 천시해서 벼락양반들마저 농사도 상공업도 하지 않고 책만

끼고 살려고 하는 것일까? 상공업을 억제하니 상공업에 매력을 느끼거나 차마 전직하려는 생각을 하지 못하기에 양반들은 과거만 바라보고, 신흥 농민 양반들 조차도 과거도 상공업도 포기하고 유휴인력이 되는 것일까? 나는 후자라고 생각한다.

그 증거가 조선후기에 그래도 상공업이 조금씩 발전하고 부자상인이 늘자 몰락양반들 중에서 상업에 뛰어드는 사람들이 늘기 시작했다는 것이다. 『택리지』의 저자 이중환도 염전업과 상업에 손을 댔고, 양반도 체면과 의례를 지키기 위해서라도 돈이 필요하다고 상업종사를 옹호했다. 이렇게 상업적 시각으로 전국을 유랑하고 각 지역의 산업과 특산, 경제활동에 대한 정보를 모아 쓴 책이 『택리지』이다.

상공업이 발전하면 상공업자에 대한 멸시는 당연히 사라진다. 그렇게 되면 농사일조차 하지 않는 양반도 줄어든다. 일하지 않는 사람이 존귀한 사회가 아니라 일하는 사람이 존경받는 사회가 된다.

놀고먹는 양반은 조선의 골칫거리였다. 실학자라는 사람들만 이를 비판한 것이 아니다. 정부에서도 이 문제로 여러 번 논의가 벌어졌지만, 농본억말에 집착하는 한 자신들이 관직 외에는 갈 곳이 없었기에 양반도 일을 하라는 주장을 차마 하지 못했다.

제3부
책과 말

정조의 부름을 받다

규장각의 서얼 검서관

   정조가 검서관이 쓴 시문을 가져와 살펴보게 하고 검서관을 모두 불러 들어오게 했다. 검서관 이덕무, 유득공, 박제가, 서이수가 앞으로 나오니 상이 차례로 돌아가며 집안과 나이를 물었다. 왕이 교서를 써서 내리기를 시작 일등은 검서관 부사용 이덕무다. 상으로 규장각에 소장한 명의록 1부를 내린다. 다음은 부사용 유득공, 박제가 서이수이다. 이들에게는 규장각에 소장한 『운고』 1부를 주었다.

(『승정원일기』 1779년 7월 13일)[101]

화성으로 행차하는 정조(수원화성박물관 복원모형)

이덕무와 박제가의 수고 덕에 규장각 서고도 가득 채웠다. 정조는 눈
이 흐뭇했다. 도서가 꽉 찼으니 관리하고 정리할 인원을 두어야 했다.
두 사람이 귀국한 다음 해인 1779년 3월 27일, 정조는 규장각에 검서관
이라는 새로운 관직을 마련하고 4명의 검서관을 뽑았다. 4명 모두 서얼
로 백탑파의 4인방 이덕무, 박제가, 유득공, 서이수였다.[102] 이덕무가 39
세, 박제가는 30세, 유득공과 서이수는 31세였다.

규장각은 국왕이 지은 저작이나 기록, 현판 등을 보존하기 위해 창설
한 기구였다. 중국에서는 송나라 때부터 있던 제도지만 조선에서는 채
용하지 않다가 숙종이 처음으로 규장각을 세워 역대 국왕의 어제와 어
필을 보관했다. 당시의 규장각은 규모도 작아서 종부시 옆에 붙은 작은
건물에 불과했다.[103]

규장각 주합루: 김홍도 그림

정조는 즉위하자마자 창덕궁 안쪽 깊숙한 후원, 부용정을 내려다보는 창경궁에서도 제일 풍취 있고, 아늑한 자리에 규장각을 새로 세웠다. 지금도 잘 남아 있는 주 건물인 2층의 주합루는 얼핏 봐서는 보통의 전통건물 같지만, 규장각의 용도에 맞추어 특별히 설계한 건물이다.

1층은 서고이다. 햇볕을 차단해서 도서를 보존하기 위해 일부러 2층 누각의 복도를 길게 뺐다. 2층은 독서실, 연구실인데, 반대로 채광과 전망이 잘 되도록 설계했다. 누각 아래로 부용정과 연못, 그 전체를 둥글게 감싸고 있는 언덕과 화초들, 대부분 사람들은 난간 앞에 테이블을 놓고 차를 마셨으면 딱 좋겠다고 생각하겠지만, 규장각 2층은 전망 아늑하고, 공기 맑고, 바람 잘 통하는 신선한 연구실이었다.

정조는 규장각의 기능도 확대했다. 대규모 도서관을 설치하고, 도서

관직	인원	품계	비고
제학	2	종1,2	홍문관 대제학, 제학역임자
직제학	2	정2 또는 정3 당상관	홍문관부제학 역임자
직각	1	정3-6 당하관	홍문관원 역임자
대교	1	정7-9품	예문, 한림, 시강원 역임자

표 1 규장각의 정직 관원

와 각종 자료의 수집, 출판, 연구기능을 추가했다. 안타깝게도 규장각의 연구기능이 유럽에서 계몽주의와 근대 학문의 요람이 된 왕립 아카데미나 국립학술원만큼의 활약과 수준에는 도달하지 못했지만 처음 지향은 비슷했다. 오늘날 많은 학자들이 정조를 좋아하고, 좋아함이 넘쳐 과잉평가를 하게 되는 것도 정조의 이런 지향과 규장각을 통해 엄청나게 수집해 놓은 도서와 자료에 대한 고마움 덕분이리라.

정조는 장서 보관용으로 규장각 남쪽에 3동의 건물을 추가로 지었다. 서쪽에 세운 서고西庫에는 한국책을 보관하고, 2층으로 된 열고관과 개유와에는 중국책을 보관했다.

관원도 개편했다. 규장각의 최고 책임자는 제학 2명(종1, 2품)이었다. 그 밑에 직제학 2명(정2품~정3품 당상관), 직각 1명(정3~종6품 당하관), 대교 1명(정7품~정9품 참외관)이 있었다. 이들은 모두 홍문관, 예문관의 관원을 역임한 사람이어야만 했다.

홍문관, 예문관의 관원은 과거급제자 중에서도 학식이 뛰어나고, 가문도 좋고 행실도 하자가 없는 인재로 임명하는 특별한 지위였다. 다만

관직	인원
각감	2
사권	2
검서관	4
영첨	2
검율	1
사자관	8
감서	6
화원	10

표 2 규장각의 잡직 관원

이들은 거의가 겸직이어서 제학은 정승, 판서, 참판, 직제학은 6조 참의나 승지가 겸임하는 경우가 많았다.

규장각의 고유 임무를 직접 담당하는 사람은 직각과 대교였다. 직각과 대교는 규장각의 업무일지인 『내각일력』을 작성하는 임무를 맡았다. 대교가 작성하고, 직각이 검토 수정했다. 이들은 교대로 규장각에서 숙직도 해야 했다.

하지만 이 두 사람으로 무슨 큰 사업을 할 수 있을까? 규장각의 주 임무가 된 도서의 수집, 교정, 출판업무를 맡은 실무진은 이들이 아니라 그 아래 잡직의 전임관원들이었다. 이중 상위관직이 5품관인 각감, 사권, 그리고 검서관이다.

각감과 사권은 나중에 생겼는데, 각감은 규장각에 둔 국왕의 초상 보관소를 지키는 임무였고, 사권은 왕명을 전달하는 연락책이었다.

결론적으로 우리가 아는 도서, 출판, 학술사업을 담당하는 규장각의 본래적 임무는 검서관의 몫이었다.

이렇게 보면 검서관이야말로 규장각의 꽃이었다. 서얼 4인방을 검서관으로 등용한 일은 정조의 혁신정치, 영,정조 르네상스의 상징처럼 이야기된다.

하지만 당사자들의 입장에서 보면 기쁨과 실망 반반이거나 기쁨 속에 검은 멍울이 있는 그런 느낌이 아니었을까 싶다. 막상 검서관의 삶으로 들어가 보면 규장각의 거창한 이미지와 달리 검서관의 임무는 학자, 연구직, 개혁정책의 두뇌이자 심장부 같은 묘사와는 거리가 멀었다.

검서관들이 실제로 했던 업무는 규장각에서 정리, 간행하는 문서와 책을 교정하고 필사하는 것이었다. 필사할 대상도 중국의 고전과 명저들에서 조선의 각종 문헌, 과거답안지, 유명 문인들의 시집과 저서로 매우 다양했다.

다만 이 작업이 단순한 필경, 출판사 임무는 아니었다. 이 시대의 교정 업무란 오늘날 원고와 인쇄본의 오탈자를 검토하는 작업과는 비교할 수 없게 어려웠다. 수만권에 달하는 고서와 고전들의 판본을 대조해서 내용의 오류를 찾아내고, 정본을 복원하고, 교정하는 작업은 최고의 학식이 없으면 불가능했다. 한자가 수만자가 넘고, 땅이 넓다보니 같은 단어도 다르게 쓰이고, 지역에 따라서는 문어체와 사투리도 독특하다. 시와 문학작품은 고사성어를 인용하거나 어려운 은유, 중의법을 많이 사용하기 때문에 문장들이 일류학자들도 쩔쩔 맬 정도로 보통 어려운 것이 아니다.

청나라 학자들이 『한객건연집』을 보고 이들을 높게 평가했던 이유도 미학적 관점에서 시가 뛰어 나서만이 아니다. 시에 사용한 문장과 비유, 인용한 고사성어와 단어들은 보면 이들의 독서량과 한문수준을 가늠할 수 있기 때문이었다.

교정, 필사 작업이 정책개발, 연구 기능도 있다는 점도 밝혀야겠다. 다만 연구라는 관점에서 보면 고급인력을 극도로 비효율적으로 사용하는 방법이다. 오늘날에도 가난한 학자들을 지원한답시고 시행하는 정부 지원사업에 학문연구 대신 고본의 교정, 교열같은 단순한 사업만 벌리는 웃지 못할 일이 벌어지고 있으니 비난도 못하겠다. 학술연구는 객관적 평가가 어렵고 학자들이 연구비들 받고 일하는지 노는지 판단하기 어렵다는 게 이유란다.

검서관이 정규 관직 5품이 아니라 잡직 5품이란 점도 마음에 걸린다. 잡직은 정식 관직과 비교할 때는 1품을 낮게 잡았다. 잡직 5품이면 정직 6품의 대우를 받는다. 하지만 이건 숫자상의 놀음이다. 잡직은 궁정에서 청소, 과수원 관리 등을 하는 사역인과 악공, 도화서 화원, 기술자 등 평민, 천민 출신의 기능인에게 주는 관직이었다. 정식 문무관직과 잡직의 공간은 숫자로 대치할 수 없는 거대한 크랙이었다.

밝은 면을 보면 이제 시작이라는 것이다. 정조가 서얼허통법을 통과시켰지만, 이들이 과거에 응시하고 합격해도 등용하고, 승진시키는 것은 별개의 문제였다. 과거는 장원급제자 외에는 바로 관직을 주지 않고, 관직을 얻을 수 있는 자격만 준다. 전기에는 그래도 기다리면 차례가 왔지만, 18세기 조선에는 평생을 기다려도 임용 소식이 없는 사람이 지천으로 널려 있었다.

이런 상황이니 관직을 얻으려면 당연히 집안 배경이 좋아야 했다. 적당히 좋아서도 어림도 없었다. 공신 가문이나 되어야 기회가 왔다. 아니면 소속한 당이 정권을 잡아야 했다. 정변을 일으켜서 라이벌 당을 몰아내고 공신이 되면 일거양득이다. 후기에 당쟁이 격화된 이유도 관직 부족과 깊은 연관이 있다.

이런 판에 아무리 해외에서 알아주는 인재라도 서얼에게 돌아갈 자리가 있을 리 만무하다. 정조는 이 사정을 눈치 채고, 규장각에 검서관이라는 새로운 관직을 만들어 소문이 자자한 4명의 서얼 출신 수재를 검서관에 임명하고 특별한 관심과 은총을 베풀었다.

잡직이지만 5품으로 설계한 것도 배려가 있다. 원래 법전에 잡직은 정6품까지 밖에 없었다. 정6품 잡직 관원에게 정직을 주면 정7품직을 주어야 하는데, 6품과 7품은 1계단 차이지만 실제로는 6품 이상을 참상직, 7품 이하를 참외직이라고 해서 여기도 커다란 크랙이 있다. 검서관은 5품이므로 정직을 받을 때 1계를 낮춰도 참상직을 받을 수 있다. 이건 정조의 특별한 배려이자 놀라운 암시였다.

이들에게 잡직을 줄 수밖에 없는 정조의 사정도 이해할 수 있었다. 정조의 권력은 불안했다. 정계의 주도권은 부친 사도세자를 죽인 서인 벽파가 쥐고 있다. 정조가 친위세력을 확보하려는 어떤 움직임만 보여도 그들이 무슨 짓을 할지 모른다. 그래서 일부러 이런 의도를 감추기 위해 잡직으로 임명했을 가능성이 높다.

실제로 당시나 지금이나 대부분 사람들이 그렇게 생각한다. 박제가와 동료들도 그렇게 믿었던 것 같다. 천리길도 한걸음부터이고, 첫술에 배부를 수는 없는 법이다. 그들에게 정조는 조선조 300년의 악습을 개혁한 구세주와 같은 왕이었다. 더욱이 그들의 실력을 인정하고, 진정으로 동정하며, 더할 수 없는 영예를 베풀고 있다. 비록 관직은 낮아도 왕의 최측근 중의 측근이다. 출세는 보장되어 있다. 아니 보장되어 있을 것이다. 정조는 이들을 버리지 않을 것이다. 아니 설마 버리지 않겠지....

검서관이 법에도 없고 전례도 없는 관직이라는 점이 장점도 된다. 근무연한, 고과규정 등 이중삼중의 관리에서 자유롭다. 정조가 마음대로 할 수 있는 관직이란 의미였다. 실제로 그렇게 되었다.

더 중요한 사실이 있다. 원래 관료의 권위를 결정하는 기준은 신분증에 적힌 숫자가 아니라 태양과의 거리이다. 검서관은 정조의 창안이자 사설관원이었다. 덕분에 규장각 업무만이 아니라 왕의 사설 비서 역할도 했다.

정조가 신설한 독특한 제도 중 하나가 초계문신 제도이다. 37세 이하에 홍문관, 승문원 등 학문이 뛰어난 문신을 임명하는 관서에 근무하는 당하관을 대상으로 백일장을 연다.

합격자는 품계를 올려주고, 책, 옷, 음식 등 각종 상품을 내렸다. 불합격자는 벌을 받아야 했다. 40세가 넘으면 시험 대상에서 면제시켰다. 학자들은 초계문신 제도에 보통 호평을 하지만, 매달 시험을 보아야 했던 관료들로서는 적잖은 스트레스가 되었을 것 같다. 그리고 순수하게 학문적 관점에서 이런 시험이 얼마나 학문발전과 나라 발전에 도움이 되었을 지도 미지수이다. 지금 기업에서 과장급 임원들에게 매달 토플 시험을 본다고 하면 업무능률만 더 떨어트려 놓지 않을까?

하여간 호학의 군주라는 정조는 이 시험에 아주 열의를 보였다. 솔직히 이 시험도 포장을 뒤집으면 호학이 아니라 어이없는 면이 있는데, 실태를 알면 충격적이지만, 왕과 사적인 관계를 돈독히 한다는 의미는 확실했다.

현재 남아 있는 합격자 명단에는 이 시기 웬만한 문신들의 명단은 다 들어 있다. 정약전, 정약용 형제에 이서구도 보이고, 나중에 안동 김씨 세도정치의 거물이 되는 김조순도 있다.

매달 보는 이 시험에서 검서관들은 답안을 작성할 종이를 나눠주고, 답안을 정리하고 기록하는 실무를 맡았다. 말 그대로 실무수준이지만, 국왕이 친시하는 시험에서 비서 역할을 한다는 것이 중요했다. 국정 운영에서 국왕의 비서는 승지지만, 규장각, 초계문신같은 정조가 창안한 사업에서는 검서관들이 비서가 되었다.

시험 답안이 맘에 들지 않으면 정조는 호통도 치고 벌도 주고, 재시험도 시행했다. 이럴 때 쟁쟁한 문신들의 눈에 시험답안 거둬가고, 왕 앞에 가져다 바치는 서얼 조교들이 어떻게 비춰졌을까?

이서구를 제외하고는 속이 편치는 않았겠지만, 이들에게 화를 내 봤자 좋을 것 없다. 차라리 그들과 친하게 지내느니만 못하다. 검서관들은 태양의 조교로서 눈총도 받고 누릴 것도 누릴 수 있었다.

규장각은 정조의 개인서가, 보물창고이기도 했다. 정조는 도서수집과 출간, 장정을 매니아 수준으로 좋아했다. 고서 전문가들의 말에 따르면 정조 때 출간한 책들은 지질과 장정이 다른 왕 때의 책들과 수준이 다르다고 엄지를 치켜세운다.

왕의 서재에서 정조는 검서관들과 얘기도 자주 나누고, 시를 짓게 하거나 토론도 했다. 나중에는 정말 파격적으로 경연에도 참석하게 했다.[104] 이건 시험답안지 거둬가는 수준과는 격이 다른 충격적인 사건이었다. 박제가는 검서관들이 하루에 세 번 씩은 꼭 정조를 만났다고 했다.[105] 이 정도로 국왕을 자주 면대하는 사람은 재상이나 승지 뿐이었다. 이들이 유명해지자 이들의 시를 '검서체'라고 부르는 사람들까지 생겼다.[106]

잡직의 측근, 잡직의 비서관, 허드렛 일이나 하는 것처럼 보이는 당대의 수재들. 서얼이라는 운명의 족쇄를 벗어난 것도 같지만 아직 낙인은 지워지지 않았다. 그 낙인 혹은 족쇄를 찬 채로 왕의 곁에서 사무를 보고, 천국의 연회에 참석한다. 박제가의 인생 2막은 이렇게 시작되었다.

용의 그림자 안에서

일말의 불안감이 가시지 않았지만 1779년에는 희망의 광채가 불길함을 가렸다. 관모를 쓰고, 관복을 입은 박제가는 바로 어머니처럼 자신을 보살폈던 누나를 찾아갔다. 오누이는 서로 부둥켜안고 울었다.[107]

궁으로 출근을 시작하고, 녹봉이 들어오자 살림살이가 확 피었다. 박제가는 녹봉이 쥐꼬리여서 끼니나 굶지 않을 정도라고 투덜거렸지만, 앞장에서 살펴본 대로 '끼니 걱정 않는 삶'이 상위 계층에게 주어진 특혜였다. 궁중과 관료세계와 연결되면서 때마다 명절마다 기부와 선물도

정조 때 장정한 문집: 왕실족보인 선원록과 정조의 교서

제법 들어왔다.

　제일 큰 후원자는 역시 정조였다. 정조는 멋진 왕이 되어야 한다는 생각을 한시도 잊지 않고 사는 왕이었다. 주변을 둘러보며 쉴 새 없이 방법을 찾고, 멋지게 등장하는 순간을 노렸다.

　어느 여름 날, 더위로 오후 스케줄이 취소되었다. 잠시도 가만있기를 싫어하는 정조는 스케줄이 비자 최근에 규장각에서 필사한 책의 목록을 살펴보기 시작했다.

　목록을 유심히 보던 정조가 갑자기 어떤 책을 가져오라고 했다. 막 필사를 마친 책을 대령하자 정조는 도서의 장정부터 꼼꼼하게 살폈다. 책의 상태가 흡족했던 모양이다. 정조는 책을 쓰다듬으며 장광설을 늘어 놓기 시작했다. 이 책의 저자가 누군지 아느냐? 이 책이 쓰여진 사연, 내용이 뭔지 아느냐? 정말 훌륭한 책인데 중국에서도 귀하다. 조선의 학자라는 사람들은 이 책을 알지도 못했는데, 내가 이덕무를 시켜 연경에서 힘들게 구했다.

　내시와 궁녀들은 졸린 눈에 힘을 주며 마지못해 듣고 있었지만, 정조는 아랑곳하지 않았다. 왕의 장광설은 보통 자기 자랑으로 귀결되었다. 그러다가 싫증이 났는지, 그제야 책을 폈다. 독서를 시작하기도 전에 대

뜸 누구 글씨인지 알아본다. "이거 재선(박제가) 솜씨구만. 하여간 이 친구는 필력은 좋은데 거참 성격이 묻어 나와. 조금만 차분하면 좋을텐데 말이지..." 그렇게 글씨 평을 하며 페이지를 넘기던 정조가 어느 부분에서 눈살을 찌푸렸다. 국왕은 갑자기 규장각에서 올린 보고서를 다시 꺼둘러 보더니 환관에게 하령한다. "당장 검서관들을 들라하라!"

검서관들이 들어오자 정조가 추궁을 했다. "내가 오늘 마침 한가한 참이 생겨서 이 책을 보았네. 그런데 글씨가 고르질 않아. 다른 사람이라면 몰라도 내 눈은 못 속이네. 내가 책을 한 두 권 읽었고, 자네들 글씨를 한 두 번 보았나. 후반부에 가니 서체가 힘이 떨어진 것이 확연히 보이더군. 그래서 목록을 뒤져 봤더니 아니나 다를까 이 달에 필사량도 뚝 떨어졌어. 자네들이 게으른 작자들이 아니라는 건 누구보다 내가 제일 잘 아네. 난 한시도 자네들을 의심한 적이 없어. 그래서 더 궁금해서 불렀네. 혹시 내가 모르는 무슨 일이 있었던 건가"

검서관들이 머뭇거리는데, 역시나 용감한 박제가가 나섰다. "지난 달부터 갑자기 폭염이 시작되더니 밤에도 무더위가 가시질 않는 날이 며칠이고 계속되었습니다. 다들 잠을 제대로 자지 못했습니다. 다행히 저는 집이 궁에 가까워서 출근이 힘들지 않았습니다만 무관(이덕무)과 혜보(유득공)는 한시진을 걸어서 와야 합니다. 원래 두 사람은 늘 밤을 세워 독서를 하느라 몸이 약한데다 무더위로 잠을 설치고, 무더위 속에 걸어오다 보니 더위를 먹어서 지난 한 주간 내내 손이 떨리고 속이 허해서 붓을 들지 못하고 붓을 들어도 제대로 쓸 수가 없었습니다."

정조가 이상하다는 듯한 표정을 지었다. "그래서 필사량이 줄었다는 건 알겠는데, 건강하고 집도 가까운 재선 자네가 쓴 책은 왜 필체가 고르지 못한가. 자네 글씨가 제일 심한데"

"전하 아뢰옵기 황송하오나 전하도 아시다시피 저희들은 소년시절에 만나 지금껏 매일같이 교우하며 형제처럼 지내왔습니다. 다만 세상이 알아 주지 않아 시궁창에 떨어져 죽게 되었는데 전하께서 성은을 내려 주셔서 지금 나라의 녹을 먹으며, 관청에서 매일 만나게 되었으니 하늘이 내려주신 은혜라 하지 않을 수 .... "

박제가는 한참 서론을 늘어놓더니 세 사람 다 말이 없어서 도보로 이동하다 보니 탈진한다고 변명을 했다 "말? 말이 없다. 그러니까 무관과 혜보는 말이 없어서 먼 길을 걸어서 출근하느라 더위를 먹었고, 자네는 집은 가깝지만, 친구들 걱정에 마음이 동해서 자신도 모르게 글씨가 흔들렸다는 말인가" 박제가가 머리를 조아렸다. "그렇습니다"

정조는 껄껄대고 웃더니 갑자기 정색을 했다. "자네들의 궁핍한 사정은 이해하겠네. 그리고 그건 자네들을 충분히 대우해 주지 못하는 내 탓이야. 그러나 아무리 그렇다고 해도 공과 사는 분명히 해야지. 더욱이 이 책의 필사는 나를 위한 일이 아니라 성학과 국가의 미래를 위한 일일세, 어떤 이유든 잠시라도 소홀해서는 안되네. 그렇기 때문에 아무나 할 수 없는 일이고, 내가 자네들을 특별히 불러서 내 곁에 두면서 오랫동안 이 일을 맡기는 이유일세"

검서관들은 머리를 조아리며 사죄했다. 정조는 받아들이지 않았다. 목소리가 점점 더 단호해졌다. "이번 일은 작은 일이지만 그냥 넘어갈 수 없어. 서까래의 작은 홈을 방치하면 대들보가 부러지는 법이야. 내 이번은 벌을 내리겠으니 나를 서운하다고 하지 말게"

정조는 즉시 벌칙을 내리고 엄하게 준행하라고 다짐을 받았다. 정조가 내린 벌칙은 한달 간 매일 오후 일과시간에 일과를 중지하고 반성문과 반성의 시를 한편씩 지어 올리는 것이었다. 벌인지 휴가인지 모를 벌을 받고 검서관들은 성은에 감사하며 매일 시와 글을 지어 올렸다. 박제가는 아예 한달치를 하루에 써버리고 놀자고 제안했다.

다른 사람들은 그 제안을 거부했지만, 그날부터 오후만 되면 박제가가 코 고는 소리가 문 밖 까지 들렸다.

한달치 시가 쌓이자 정조는 시를 품평 하더니 이덕무를 일등으로 뽑아 책 한권을 선물했다. 그리고 사복시에 지시를 내렸다. 검서관들이 한 달 간 왕명을 충실히 시행했으니 포상해야겠다. 이들이 출퇴근에 사용할 수 있도록 제주 목장에서 키운 말을 한필씩 제공하라.

이 이야기는 실화는 아니고 정조의 성격과 검서관들과의 일화를 참조해서 지어낸 것이다. 하지만 이런 식의 에피소드는 정말 있었을 것이다. 검서관들이 걸어서 출퇴근한다는 말을 듣고 정조가 말을 하사한 일을 사실이다.[108]

목돈이 들어가는 개인의 경조사도 챙겨주었다.

1790년 박제가의 큰 딸이 결혼을 하게 되었다. 정조는 딸의 혼사에 쓰라고 이불을 만들 솜과 비단을 하사했다. 신혼부부가 매일 덮고 자는 이불이 국왕의 하사품이니 젊은 부부가 얼마나 감격했을까? 매일 정조에게 감사하고 자식과 이웃에게 자랑했을 것이다.

지루하고 무의미해 보이는 교정, 편찬 사업에도 정조의 배려가 숨어 있었다. 정약용은 규장각에서 벌인 편찬사업의 상당수는 안해도 되는 사업이었다고 회고한다. 목적은 다른 곳에 있었다.

병진년(1796, 정조 20) 겨울에 신 정약용과 승지 이익진, 박제가가 상의 부름을 받고, 규영부(奎瀛府, 규장각)에 들어가 『사기』를 교정했다. 상께서 내고에 소장한 『사기』의 여러 판본을 모두 내다가 여러 본을 대조하고, 좋은 것을 가려 뽑아 정리하라고 명하셨다. …… 『사기』를 교정하는 것은 책을 위한 것이 아니다. 내고에 여러 판본을 갖추고 있는데, 무엇 때문에 교정을 하겠는가. 나라를 위한 것도 아니다. 오자가 조금 있다고 해도 나라에는 아무 해될 것이 없는데, 무엇 때문에 교정을 하겠는가. 오직 우리들을 위한 일이었다.(『규영부(규장각)교서기』)[109]

그럼 왜 『사기』 교정 사업을 벌렸을까? 이들은 교정사업을 위해 매일같이 규장각에서 일하고 숙직을 했고, 정조는 이들의 사기 진작을 위해 파티를 열었다.

규장각에서 일을 하게 되면 별도의 이익이나 보수가 없다고 할지라도 영광스럽게 생각할 것인데, 하물며 앞에는 팔진(八珍: 여덟가지 진미, 갖은 음식을 다 갖춘 성찬을 벌인 것을 말함)을 벌여 놓게 하시고, 뒤에는 오제(五齊: 5가지 종류의 술, 역시 온갖 종류의 술을 말함)를 갖추어, 옥소반에 진기한 음식을 날마다 내려주심에랴.

저녁밥이 집에서 오면 어떤 때는 각감閣監이 들려서 말하기를 '오늘 저녁은 배불리 먹지 말라.'고 했다. 그날 밤에는 반드시 상께서 진귀한 음식을 하사하셔서 배불리 먹었다. 그 영광됨이 매우 특별하지 않은가?(규영부교서기)[110]

정조는 측근들에 대해서 이런 부분에 꽤 자상하게 신경을 썼고, 그만큼 충분히 이용했다. 사업이 완료되면 다시 잔치와 포상이 따른다. 경사가 있으면 시제를 내려 시를 짓게 하고, 성적을 매겨 쌀도 주고, 음식을 하사하고 포상을 했다. 그 외에도 자주 생필품을 하사했는데, 기억력 좋은 정약용은 직접 쓴 자찬 묘지명에서 규장전운을 편찬할 때 쌀, 장작, 꿩, 젓갈, 감, 귤, 그 외에 진기한 물품을 자주 하사했다고 기록했다. 박제가는 물품목록은 적지 않았지만, 이런 정경을 담은 시를 여러 편 남겼다.

계단 급히 오르던 발소리 들려
갑자기 온 영첩(왕이 보낸 서찰)에 깜짝 놀랐지
숯불은 사방에 빛을 비추고
붉은 냄비 보글보글 끓어 올랐네
소반 속의 고기를 훈제로 굽자
난초 내음 반 너머 잠겨들었네
황봉주 빛깔은 거위와 같아
은 술잔 넘치도록 가득 따랐네

(문효세자의 탄일에서 제7일인 9월 13일은 영조대왕의 탄신일로 왕이 음식을 내리셨기에 삼가 적다)[111]

이덕무가 사망하자 집안에서 그동안 왕이 하사한 서적, 옷, 환약 등을 정리했다. 종류만 139종이었다. 남아 있는 물품만 이 정도이고 중간에 소모되거나 없어진 것은 몇 배가 넘었다.[112]

가난을 넘어선 가난

검서관으로 임명된 뒤에 박제가의 생활은 얼마나 나아졌을까? 검서관은 잡직인데, 잡직은 녹봉이 없다. 종6품인 다른 직을 겸직하고 겸임 직을 기준으로 녹봉을 받았다. 녹봉은 품계에 맞춰 18등급으로 나눈다. 조선의 품계는 9품까지 있는데 품마다 정종의 구분이 있으므로 총 18등급이 된다.

녹봉은 월급같은 것이지만 매달 주지 않고, 1년에 4번, 분기마다 준다. 조선이 현물경제인 탓에 분기마다 조금씩 지급하는 물품과 수량이 다르다. 『경국대전』과 『속대전』에서 규정한 종6품관의 녹봉은 아래 표와 같다.

조선전기까지는 1년에 4번만 줬는데, 조선후기에는 특별히 춘궁기인 봄철 3개월 동안은 매달 쌀 3석 3말과 콩 2석을 추가로 지급해 주는 법이 생겼다. 이것은 관리 녹봉이 너무 박하다는 배려도 있었겠지만, 웬만한 관리들도 춘궁기에는 식량조달이 원활치 못해 고통받는다는 현실을

구분	봄	여름	가을	겨울	특별	계
구분	7	6	6	5	3석 3말	27석 3말
콩	4			4	2석	10
보리		2	2			4
명주	1					1
정포	3	2	2	2		9
저화	4					4

반영한 것이다.

조선후기에는 서울이 몇 배로 커지면서 인구도 두 배 이상 증가했다. 그 바람에 서울에서 식량이 부족해지고 곡물 값이 앙등했다. 식량부족은 특히 보릿고개에 심했으므로 관료들에게 쌀을 더 베푼 것이다.(이때는 실제 녹봉액이 경국대전 규정의 절반으로 줄었다는 설도 있다. 그렇다면 추가지급분의 의미는 달라진다)

쌀은 품질에 따라 중급, 하급, 밭쌀 등의 차이가 있지만 품질 차이를 무시하고 전부 합하면 1년에 27석 3말이다. 여기에 콩 10석, 보리 4석을 더 준다. 포는 9필을 주는데 포 값도 변동이 크지만, 법정가격은 정포 1필에 4말이므로 9필*4말=36말이다. 이때는 소두를 사용해서 15말이 1석이므로 36말은 2석 6말이 된다. 저화는 1장이 쌀 1되이다. 명주는 좀 비싸겠지만 팔기 보다는 정초에 옷을 해 입거나 하는 용도로 하사하는 것이라고 보고 계산에서 제외하고, 저화는 양이 너무 작으므로 뺀다. 쌀과 면포만 합산하면 1년 수익이 쌀 29.9석, 콩 10석, 보리 4석이다.

조선시대에 5인 가족을 기준으로 1년에 쌀 15석~20석을 생산하면 자영농으로 간주했다. 그리고 이 정도 쌀을 생산하는 땅을 1결이라고 했다. 1결의 면적은 토지의 비옥도에 따라 다른데, 5인 가족이 가족노동으로 경작할 수 있는 혹은 그러기에는 조금 넓은 면적이기도 했다. 그러므로 소유토지가 1결 이상이면 소작인이 필요했다. 소작지는 생산량의 50%를 거두므로 어떤 사람이 2결을 소유해서 1결은 자경하고, 1결을 소작을 준다면 1년 수입은 15(20)+7.5=23.5(27.5)석이 된다.

이 계산으로 보면 종6품관 즉 박제가의 1년 수입은 2.5결 정도를 소유한 상농 수준과 비슷하다. 혹 녹봉액이 법전 규정의 절반이었다면 1.5결 정도, 자영농보다 조금 나은 수준이 되겠다.

만약 본인의 개인 땅이나 재산이 있다면 수입은 또 달라진다. 가난에 대한 기록을 제일 많이 남긴 이덕무는 실은 그들 중에서 제일 부자였다. 이한주가 죽자 처가의 지원마저 뚝 끊긴 박제가와 달리 친인척들의 관직도 박제가와 비교할 수 없었다. 조선시대는 '선물경제'라는 희안한 용어가 생길 정도로 친인척 간의 상호부조, 물물교환이 가계에 큰 역할을 했다. 이 수량은 계량이 곤란해서 판정할 수가 없는데, 토지나 녹봉만으로 그 사람의 가계 수준을 판정할 수가 없다.

객관적인 수치도 이덕무가 앞선다. 그에게는 10마지기 정도의 땅이 있었다. 1마지기는 한 말의 볍씨를 뿌리는 땅을 말하는데, 이중환의 『택리지』를 보면 괜찮은 땅은 한마지기에서 대략 60두 정도 생산이 된다. 10마지기면 600두 즉 30석으로 2결의 소출이다. 소작이므로 수익을 반분한다고 하면 1년 15석 정도 수입이 있다. 즉 녹봉 외에 소작을 주는 2

결의 토지가 더 있는 셈으로 녹봉에 친인척 후원까지 합하면 지주 소리 듣기 시작하는 5결 정도 자산가로 잡아도 되겠다. 유득공도 가난이 슬 픈 시를 많이 지었는데, 외가가 부호소리를 듣던 집안이었다.

5결과 2.5결 이것은 조선의 전체 경제인구에서 어느 정도 수준일까? 1900년 경에 작성한 충주군 토지대장(충주군 광무양안)을 분석해 보면 충주군의 토지 소유자 중에서 5결 이상의 토지를 소유한 사람은 2%도 되지 않는다. 2.5결 이상의 소유자도 5%가 되지 않는다.

이덕무와 박제가가 상위 5% 안에 들어가는 부자였다는 건 아니다. 충주군 양안은 개인이 충주에 소지한 토지만 보여준다. 이덕무도 지방 에 땅이 있었지만 조선시대 부자들은 여러 지역에 토지를 소유했다. 그 리고 가족관계를 보여주지 않는다. 장사로 버는 수익도 잡히지 않는다.

하지만 다른 지역에 땅을 가지고 있는 사람은 5~10%도 안될 것이다. 이런 저런 변수를 감안해서 이덕무와 박제가의 랭킹을 최대한 낮춰 잡 는다고 해도 그들은 최소한 상위 10% 안에는 절대로 들어간다.

상위 10%면 꽤 잘 살았을 텐데, 왜 그리 가난타령을 했을까? 오늘날 한국에서 상위 10% 안에 들어가는 자산가라면 세계 어디에 가서도 풍 족하게 살 수 있다. 하지만 조선시대는 다르다.

5인 가족의 일년치 식량을 15석으로 잡고, 집에 노비가 2,3명 있다고 치면, 박제가의 수입으로는 식량을 조달하고 명절에 한 두 번 떡 해 먹 고, 제사 지내고, 탁주 약간 담굴 수준은 된다. 하지만 이것은 사람이 밥만 먹고 산다고 할 때의 기준이다. 시골에서는 그럭저럭 채마밭을 가

꿔 필수적인 반찬거리를 조달할 수 있지만, 도시인은 그것도 쉽지 않다.

책은 규장각에서 보고, 규장각에서 근무하는 덕에 붓과 먹과 종이도 좀 쓸 수 있었을 것이다. 엄밀히 말하면 국용을 개인적 용도로 사용하면 안되지만, 조선시대에는 그런 것은 인정으로 이해했다. 옷은 내려준 명주와 면포로 해 입는다 쳐도, 가끔은 반찬도 해 먹어야 하고, 제사도 지내야 하고, 애들 학비에 생필품도 조달해야 한다. 유통이 발달하지 않은 사회라 맛있는 반찬, 특히 한국인이 좋아했던 생선은 꽤 비쌌다. 광어 한 마리를 먹으려면 한달 식량을 소비해야 한다는 기록도 있다.

관원들은 체면상 말이나 가마를 타고 다녔지만, 이 수입으로 한 마리에 50-100석, 박제가의 2년-4년치 연봉에 사료값으로 식구 2인 분 식량이 들어가는 말을 구입할 수가 없었다. 박제가와 이덕무는 말이 없어 도보로 출근했다.[113] 박제가는 출근 거리를 줄이기 위해 창덕궁 근처로 이사했다.

이 이야기도 애처롭지만 국민 2명 당 1명이 자가용을 가지고 있는 현대의 기준으로 생각하지 말자. 1970년대 고급승용차 가격이 1,100만원일 때, 9급 공무원 1호봉 월급이 17,000원이었다.

마지막으로 가족들에게 미안하지만 박제가가 술값으로 쓰는 돈이 진실로 만만치 않았던 것도 분명하다. 술이 탁주는 몰라고 소주는 순수한 증류수라 어떤 것은 쌀 한말을 증류해서 한 병이 나온다고 할 정도였다.

이렇게 빡빡한 삶에서 말이 죽는다거나, 애들 방을 넓혀 주거나, 집을 수리해야 한다거나, 애들 혼사라도 닥치면 거의 대책이 없다. 부수입을 올리는 방법이 있기는 하다. 박제가의 모친처럼 부인도 몸종을 데리고 삯바느질을 할 수도 있다. 박제가에겐 간간이 글씨, 그림, 글 부탁이 들어왔다. 다만 그 빈도나 가격은 알 수 없다. 용돈과 술값을 해결할 수 있는 수준이 되었을 수도 있고, 그렇지 않았을 수도 있다. 과외를 하는 방법도 있는데, 숙직을 밥 먹듯이 하는 생활이라 그건 곤란했을 것 같다.

이것이 조선에서 상위 5%, 10%에 들어가는 사람의 생활수준이었다. 진실로 이런 걱정도 않고 끼니마다 맛있는 반찬 놓고, 계절별로 갈아입을 옷 여벌은 두고, 말은 타고 다니려면 상위 0.5% 이내에는 들어야 한다. 현대와 비교하기도 곤란하지만, 의식 생활만 두고 비교하면 현대 한국 사회의 생활수준에서 80, 90%에 해당하는 정도만 유지하려고 해도 조선시대에는 상위 2,3% 안에는 들어야 했을 것이다. 비단옷 입고, 고대광실 기와집에서 현대인 부럽지 않게 호사하면서 살려면 0.01%의 확률에 도전해야 한다.

박제가와 이덕무가 관료가 되고 상위 10%안에 들어간 후에도 여전히 단벌신사이고, 친구들이 모이면 무언가 하나를 전당 잡혀서 술을 받아오는 생활이 끝나지 않는 이유가 이 때문이다.

다시 이들이 불쌍해지는데, 그래도 이들은 생활은 일반백성에 비하면 상당히 나은 편이다. 똑같은 2.5결 정도의 재산가라도 현직관리와 그냥 지주는 생활 수준이 하늘과 땅 차이다. 조선의 물산, 특히 먹고 마시는 것과 좋은 생필품은 시장이 아니라 궁궐과 관을 통해서 더 많이 유통되기 때문이다.

풍요한 궁중: 관리들은 풍족한 궁에서 부자들도 누리기 힘든 여러 가지 혜택을 누리며 살수 있었다

게다가 그들은 비록 품계는 낮아도 국왕의 최측근이었다. 관리들 특히 고급관리와 국왕의 측근에게는 끊임없이 하사품이 내려왔다. 앞 장에서 특별 하사품 이야기를 했지만, 특별 사례가 아니라도 일반적인 하사품, 함께 나눠먹기가 일상적이었다. 제일 많이 오는 것이 반찬거리와 과일, 술, 일상용품이었다. 전국의 수령은 매일매일 그 지역의 특산품과 농작물을 궁으로 실어 보냈다. 그것은 국왕과 왕실에서 다 먹는 것이 아니다. 관리에게 다시 재분배된다. 가끔은 후추와 설탕, 열대과일 같은 수입품도 내려온다. 궁중제사나 행사가 있을 때마다 차리고 남은 음식이 분배된다. 의외로 이 양이 엄청났다. 관리의 가족들은 그것을 먹거나 비싼 값으로 팔 수 있었다.

나눠주는 것만이 아니라 궁에서 근무하면 먹고, 마시는 것이 바깥 세상과는 전혀 다르다. 관리에게는 곧잘 식사가 제공된다. 가족에게는 정말 미안하지만 일주일에 3,4일은 궁에서 사는 검서관들은 최소한 궁에서는 남다르게 먹고 마시며 살 수 있었다. 제사, 잔치, 특별한 행사가 있으면 음식이 더 좋아진다. 매달 초하루에 궁관이 제사상에 차린 술과 꿀떡, 족발, 고기를 나눠주었다.[114]

검서관이 되면서 박제가 친구들의 삶은 상상할 수 없을 정도로 바뀌었다. 경제적으로도 비교할 수 없을 정도로 풍족해졌다. 하지만 그 풍족함이 그간의 문제의식, 가난의 고통, 가난한 나라의 시름을 잊게할 수준은 아니었다. 그 정도의 풍족함과 녹봉에 만족할 수 없었다는 말이 아니다. 내가 출세했으니 비판의식과 개혁의지를 망실했다는 의미도 아니다. 그들의 풍족함은 조선의 가난, 불평등, 차별, 부조리를 만든 바로 그 구조 위에 서 있었다. 국가는 사람들을 가난하기에 착할 수밖에 없는 사람들로 만들려고 노력한다. 권력자와 관리들도 늘 쪼들린다. 그들은 치졸하게 얻는 저급한 물품을 서로 나누며, 온갖 선량한 척은 다하지만, 쪼들리는 삶에 이권 공동체를 꾸리고, 작은 떡고물을 두고 비열하게 싸우며 살고 있다.

그들도 연못가에 앉아 물장구는 치며 살 수 있게 되긴 했다. 하지만 바다를 본 사람은 연못에 만족할 수 없는 법이다. 게다가 1760년대부터 시작된 산업혁명을 생각하면 박제가가 본 바다는 호수에 불과했다.

날자, 날자꾸나

인생의 안개

북경에서 귀국하자 이덕무와 박제가 뿐 아니라 옛 백탑파의 동지들도 함께 흥분했다. 검서관 등용까지는 조금 간격이 있었지만, 모든 사람들이 어떤 형태로든 등용을 의심하지 않았던 것 같다.

친구들이 찾아오고 아지트가 붐볐다. 최고의 아지트는 당연히 박지원의 집이었다. 친구들이 모이지 않아도 제일 먼저 달려갔을 곳이었다. 북학론에 대한 가장 선구적 동조자가 박지원이었다. 평소부터 박지원도 이들 못지않게 중국에 가 보고 싶어 했다. 실제로 2년 후(1780년) 박지원도 8촌형인 정사 박명원의 수행군관으로 위장해 중국 기행을 떠난다. 이 여행을 기록한 책이 『열하일기』이다.

이들은 내심 박지원의 폭풍 질문을 기대했지만, 박지원은 덤덤했다. 중국에 대해 묻지도 않았고, 이들이 슬쩍슬쩍 말을 꺼내면 화제를 다른 곳으로 돌렸다. 자신이 가지 못해서 질투가 난걸까? 박지원의 집에서 개최하려던 북경 여행 보고회는 눈치만 보다가 어색하게 끝났다. 한바탕 자랑질을 늘어놓으려던 박제가는 더 당황스럽고 서운하기도 했다. 큰형님처럼 의지했던 연암 선생이 이런 졸장부였던가.

이들을 보내고 박지원은 우울한 표정으로 홀로 술잔을 기울였을 것 같다. 며칠도 안되 박지원이 이상하다는 소문이 돌기 시작하자 박지원은 붓을 들었다. 수신인은 홍대용이었다.

"그들은 귀국한 이래로 눈이 높아져서 한 가지도 뜻에 맞는 것이 없으며, 표정에까지 간혹 재기才氣를 드러내곤 합니다."[115]

그들이라고 말했지만 이런 행동의 80%는 박제가가 틀림없다. 박제가는 조선의 병폐에 대해 확신을 얻었다. 지금처럼 상업출판이 있던 시대도 아니어서 보안을 유지할 필요도 없었다. 통진에서 정리한 북학의의 내용이 박제가의 입에서 신랄하게 터져나왔다. 누가 반박을 하면 "중국에 가보기는 했냐?"라고 말하거나 한심하다, 불쌍하다는 표정을 지었다.

노회했던 박지원은 이런 행동이 불러올 사태를 예감했다. 그래서 일부러 북경 견문에 관한 질문과 대화를 회피했던 것이다. 결국은 다 듣게 되었던 것 같지만, 박지원의 예상대로 사람들은 박제가의 주장에 동조하기 보다는 반발했다. 자신이 지녀온 세계관, 선입견을 묵수하는 보통 사람들의 태도에 잘못이 있다고 하더라도, 박제가가 보여주는 태도는 위험했다.

한날한시에 이들이 검서관으로 등용되자 박지원은 누구보다 기쁘게 축하를 해주었겠지만, 마음 속에서는 불안감이 싹텄다. 이건 꽤 심각한 문제라고 생각되어서 이덕무에게 편지를 썼다.

그들은 이전부터 함께 교유하며 생각과 취향을 공유했던 탓에 그 전부터 시기와 원방을 당하는 일이 자못 많았습니다. 그런데 공교롭게도 모두 검서관으로 한데 뭉치게 되었으니, 시기와 원방이 더욱 심하다고 합니다.

이는 당연한 일입니다.

시기와 질투가 없었다고 하더라도 스스로 경계하고 삼가고, 교제를 끊고 술도 조심하면서 맡은 일(서적교열)에만 전념해야 할텐데.
(이덕무에게 보낸 세 번째 편지)[116]

동병상련의 고통을 겪은 사람들은 그들끼리 모여 서로 격려하고 난관을 헤쳐가려고 하는 경향이 있다. 직설적으로 표현하면 매일 같이 모여 토론하고 술자리를 벌여 울분을 토한다. 그 고통이 지역, 인종, 학벌과 같이 집단적인 따돌림이나 핍박이라면 울분은 더 크다.

고통과 학대를 받는 시기에는 '술 권하는 시대'도 유용하다. 그러나 그들이 껍질을 깨고 나오고, 성장하고, 지도자의 위치에 올랐을 때 이 동병상련의 기억, 집단성, 피해의식은 위험한 함정이 된다.

정치의 성공은 설득과 공감의 확산여부에 달려 있다. 그런데 동병상련 집단끼리 모이면 공동의 아픔, 공동의 문제의식에 매몰되어 다른 사람의 관점, 입장을 이해하지 못하게 되고, 오히려 강 건너편에 있던 사람들에게 계속 증오를 퍼부어 댄다. 이제 자신도 강을 건너 왔으면서도 강 저편의 감정을 버리지 못한다.

다른 사람들의 눈에는 그들이 한풀이 집단으로 보일 것이고 그들의 주장과 논리도 신뢰하지 않는다. 이 부분은 길게 설명할 필요도 없다. 우리 사회에서도 수도 없이 볼 수 있는 풍경이다. 이 책을 처음 쓴 지 10년이 지났는데, 이런 현상은 더 심해졌다.

이런 지적을 하면 다른 방법이 있느냐고 반문한다. 맞다. 다른 방법이 없고, 그것이 유일한 극복이자 저항의 방법이다. 그러나 어떤 방법이든 후유증이 있다. 진정한 승리를 거두려면 후유증을 최소화하고 버릴 때를 알아야 한다.

4인방이 모두 검서관이 되면서 네 사람은 진짜 평생의 동지가 되었다. 직장에서도 똘똘 뭉치고 결국은 그들만의 고치, 섬이 되고 만다.

박지원은 이 상황을 정확히 예측하고 걱정했다. 그런데 이 편지의 압권은 이 지적 다음에 있다. 4명이 지금 흥분상태이긴 하지만, 이덕무는 사려 깊고 조심스런 성격이라 굳이 주의를 주지 않아도 잠시 시간이 지나면 알아서 처신할 것이다.

유득공? 유득공도 괜찮다. 서이수는 더 조용하다. 그렇다면 이 충고가 향하는 사람은 한 명이다. 박지원은 편지의 말미에 이렇게 썼다 "초정(박제가)은 너무도 자신의 재기(혁신적 주장)를 드러내고, 자기만 옳다고 고집하니……"[117]

이번에도 박지원의 예측은 정확했다. 박제가는 박지원의 충고를 귀담아 듣지 않았다. 그 후의 행동을 보면 박제가는 이렇게 단언했음이 분명하다. "저들이 내 이야기에 공감하지 않는 이유는 저들의 눈과 귀가 막히고, 한심하고 답답하고 어리석은 인간들이어서 그렇습니다. 내가 겸손하고 조심한다고 해서 저들의 생각이 열리겠습니까? 고로 나는 힘껏 소리쳐서 깨우칠 뿐입니다. 이것이 저의 사명이고 사명을 실현할 수 있는 최선의 방법입니다. 그러면 보면 그 중 한명이라도 깨닫고 실천하는 자가 나오겠지요."

다른 검서관들은 박지원의 충고대로 흥분을 가라앉히고 일단 검서관의 임무에 충실하기로 한다. 반면에 박제가는 세상을 바꾸고 선각자로 존경을 받기는커녕 온갖 반론과 비난에 시달려야 했다. 사람들은 너무나 당연하고 상식적인 일조차 받아들이기를 거부했다.

결국 단 한가지 가능성만이 남았다. 정조에게 능력을 인정받고 신뢰를 얻는 것이다. 천만명의 지지를 얻는 것보다 국왕을 설득하는 것이 더 큰 힘을 발휘할 수도 있었다. 북학론에 공감한다면 정조는 자신들을 더 크게 중용하고, 실권을 줘서 개혁업무를 맡길 수도 있었다. 박제가는 정조에게 기대를 걸면서 당분간 직무에 충실하기로 한다.

군복 입은 서생이 되다
군복 차림 서생 신세 웃어 보노라.(용만관에서 밤에 짓다)[118]

규장각 근무는 생각보다 힘들었고, 실망스럽기도 했다. 처음에 기대했던 방대한 장서에 파묻힌 연구원의 삶은 환상이었다. 소위 밥값을 해야 했기에 그들에겐 쉴 새없이 일이 떨어졌다. 정조대에 규장각에서는 한국과 동서양의 수많은 고전과 문집을 간행했다. 그 총서가 지금도 남아 있다. 새로 편집하는 책도 있었고, 새로 편찬한 책도 있었다.

편찬사업은 고사하고 규장각 비치 도서의 목록을 작성 관리하는 것만도 큰일이었다. 어느 해는 겨울에서 봄까지 목록만 썼다고도 한다.[119] 잡무도 많았다. 왕이 행차하면 호종하고, 각종 사무를 수행했다. 왕의 시를 족자에 써서 표구를 한다거나, 중요한 서적과 문서를 필사했다. 정조는 좋은 그림을 얻거나, 왕실 관련된 사업, 행사가 있으면 곧잘 검서

용주사 대웅전: 우측의 나무가 정조가 기념으로 심은 회양목이라고 한다

관들에게 시를 짓게 했다.

사도세자의 원찰인 용주사를 지을 때, 이덕무에게 기둥에 새겨 넣을 시를 지어 올리게 했다. 시가 완성되자 용주사로 출장을 가서 그것을 기둥에 새기는 작업을 감독하게 했다. 용주사는 굳건히 살아 있지만 이덕무의 시는 보기 힘들어졌다. 그 송판에 다른 시를 새겨 이덕무의 시는 일부만 남아 있다고 한다. 이유는 잘 모르겠다. 영변 육승전 다리판자에 썼던 박제가의 시와 같은 경우인 지도 모르겠다.

교정업무도 양도 많고 힘들었다. 일이 넘쳐나서 그들은 자주 숙직을 했다. 게다가 이들은 녹봉을 받기 위해 다른 관직을 겸직했는데, 군직을 맡을 때가 많았다.

군직을 받았으니 궁중 경비, 야간 경비 임무가 떨어졌다. 그들은 정조의 비서관이자 경호원이기도 했다. 검서관들은 규장각 일로 숙직을 하고, 겸직을 맡은 관서에 가서 또 숙직을 했다. 박제가는 자신들이 군복 입은 선비라고 자조했고, 일주일에 3일 또는 4일 숙직을 서는 게 계율처럼 되었다고 한탄했다.

진짜 한탄할 사람은 부인들이었다. 이 남자들이 야근과 숙직이 힘들다고 투덜거리지만, 내용을 들여다보면 정말 그런 지 의심스럽다. 집이나 난방은 집과 궁전을 비교할 수 없다. 궁에 있으면 음식과 술이 나왔다. 나오지 않으면 술을 사들고 들어와 밤마다 친구들과 술파티를 벌였다. 자기 숙직일에는 친구들이 의리로 함께 밤을 보내고, 다른 친구의 숙직날에는 자신이 의리로 남았다. 서로 다른 관서에서 동시에 숙직하는 날에는 밤에 서로 시를 지어 보내며 밤을 샜다. 종이와 붓도 부족함 없이 있다. 그리고 숙직이 끝나거나 퇴근할 때는 같이 만나 해장술을 했다.

유득공과 서로 만나 얼굴 펴고 웃다가
이덕무와 셋이 함께 붙들고 놓지 않네
경연 강의 마치고 문서 일도 끝나니
고수풀 안주 삼아 또 한 순배 나누네(이문원에서 쓴 절구 5수)[120]

중년에 백탑파가 이렇게 부활할 줄은 꿈에도 몰랐다. 선비가 입는 군복이 한스럽기도 했지만, 군복이 좋은 점도 있었다. 칼이 저당 잡히고 외상술 얻어오는데 참 좋은 물건이었다. 분명 돌아가면서 서로 빌려주

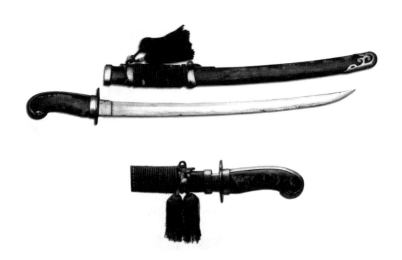

조선의 칼

고, 저당 잡혔을 거다.

　이 무렵 박제가는 과거 짐 속에서 발견했던 장남감 상자가 자기 운명의 예시였다는 생각이 들었을 것이다. 그 상자 안에는 나무로 만든 배와 깨알 같은 글씨로 쓴 수첩책과 장난감 칼이 있었다. 정조의 서얼허통으로 박제가가 조각배(상인)의 운명을 면하자 책(검서관)과 칼(군직)의 삶이 다가왔다.

　백탑파의 부활은 흥겨운 일이었지만 사실은 그들의 삶이 또 다시 헛돌고 있다는 증거이기도 했다. 충만했던 기대와 달리 운명의 벽이 다시 그들을 감싸기 시작한다. 자신감이 충만했던 그들은 고전을 연구하면 사서와 오경을 새롭게 해석해 주자학만이 최고라고 생각하는 조선의 고리타분함을 확 벗겨 낼 수 있을 것 같았고, 경세서를 연구하면 세상을 바꿀 수 있을 것 같았다. 이미 북학의도 저술했다.

하지만 빡빡한 삶은 더 이상의 연구를 허락하지 않는다. 아니 애초에 검서관으로 등용할 때, 연구자의 삶을 보장해주려는 생각이나 있었는지 의심스러워지기 시작했다.

박제가는 검서관, 비서, 무관이란 3인분의 삶을 살다 보니, 책 읽을 틈도 없고, 독서조차 한 지 오래되었다고 푸념한다. 가정도 제대로 돌보지 못한다. 젊을 때는 그저 미안하고 아내의 잔소리가 불편한 정도였는데, 나이가 들고 아이들이 커가자 슬슬 불안감으로 변한다. 세상에 없던 초유의 걸작이라고 생각했던 북학의는 반응이 없는 공허한 메아리가 되었다.

이런 당혹감은 이덕무나 유득공, 서이수도 마찬가지였다. 유득공은 우리나라 사람으로서는 최초로 발해사를 정리한 『발해고』라는 독보적인 저서를 남겼고, 이덕무는 『청장관전서』라는 방대한 분량의 글을 남겼다. 여기에는 시문과 편지도 많지만, 그의 박식을 자랑하듯 백과전서적인 다양한 소재의 글을 남겼다.

하지만 유득공과 이덕무의 저술 역시 아쉽기는 마찬가지다. 『발해고』도 그리 긴 책은 아니다. 유득공도 더 많은 저술을 남기고 싶었을 것이다. 이덕무의 방대한 저술도 사전류 같아서 깊이는 떨어진다. 그도 정보의 나열이 아니라 보다 국가적으로 중요한 주제에 대한 심도 깊은 저술을 남기고 싶었다. 만년에 박제가는 먼저 간 이덕무를 회상하며 이런 말을 했다.

"연구실과 조교 몇몇만 있었다면 훨씬 대단한 저술을 남겼을 것이다."
이 말이 이덕무에게만 해당하는 한탄이 아니다. 박제가를 포함한 모든
검서관들의 비애였다. 국왕의 지원을 업고 세상을 바꾸는 전진기지가
되리라 기대했던 규장각은 그들만의 섬이 되어 가고 있었다.

쏟아지는 비난

당신 어느 나라 사람이오

이 책에서 박제가가 지적한 조선사회의 현실과 경제 논리를 자세히 설
명하는 건 무의미할 지도 모른다. 한국은 눈부신 발전을 해서 박제가가
지적한 조선의 수레, 배, 초가, 도로, 간장은 지금 박물관에 가도 보기
힘들다. 이 전 분야에서 한국의 기술은 세계 일류로 올라섰다. 북학의도
동학의로 바뀌었다. 이제는 중국이 우리 기술을 빼내려고 안달이다.

하지만 아직도 변하지 않은 것이 있다. 박제가의 말에 분노했던 조선
의 감성과 배타적 사고구조이다. 18세기와 21세기의 한국사회는 천지개
벽 수준으로 바뀌었지만, 사고구조는 그대로 이어진다는 자체가 세계사
적으로도 희안한 홍밋거리다. 그래서 이 이야기를 하지 않을 수가 없다.

청나라에게서 배우자는 박제가의 주장은 바로 환호가 아닌 분노를
불러 일으켰다. 여기에 과거사에 대한 콤플렉스까지 더해졌다. 청이라
고 하면 무조건 치를 떨고 뒤 돌아서서는 침을 뱉어야 했다. 박제가는

이것도 참을 수가 없었다.

박제가가 이런 말을 했다. "싸움에서 승리하려면 적의 칼을 빼앗아야 한다." 세계는 경쟁사회이다. 경쟁에서 이기려면 자신에겐 비판적이고, 타인에게서는 배울 것을 찾아야 한다. 사람들은 이런 태도를 애국심이 부족하거나 자기 문명을 비하하고 타국 문명을 존경하는 태도로 이해 하곤 한다.

화가 난 박제가는 더 세게 쏘아붙였다. 조선인들의 자존심을 바로 공격한다. 당시 조선 사람들이 중국보다 뛰어나다고 자부하는 상품이 있었다. 이때 세계관 기준에서 중국보다 뛰어나다면 세계 최고라는 소리이다. 한지, 조선의 활, 인삼 등이다.

병자호란이 끝나자 조선은 바로 정신승리로 돌입했다. 정약용의 작품으로 알려져 있는 『민보의』에서 정약용은 자신이 그때 태어났더라면 삼전도의 굴욕은 없었다고 자신한다. 방법은 너무나 간단하다. 청 태종이 왜 산성 밖에 죽치고 앉아서 공격을 안했겠느냐. 약해서 그랬던 거다. 즉 청나라 군세는 허세였다. 그때 성문을 열고 돌격해 나갔으면 우리가 승리했다.

저자가 정말 정약용인지는 의문이 있지만, 정약용도 이 정도이니 다른 사람은 말할 것도 없다. 박제가가 정약용을 떠올리기 싫어하는 이유도 이해가 간다. 정신승리는 점점 노골적이 되어 간다.

임진왜란 때 성급하게 활을 버리고 조총을 채용한 게 치명적인 실수였다. 조총보다 활이 우수하다. 따져 보자. 사거리, 발사속도 모두 활이 우수하다. 관통력도 총 못지 않다. 조총은 비 오고 바람불면 쓸 수 없지만 활은 사용할 수 있다. 이런 주장은 현재 역사학계에도 존재한다. 기가 막힐 노릇이다.

쇠도끼는 녹이 쉽게 슨다. 돌도끼는 녹이 슬지 않는다. 제작비도 싸다. 그러면 돌도끼가 쇠도끼보다 우수하고 쇠도끼를 버리고 돌도끼를 사용해야할까? 총이 등장했을 때, 우리 활보다는 못하다고 해도 서구에도 웨일즈 장궁, 제노바 석궁 등 사거리, 발사속도처럼 항목에서 총보다 비교우위를 보이는 무기들이 있었다. 조선의 전략가와 유럽 군인들은 뇌가 없어서 활 대신 조총을 채용했을까? 총이 내포한 전쟁사적, 역사적 의미는 훨씬 광범위하고 혁신적이다.

이런 황당한 주장이 현대인들도 속이는데, 18세기에는 오죽했을까 싶다.

박제가가 조선의 자랑거리, 조선의 자존심을 건드린 이유는 자화자찬이 더 나은 성능을 위한 노력을 방해하기 때문이다.

한지는 중국에서도 인기 상품이었다. 한지의 재료는 닥나무이다. 조선 닥나무는 섬유질이 가득해서 종이가 질기다. 중국 닥나무는 섬유질이 적어 이런 제품이 나오지 않는다. 조선에서는 한지에 기름을 먹여 우비, 야외용 깔개로도 사용했다. 종이로 갑옷까지 만들었다. 사신들이 중국에 가서 종이방석을 펼쳐놓고 앉으면 모두 몰려와서 찬탄하고 신기해했다. 비석 탁본에도 한지가 최고였다.

이런 한지를 박제가가 비난한다.

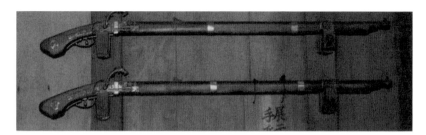

조총

전통 활쏘기

종이는 먹을 잘 받아야 글씨쓰기나 그림 그리기에 적당하고 좋은 것이다. 찢어지지 않는 것이 항상 좋은 것은 아니다. (내편, 종이)

인문학의 선물, 통찰과 분석력은 '좋다' '나쁘다'란 단어를 버리는 데서 시작해야 한다. 이게 간단한 것 같은데 가르쳐 보면 상당히 어렵다. 내가 고등학생 시절 윤리 선생님이 개성이 특별한 분이었는데, 수업시간에 갑자기 학생들에게 뜬금없는 질문을 던지곤 했었다.

"이 사람(이 분은 질문할 때는 꼭 이 사람!이라고 부르곤 했다) 사람이 배가 고파서 밥을 먹는 건 잘하는 일인가 못하는 일인가?"

"밥을 먹는 건 당연한 일입니다"

"그럼 수업 시간에 배가 고프면 밥을 먹어야 하나 말아야 하나?"

"먹으면 안됩니다"

"왜 안되나 배가 고픈데? 배가 고픈데 밥을 먹는 건 당연한 일 아닌가?"

소크라테스의 문답같은 이 질문은 우리에겐 공포의 대상이었다. 소크라테스와 다르게 학생이 마음에 드는 답을 내지 못하면 반 전체가 단체기합이었다.

윤리 선생님의 방법이 옳았다고는 생각지 않고, 질문도 부적절한 것이 좀 있었지만, 이 공포의 수업이 내겐 좋은 계기가 되었다.

"상품이 고장이 없고 튼튼하면 좋은 것인가?" 얼핏 당연히 훌륭한 제품이란 생각이 들지만 기업 입장에서는 그런 제품을 만들었다가 상품

순환이 되지 않아 망한 회사도 있다. 좋다 나쁘다는 목적과 상황에 종속된다. 좋다 나쁘다 앞에는 항상 "무엇에"라는 용도가 붙어야 한다. 누가 복사지와 화장지 중 어느 것이 좋은 종이냐고 묻는다면 그런 멍청한 질문이 없다. 매끈한 종이는 복사지로는 제격이지만, 화장지로는 사용할 수 없다. 화장지 비유는 유치한 편이지만, 대학생의 90%가 이런 부류의 테스트에 제대로 답을 못한다.

박제가가 한지를 예로 든 이유도 같다. 한지는 표면이 거칠고, 너무 두꺼워서 글씨나 그림 용도로 쓰기에는 좋지 않다. 제작비가 너무 비싼 것도 단점이다. 다듬이질을 해서 표면을 매끈하게 만드는 방법이 있는데 그러면 공정이 힘들어져 단가가 더 올라간다. 남원의 명품인 남원지는 한 장 무게가 1근, 과거답안지는 한 장에 몇 근이나 되고, 고급지는 값이 수백문 즉 쌀 몇 말 가격이 된다.[121] 조선에서는 세금, 공물을 납부하거나 소송을 할 때는 사용되는 종이값을 부가로 바쳐야 했다. 이것이 백성에게 큰 부담이자 부조리였는데, 종이가 고가이다 보니 이런 일이 생겼다.

박제가는 묻는다. 왜 새로운 종이, 새로운 공법을 만들어 내려는 노력을 하지 않느냐? 여러 가지가 결여되었다. 우리 것이 최고라고 안주하는 마음, 분석과 통찰이 결여된 사고, 그 모든 것을 극복할 수 있는 시장과 이윤의 결여.

안타깝게도 박제가는 제1단계인 감정의 벽을 넘기도 버거웠다.

우리 것이 최고야!

세상 모든 사람은 애국심과 자기 보호 본능이 있다. 대신 좋은 것을 알아보는 시각과 두뇌도 있다. 마차 밖에 없는 나라 사람이 자동차를 보면 자동차의 성능을 인정하지 않을 수가 없다. 그러나 인간의 뛰어난 지능은 금세 이런 말로 애국심을 발동시킨다. "아이쿠 매연에 소음에 사람 잡는 물건이네."

이런 보호기재가 예외 없이 발동하는 물건이 있다. 음식이다. 해외여행을 가면 모든 사람이 이렇게 말한다. "음식은 우리나라 음식이 최고야!"

이런 말을 들을 때마다 박제가는 또 화가 난다. "이 사람아 우리 음식이 최고가 아니라 자네가 우리 음식에 길들여져 있기 때문이야. 외국에 가서 음식의 맛을 비교하는 건 어리석은 짓이야."[122]

30여 년 전 일이다. 러시아에서 온 고려인 동포 부부가 교회 목사님에게 고향음식을 만들어 먹고 싶은데, 주방을 좀 사용하게 해달라는 부탁을 했다. 목사님이 재료값을 대줄테니 아예 교인들을 초청해서 파티를 열자고 했다. 그날 나온 요리가 러시아식 만두였다. 그 부부는 고향의 만두를 먹으면서 얼마나 먹고 싶었는지 모른다고 말하며 울었다. 초대받은 손님들은 표면에 버터를 듬뿍 발라서 과하게 기름진 만두를 바라보며 머쓱하게 쳐다보고만 있었다. 나중에 이런 말을 들었다. 그렇게 끔찍한 만두는 처음이었다. 저런 게 맛있다니 이해가 가지 않는다

별 것 아닌 얘기 같지만 요식업을 하는 분들에게 이런 차이를 이해하느냐 아니냐는 엄청나게 큰 차이를 가져온다. 외국에서 요식업으로 성

공하는 사람, 외국 요리를 들여오거나 거기에서 힌트를 얻어서 대성공을 거두는 사람은 거의가 좋은 것과 익숙함의 차이를 구분할 줄 아는 사람이다. 고향 음식, 외국 음식을 똑같이 차려 내어 놓으면 대개 거부감이 들고 익숙해지는데 오랜 시간이 걸린다. 그러므로 외국 음식을 도입할 때, 우리 음식을 외국에 소개할 때는 숨어 있는 장점, 어필할 요소를 찾아서 적용해야 성공할 수 있다.

박제가는 요식업을 할 마음은 없었지만, 이런 태도가 배움의 자세, 통찰과 분석을 시작도 하지 못하게 막는다는 사실을 알았기에 자주 폭발했던 것이다.

박지원도 그런 경험을 했다. 압록강을 건너 중국 민가에 숙박을 했다. 초여름이었지만 밤이 되자 한기가 들었다. 주인이 방에 불을 때주었다. 박지원이 일행에게 묻는다. "우리나라 온돌과 중국 온돌 중 어느 것이 좋은 것 같은가" 한 사람이 이불 밑에 손을 쓱 넣어 보고 대답한다. "잘 모르겠지만 우리 온돌이 나은 것 같아"

그는 분명 방바닥의 온도를 비교했을 것이다. 한국에서 온돌의 성능을 측정하는 방법이 뜨거움이다. 중국 온돌은 미지근했다. 한국 온돌보다 못할 수밖에 없다. 박지원은 고개를 흔든다. 그는 벌써 밖에 나가서 온돌 구조를 들여다보았고, 중국집의 단열성능과 온돌구조가 우리보다 열효율이 훨씬 우수하다는 사실을 발견했다. 이건 중요한 발견이었다. 인구증가, 온돌보급과 늘어난 장작수요로 한반도의 산이 모조리 황폐화되고 있었고, 토사가 강과 평야로 유출되면서 심각한 재해와 농업위기를 불러오기 직전이었다.

하지만 박지원이 장황하게 온돌의 구조를 설명하는 동안 사람들은 이미 잠들고 있었다. 불을 때는 건지 안 때는 건지 시원치 않은 온돌 때문에 잠이 제대로 오지도 않았다. 그런데 이 온돌이 조선 것보다 좋다니 이게 무슨 시답지 않은 소리인가.

우리 것에 대한 맹목적 애착과 그것이 야기하는 착각과 무지상태는 현대에도 무수히 반복된다. 조선시대와는 비교할 수 없을 정도로 해외여행도 활발하지만 현대에는 더 심해진 듯하다. 과거에는 외국에 가면 한국에 없는 것, 만들지 못하는 것도 많았다. 그러니 음식은 우리 것이 최고라고 우기기라도 해야 마음이 편해졌다. 한국이 고도성장을 하면서 이제는 그런 것도 남아나지 않았다. 그러자 이런 억지 위로를 고치기는 커녕 더 쉽고 당당하게 문화적 우월주의에 빠져든다. 아니면 동정하듯이 이렇게 말한다. '저건 저들의 문화야' 이것은 나는 사고하지 않겠다는 선언에 불과하다.

박제가의 주장은 선진국 문화만 경외하라는 의미도 아니다. 진정한 선진 지성은 모든 나라의 문화요소에서 배울거리를 찾고, 분석적으로 접근한다. 피카소는 자신의 예술을 '무명의 천재 신예', 마티스와 같은 성공한 선배 화가, 아프리카의 원시 토템 등 그가 만난 모든 것에서 찾고 조합했기에 피카소가 될 수 있었다.

청에 대한 분노와 정신승리

북학론이 받아들여지지 않은 데는 청나라에 대한 오랜 분노도 중요한 원인이었다.

박제가의 친구 이희경은 중국에 5번이나 갔다. 한 친구가 묻는다.

"자넨 왜 그렇게 중국에 자주 가는가?"

"문명국이잖나 제도와 문명이 중국에서 왔으니 가서 배워야지"

"이 사람아 그건 옛날 얘기일세. 명나라가 멸망하고 지금 중국은 오랑캐가 지배해. 산천은 전쟁터가 되어 궁궐은 재가 되었네. 천막치고 사냥하는 누린내 나는 오랑캐만 가득하네. 예의는 없어지고 인륜은 땅에 떨어졌어"[123]

이 친구는 중국에 한번도 가 본 적이 없는데, 중국의 상황을 본 것처럼 묘사한다. 당시 조선에는 청에 대한 근거없는 소문들이 마구 돌아다녔다.

"소현세자가 청나라 황족들의 연회장에 끌려나가 곱추춤을 췄다"는 자학적인 루머부터 "만주인 목소리는 개 짖는 소리 같다" "황실이 공주가 마부와 바람을 폈다네", '중국에는 오곡이 없다', '중국에는 성리학이 없다', '음식과 문장은 우리 것이 중국보다 낫다', '음식은 냄새가 나서 먹을 수 없고 뱀을 시루에 쪄서 먹는다'같은 맹목적인 비하.

'서양사람은 사람을 그릴 때, 산사람의 눈동자에서 검을 물을 뽑아서 그림 속 눈동자에 찍기 때문에 그림 속의 눈동자가 산사람처럼 움직인다', '청나라 오랑캐는 부모가 있으면 머리를 두가닥으로 땋고, 없으면 한가닥으로 땋는다', '중국을 흙으로 글자판을 만들어 인쇄한다', "산해관의 현판글씨는 이사의 글씨인데 밤에는 빛이 나서 멀리서도 보인다"와 같은 상상력 풍부한 소문도 있었다.[124]

이사의 밤에 빛나는 글씨

이사의 빛나는 글씨는 애니메이션에 등장하는 마왕의 빛나는 눈과 같다. 이사는 법가이다. 폭군 진시황을 도와 강압통치를 하고, 융통성 없는 법으로 백성을 괴롭히다가 자멸했다. 산해관 현판이 이사의 글씨라는 건 청나라의 무자비한 통치를 상징한다. 인의를 중시하는 유학의 국가라면 이사같은 인물의 글씨를 산해관의 현판으로 걸어 놓을 리가 없다. 밤이 되면 악마의 글씨가 빛을 뿜으며 세상을 위협한다.

박제가는 이 정도 헛소문은 내가 직접 봤다라고 말하면 충분히 극복하리라 예상했지만 보기 좋게 틀렸다. 목격담 따위에 굴복하면 신념이 아니다. 박제가와 친한 사람들도 그의 말을 믿지 않았다. 박제가는 조선의 신념을 너무 가볍게 보았다.

만년이 되어서야 박제가는 이렇게 말한다. "신이 젊었을 때에 북경에 머물렀던 일이 있습니다. 그런 때문에 중국 일을 즐겨 말했더니 우리나라 인사들은 오늘의 중국이 옛날 중국이 아니라 하면서 서로 비웃음이 심합니다"[125] 심한 사람은 망발을 한다고 그를 비웃었다.[126]

중국에 다녀온 사람들 중에도 대중의 열망을 이해하고 박제가 꼴을 당하지 않기 위해서 대중의 눈높이에 맞추는 가짜 뉴스의 생산자들도 많았다.

"이보게 자넨 겨우 한번 다녀왔지만, 모 역관은 6번이나 다녀왔는데, 그 사람 이야기는 자네 말과 다른데."

이후 박제가는 중국에 가면서 산해관을 지날 때마다 현판을 올려다 보면서 치를 떨었다. 그가 자신의 일생을 걸은 믿음. "진실은 언젠가는 승리하고, 진실이 거짓을 이긴다"는 믿음이 잘못된 것 같다.

양심상 가짜 뉴스로 자신과 이웃을 속일 수 없는 사람들은 다른 대응방식을 찾았다. 첫 번 째는 여차 하면 눈을 감고, 자신이 보고 싶은 것, 상대의 흠만 보는 방법이다. 이런 이야기는 북학의보다 아직도 풍성한 현대의 사례를 들어보겠다.

일일이 거론하기 힘들지만, 우리나라에만 있는 유물이나 기법이라거나 놀라운 신공법이라고 소개하는 내용들 중에 전혀 그렇지 않은 것들이 꽤 많다. 과거에는 각궁이 한국에만 있는 활이라고 설명하는 사람도 많았다. 외국에 가면 이런 말이 틀렸다는 증거를 발견한다. 조선후기의 신공법이라는 사례가 청동기 유적에 있는 경우도 봤다.

이런 걸 발견하고 지적하면 마치 봐서는 안될 것은 본 사람들처럼 갑자기 옆에 있던 사람들이 사라지는 경험을 여러 번 했다. 이런 양반들이 역사를 가르친다니 끔찍하다. 보다 점잖고 고차원적인 대응방식도 있다.

박지원이 중국의 발전상과 조선의 수준을 비교하며 자괴감이 든다고 하자 동행했던 역관이 말한다. "저도 처음 중국에 와서 자금성과 고관들의 저택을 보았을 때 충격을 받았습니다. 그러나 저택에 사나 초가에 사나 사람 사는 건 다 똑같습니다. 다 마음먹기에 달린 거죠"

통역관은 건전한 삶의 철학으로 눈 앞에 펼쳐지는 진실을 극복한다. 어디에 사나 사람 사는 것은 똑같고, 인간의 행복이 환경과 물질로 결정되지 않는다는 말은 옳다. 그러나 이런 생각이 사회를 발전시키고, 선진 기술을 배우고 개량하려는 노력을 포기하는 구실이 될 수는 없다.

지금까지 말한 세가지 장벽 중 어느 것이 더 치명적이었을까? 그건 알 수 없지만 이 세 장벽이 현대 우리 사회에도 여전히 살아 있고,- 우리 사회만이 아니라 인간의 보편적 속성이라고는 해도 - 우리 사회의 지성이 이런 저속한 철판 위에서 춤추고 있다는 것이 문제다.

희망고문

술에 취해 흘러가는 세상

검서관 생활이 힘들기도 했지만 너무 오래 지속되자 지친다. 처음에야 좋았지만. 살아 보니 힘이 없다. 나라와 사회에 병은 보이는데 손 쓸 방법이 없다. 국왕의 측근이라고 하지만 말 그대로 왕과 가까울 뿐이다. 이 알량한 관직은 북학론에 쏟아지는 감정적인 비난조차 막아주지 못한다.

개혁군주 정조는 다를까? 정조도 박제가의 북학론에 대해서는 시큰둥했다. 정조는 박제가에게 "자넨 왕안석이야"라고 말한 적이 있다. 왕안석은 송나라의 개혁가로 대대적인 혁신정책을 펼쳤지만 사마광을 필두로 하는 구법당의 저항으로 실패하고 말았던 불운한 개혁가이다. 다만 그가 제시한 과거제 개혁안은 송에서도 받아들였다. 조선에서도 정도전이 그대로 시행하려다가 좌절되었고, 아주 일부만 시행되었다.

왕안석에 대해서는 당시에도 두가지 평가가 있었다. '훌륭한 개혁안을 제시했지만 보수주의자들의 반동과 비운의 세상을 만나 뜻을 이루지 못한 혁신주의자라는 평과 '뜻은 좋았는데, 현실을 몰라서 실현 불가능한 방법을 제시한 이상주의자'라는 평이다.

정조는 어떤 뜻으로 말했을까? 정조가 엄청난 개혁 구상이 있었지만, 보수파의 저항과 신하들의 반대에 의해 실행하지 못했다고 생각하는 분들이 많다. 아니다. 정조가 고치려고 했던 부분은 조선의 너무나 꽉 막힌 부분, 서얼 차별과 같이 성리학의 입장에서 보아도 문제가 있는 부분이었다. 정조도 박제가의 개혁안은 너무 무모하거나 현실과 동떨어진다고 생각했던 것 같다. 박제가의 생각은 받아줄 수도 받아줄 마음도 없었다. 북학의에서 내건 주장에 대한 반발과 비난이 거셌는데, 박제가는 더 이상 이론적 작업을 진행하지 못했다. 박제가는 자신의 거대한 이상이 환상이 되어가는 것을 보았다. 자신에게 관료직은 알고 보니 이상을 향한 징검다리가 아니라 생계 수단에 불과했다.

> 이따금 직각에 따라 술을 마시고
> 한림의 초대에도 자주 나가네
> 이문원 들어오면 아무 일 없어
> 향 사르며 나라님께 보답한다네(성균관 담장과 맞닿아)[127]

서얼에 종6품 정도의 관원에 잡직 출신이 규장각 책임자인 대신과 술을 마시고, 당대 최고의 문신들만 모였다는 한림에서도 그를 자주 초대한다. 아마 책도 부탁하고, 뭐 필요한 고증도 부탁할 일이 많아졌기 때문일거다. 그러나 대신을 만나도 정책을 건의하고 토론할 입장은 되지 못한다. 한림은 그의 생각보다는 규장각의 도서에 대한 정보가 필요한 것일 뿐, 아니면 정조의 측근이기에 배려하는 것일 뿐, 박제가의 개혁안에 동의할 사람은 없다.

규장각 숙직실인 이문원에 돌아오면 아무 일도 없다는 구절이 바로 자신의 존재에 대한 회의이다. 고위층의 파티장에 불려갔다고 해서 자신이 고위층이 되는 건 아니다. 그 세계에서 자신은 항상 이방인이다. 한때는 화려한 궁중생활이 그의 소외감과 열등감을 해소해 주었지만, 구중궁궐의 고대광실, 고귀한 대신과 멀쑥한 양반 자제들이 다시 그에게 소외감만 던져준다.

이 상태를 벗어나기 위해 그가 바랄 수 있는 것은 정조의 결단 뿐이다. 그래서 나랏님께 향을 사르며 마음의 소원을 빈다. 그는 차마 정조를 비난하거나 원망하지는 못한다. 유학을 배운 사람이 주군을 비난한다는 것은 어림도 없는 일이다. 여기까지 온 것도 정조의 은총임에는 틀림이 없다. 그러나 어째 모든 것이 불안하다. 향이라는 단어가 참 중의적이다. 최고의 예우를 뜻하는 말이지만, 향의 연기처럼 한순간에 아스라이 사라지는 운명에 대한 불안감도 함께 배어있다.

오늘날도 그렇고 당시도 그렇지만 개혁과 검서관들에 대한 정조의 속내는 알기 어려웠다. 검서관들은 정조의 의지보다는 그를 둘러싼 대신들, 보수파들이 정조의 혁신을 방해하고 있다고 생각했을 것이다. 그렇다면 그들을 설득해야 하는데, 박제가의 성격에 그들에게 굽신거리기는 죽기보다 싫다.

상관들 찾아뵙기는 도량 좁아 시름겹고
봉사글 베끼는 일 따분하여 싫증난다.[128]

솔직히 대신들과 교분을 맺어 봤자 한계는 분명하다. 그들도 정조 덕분에 자신을 이용할 뿐이다. 봉사글이란 각종 상소이다. 그 글을 베끼는 일이 지겹다는 건 반복되는 임무에 대한 피로일 수도 있지만, 천편일률적이고 아무 소용도 없는 쓸데없는 대책을 읽는 것도 정말 짜증나는 일이었다. 이 말같지도 않은 이야기를 베끼고 정리하는 것이 아니라 그런 주장들이 얼마나 답답하고 한심한 것인지 논박하고, 확 찢어주고 싶지만 그럴 수도 없다.

간혹 훌륭한 상소가 있어도 올라가면 감감 무소식이고, 대책이 내려와도 일회성, 돌려막기 때우기 뿐이다. 그러니 짜증이 날 밖에..

소외감이 들수록 자신의 지위도 한탄스럽다. 미련이 없다고 하면서도 관직이 오르고 지위가 높아지면 자신에 대한 대우가 달라지지 않을까? 나 자신에 대한 이 오랜 자괴감도 만족감으로 바뀌지 않을까 하는 생각이 드는 것도 사실이다.

사원詞垣에서 감히 어깨 나란히 하였으나

새 명함 너무도 볼 것 없음 부끄럽다.

(영숙문 밖 별장청에서 숙직하며 4수)[129]

이 시는 그가 창덕궁 영숙문 별장청에서 숙직하면서 지은 시이
다. 사원은 학자들이 모이는 관청을 말한다. 최고 문신, 학자들과 어깨
를 나란히 했지만, 그에게 온 새 직책(새명함)은 궁궐 경비를 담당하는
별장청 근무이다.

박제가 입장에서 보면 최고의 학자이자 세상을 경영할 능력이 있다고
믿는 사람이 그만한 직책도 얻지 못하고, 자신의 지혜를 모아 연구에 전
념하지 못하고, 경비직을 맡아야 하는 현실이 개탄스럽다.

그래도 믿고 의지할 사람은 정조 뿐인데, 어째 그 기대도 점차 불안해
져 간다.

황혼 무렵 자물쇠 여는 소리 들은 듯 해

임금께서 부르시나 혼자 깜짝 놀랐지

깊은 밤 이불 덮고 금문에서 숙직하니

맑은 꿈속 예사로 지존에게 다가가네

괴이해라 미천한 신 하늘 또한 감응하니

작은 별이 언제나 자미원(천자, 국왕) 곁에 있네

(영숙문 밖 별장청에서 숙직하며 4수)[130]

이 시는 얼핏 보면 정조의 측근에서 살아가는 충성스런 비서관의 일상과 기쁨을 묘사한 듯하다. "자미원(국왕) 곁에 언제나 함께 있는 작은 별", 낭만적이고 영원히 변치 않는 영광스런 관계 같다. 그러나 박제가의 처지를 이해하고 보면, 정조에 대한 그의 사모곡은 불안한 짝사랑에 가깝다. 이 시는 그런 불안감과 그렇다고 해서 짝사랑과 기대를 포기할 수도 없는 심정을 노래한다. 이것이 "자미원 곁에 있는 작은 별"의 실체이다.

결국 박제가는 오도 가도 못하는 신세가 된다. 검서관직의 실체와 자신의 운명을 깨달은 그는 모든 걸 버리고 산 좋고 물 좋은 곳으로 떠나고 싶다는 생각이 들기 시작한다. 하지만 미련을 접기도 쉽지는 않다. 검서관 직에 불만이 많다고 해도 현실적으로 검서관직이 주는 혜택과 특권을 포기하기도 어렵다. 박봉이라고 매일 불평하지만 그렇다고 그 박봉을 포기할 수도 없는 것이 샐러리맨의 비애이다.

정조의 결단에 대한 미련과 기대도 버리고 싶지만 버려지지 않는다. 상의원에서 숙직하며 지은 시에서 박제가는 엉거주춤한 자신의 모습을 "앉은 채로 늙어만 간다"고 표현했다

자미성이 가까워 숙연해 지니
금궐(왕의 거처) 그리는 마음은 끝이 없어라
명산 유람의 뜻 자주 어긋나
앉은 채 얼굴은 늙어만 가네
(상방(상의원)에서 숙직하며)[131]

수령이 되고 싶습니다

이런 존재론적 고민이 아니라도 반복되고 정체되는 삶에 지루함과 불안이 섞였다. 정조도 이들의 불평을 인지하고 변화를 주었다. 이들을 외관직에 임명하는 선물을 내린다. 검서관의 외관직 발령은 두가지 의미가 있다. 외관직은 여차하면 골치 아픈 사건에 휘말리거나 감찰에 걸려 파면당하기도 쉽지만, 외관이 되어 돈도 만져보고, 반찬거리와 과일도 풍족해 지고, 삶도 여유로워 질 수 있다. 여행도 다니고, 이런 말 하기는 뭐하지만 외관이 되야 관기를 데리고 놀아볼 수도 있다. 여행도, 사치도, 외식과 유흥도 자유롭지 않은 사회에서, 이 모든 것을 가능하게 하는 것이 외관 생활이었다.

두 번째 외관발령은 이제 잡직 검서관 생활과 오랜 하급관료 생활을 청산하고, 진짜 문관 관료의 보직으로 이륙한다는 것을 의미한다. 조선시대는 경외관순환제라고 해서 4,5품관으로 승진하려면 반드시 외관을 거쳐야 했다. 외관을 거치지 않으면 그들은 평생 6품직에서 벗어날 수 없었다.

그런데 이번에도 정조의 태도가 모호했다. 검서관에게 떨어진 외관직이 수령이 아닌 찰방이었다. 찰방은 종6품직으로 수령 중에서 제일 급이 낮은 현감과 같다. 그러나 현감과 급이 같아도 수령인 현감과는 격이 다르다. 수령이 국왕을 대리해서 한 군현을 통치하는 직책이라면 찰방은 역로를 관리하는 직책으로 목민관보다 격과 권력이 한참 떨어진다. 인정받는 문관이 찰방이 되는 경우도 거의 없다.

검서관은 특별직이어서 외관으로 나가도 검서관직을 버리는 것은 아니었다. 그들은 영원한 검서관이었다. 그렇다면 정조는 이들을 영원히 풀어줄 생각이 없고, 그저 그간의 노고에 대한 보답으로 기분전환과 약간의 특혜를 위해 외관 발령을 그것도 수령도 아닌 찰방으로 임명한 것일까?

아무튼 찰방 임명은 여러 가지로 기대와 불안이 교차하는 것이었고, 정조의 진심을 깨달으려면 지금까지 그래왔듯이 맡은 직에 충실하며 성은을 기대하는 수밖에 없었다.

처음으로 찰방직을 맡은 사람은 당연히 이덕무였다. 1781년 12월 이덕무는 경상도 함양에 있는 사근역 찰방이 된다. 다음 해에 박제가와 유득공도 외관직을 받았는데, 찰방보다 못한 역승이었다. 그래도 하지 않는 것보다는 나았다. 박제가는 충청도 공주에 있는 이인역승으로 2년을 재직했고, 유득공은 청양에 위치한 금정역승이 되었다.

덕분에 바깥 유람은 했지만, 수령도 아닌 역승이라, 자괴감이 올라왔다. 역승으로 임명될 때인 1782년에 지은 시이다.

어찌하면 구속에서 벗어날거나
한달동안 집에서 밥을 못먹고
일년내내 관복만 입고 지냈지 (중략)
나 또한 마음(뜻)이 있는 사람인지라
우연한 출사는 녹봉을 구함이 아닐세
(1782년 3월 6일 이희경과 필운대에 올라 지은 시)[132]

그렇다고 말처럼 떠날 수도 없다. 왕의 측근으로 현실에서 누리는 특권도 작지 않다.

기대 반, 실망 반 엉거주춤한 상태에서 돌파구를 보여준 사람은 역시 맏형 이덕무였다. 사근역 찰방으로 부임한 이덕무는 불평만 늘어놓는 누구와 달리 모범 관원의 전형을 보여준다. 그는 타고난 성실함과 그동안 축적한 백과사전적인 지식을 활용해 몇가지 공을 세웠다. 사근역 주민들의 채무를 탕감해 주고, 이 지역에 풍토병이 돌자 운모를 가루로 내서 우물에 넣어 병을 진정시켰다. 운모가루가 소독효과 내지는 정수효과를 낸 것 같다.

이덕무는 주변 수령이나 상관들과도 충돌하는 법이 없었다. 1784년 2월에는 드디어 진짜 수령인 적성 현감이 되었다. 이덕무는 적성에서 5년 동안 근무하며 6개월마다 하는 고과에서 늘 최우수를 받았다. 이 시대에는 고과점수를 웬만하면 상등을 줘서 상등 자체는 대단한 기록이 아니다. 하지만 조선시대 수령은 파리 목숨이라 상등 성적과 무관하게 사소한 실수만 저질러도 정말 자주 교체되었다.

더욱이 적성현은 면적과 인구도 작고, 사대부의 땅은 많아서 소송과 분쟁이 그치지 않는 수령이 가장 가기 싫어하는 고장이었다.[133] 이런 곳에 발령을 받아서 중간에 파면되지 않고, 5년 임기를 채우고, 높은 고과 성적까지 얻었다는 것은 대단한 명관이었다는 증거이다. 주민의 고충을 살피고, 개혁할 건 개혁하면서, 무모한 개혁을 한답시고, 마구잡이로 상관과 충돌하지도 않았다.

관아에서 정무를 보는 수령 (복원모형)

　이덕무가 성공신화를 쓰자 유득공이 뒤를 따랐다. 금정역승에서 사근도 찰방을 거쳐 1785년에 포천현감이 되었다. 유득공도 우수했다. 3년을 꼬박 재직한 후에 1788년에는 양근군수와 서로 맞교환을 했다. 1789년에 다시 중앙으로 들어왔다가. 1793년에 가평군수로 보직되었다.

　1794년 6월 가평에서 살인사건의 검시를 잘못 처리한 죄로 파면되었다. 가평군수직은 불미스럽게 끝났지만, 부정이나 비리로 인한 파면이 아니었다. 조선시대에 수령들은 워낙 사소한 일로 곧잘 파면이 되어서 아무리 유능한 수령이라고 해도 서너 번 수령을 하다 보면 이런 일을 한번 겪지 않는 사람이 거의 없었다. 그러므로 유득공의 파면이 관력과 평판에 해를 끼치는 것은 아니었다.

　이덕무와 유득공에게 새로운 삶이 열리는 동안 박제가는 멀거니 구경만 하고 있었다. 외관직은 역승으로 끝이었다. 1785년 유득공마저 포천현감으로 발령받자 다음 해에 박제가는 사직원을 냈다. 이유는 눈병이었다. 박제가는 눈병이 심해져 등불 심지도 자를 수 없다고 눈병을 호소했다. 아마 노안이 좀 빨리 왔거나 난시나 근시가 심해졌던 모양이다. 박제가는 눈병이 핑계가 아니며, 결코 다른 사람의 비방을 피해서 내는 사직이 아니라고 강변했다.[134]

그러나 이런 말을 하는 자체가 속셈이 뻔히 드러나 보인다. 누가 보아도 이덕무와 유득공의 발령을 보고 이젠 내 차례라고 떼를 쓰는 것이 분명했다. 이건 필자의 추장이 아니다. 이때 지은 시인지 혹은 1792년의 두 번째 사직 때 지은 시인지 모르겠지만, 1786년에 지은 시임이 유력해 보이는 시에서 박제가는 관직을 사임하는 사정을 다음과 같이 표현했다.

내각의 문서들을 낙엽 쓸 듯 하였고
십 년간 밤낮없이 교정을 보았었지
전생에 남은 빚이 얼마나 많았던지
이번 생에 한 글자로 한푼 빚 갚는다오
아니면 틀림없이 노둔한 말이 되어
날마다 채찍 맞고 300근을 날랐으리
바깥에서 마구 써도 시력 잃기 충분한데
하물며 괴롭게도 오장까지 태웠다네
(중략)

구구하게 다시금 임금 향한 마음 있어

(왕이 알아줌에) 관직의 높고 낮음 안가렸다

이에 어쭐쩡거리며 머물다 보니

어쩌나 하루 아침에 두 눈이 흐려졌네

내 벼슬 악공과 같음이 창피하거늘(같은 잡직이라는 의미)

어떻게 더듬더듬 문인(詞垣)을 따르겠는가

소인들은 나를 보고 출세했다 말하지만

지금껏 아내의 치마도 없음을 누가 알리

(눈이 어두워져 관직을 사임하며 동료들에게 보이다)[135]

박제가는 정조만 믿고 시력이 상하도록 10년 넘게 열심히 일했는데, 아직까지 악공과 같은 서열로 있고, 집은 가난해서 아내는 치마도 없다고 따진다. 검서관의 업무, 매일 교정보고 글씨 쓰는 업무는 말이 매일 채찍 맞으며 300근(180kg)의 짐을 나르는 것과 같다고 표현하기까지 했다.

교묘하게 그것이 자신의 전생의 빚 때문이라고 덮어씌우기는 했지만, 그래도 검서관직이 국왕의 비서관에 가까운 자리인데, 혹사당하는 말에 비유한 것은 만용에 가까운 용기가 아닐 수 없다. 검서관이란 말을 혹사하는 마부는 정조일 수밖에 없다. 이런 시는 여차하면 구왕 비방죄로 걸려들 수 있다. 더 놀라운 것은 이 시를 혼자 골방에서 쓰고 읽은 것이 아니라 동료들에게 회람시켰다는 것이다. 조선시대와 현대와의 시차와 가치관의 차이를 감안하면 회사벽에 "박봉에 직원을 혹사하는 악덕 사장"이라고 쓴 대자보를 붙이는 것과 다름이 없다.

조선시대에 사직서를 쓰면서 이런 식으로 불만을 토로한 사람은 박제가가 유일무이 하지 않은가 싶다.(보통은 병이 있다거나 능력이 딸린 다거나 부모님이 아프다는 핑계를 댄다) 정조가 이 시를 보고 웃었는지 화를 냈는지 모르겠지만, 분명 고개를 흔들며 한숨을 내쉬었을 거다. "내가 이래서 너는 수령임명을 못하는 거야"

눈병이 이유의 전부는 아니었다. 마음의 상처와 분노도 컸다. 이 무렵 에 박제가는 북학의를 써 낼 때의 자신감을 상실했다. 열광을 하고 박 수를 보내기는커녕, 비난만 거세졌다. 비난 중에는 말도 안되고, 어이없 는 내용도 많았는데, 답답하고 멍청한 걸 참지 못하는 박제가는 그런 유치한 주장들은 더 참을 수 없었다.

대표적인 반론 중 하나가 지금 중국을 지배하는 만주족은 전통 중국 인인 한족이 아니고 야만족이라 그들에게서 배울 것이 있을 수가 없다 는 논리였다.

박제가는 사람의 도리를 무시하고, 지구상에 없는 서얼차별이란 법을 만들어 운영하는 주제에 우리보다 더 인간적이고 높은 문화수준을 유 지하고 있는 청나라는 오랑캐라고 비웃기만 하는 조선의 위선에 역겨움 을 토한다.

아비를 아비라 부르지 못하고, 형을 형이라 부르지 못하는 자가 있습니 다. 얼굴에 검버섯이 돋은 상늙은이가 머리 땋은 아이의 아랫자리에 앉는 경우도 있습니다. 할아버지나 아버지 항렬의 어른에게도 절하지 않으면서 손자나 조카뻘 되는 사람이 어른을 꾸짖는 일도 있습니다.

그러면서 오히려 우쭐거리며 청나라를 오랑캐 무리라 무시하고, 자기야 말로 예의를 지켜 중화의 문화를 간직하고 있다고 자부합니다.

(병오년(1786) 정월 22일 조회에 참석했을 때 전설서 별제 박제가의 소회)[136]

말은 맞는데, 이러니 수령으로 내 보내기가 더 무섭다. 하지만 왕을 악덕 주인으로 묘사한 대자보는 정말 심했다. 이걸 참아주는 정조의 관용과 도량도 대단하다고 말 할 수밖에 없다. 하지만 박제가가 이중으로 선을 넘었으니 잠시의 냉각기는 필요했다.

정조는 점잖게 박제가의 사직원을 수리한다. 승진은커녕, 검서관직 마저 떨어졌다. 이덕무와 유득공이 수령으로 맹활약을 하는 동안 박제가는 1년을 쉬고, 1787년 8월에 검서관으로 복직한다. 시력이 결코 좋아졌을 리 없지만 박제가는 명령이 오자 바로 복직을 했다. 중간에 다시 한번 검서관에서 해임되었다가 1789년에 복직했다. 이젠 수령에 대한 미련은 완전히 접은 듯, 중요한 사업을 맡는데, 이덕무, 백동수와 함께『무예도보통지』편찬에 참여한다.『무예도보통지』는 정확히 1년 후인 1790년 4월에 완간되었다.

다시 북경으로

박제가는 수령직을 간절히 원했지만, 정조 입장에서 보면 수령직보다 합당한 보직이 있었다. 1790년 5월 정조는 박제가를 두 번째로 중국에 보냈다. 이 해의 사행은 특별한 행사로 건륭제의 팔순잔치를 축하 사절이었다. 정사는 서호수였고, 유득공도 함께 갔다. 건륭제의 팔순잔치는 열하의 피서산장에서 개최되었는데, 여기서 행사가 끝난 뒤 다시 북경으로 왔다.

이 사행에 참여한 사람들은 진정한 호사를 했다. 중국사에서도 황제의 팔순잔치는 거의 벌어진 일이 없는데다가 이때는 청의 최전성기였다. 고로 잔치의 규모와 화려함은 상상을 초월했다. 부사 서호수는 누구의 도움을 받았는지 알 수 없지만 엄청난 기억력으로 이 잔치의 광경을 세밀하게 남겼다.

박제가는 북경에 도착해서 다시 반정균을 만났다. 잘 나가던 반정균이 낙향을 준비하고 있었다. 그동안 반정균은 섬서감찰어사까지 승진했으나 청나라 조정에 회의를 느끼고 낙향할 준비를 하고 있었다. 그는 박제가가 왔다는 소식을 듣자 편지를 보내 "농후한 곳에 오래 머물지 말게"라는 말을 남겼다. 농후하다는 것은 징조가 농후한 곳이라는 의미인 듯하다. 관리가 되어도 뜻을 펼 수 없다면, 자신을 시기하는 무리들에 둘러 싸여 있다면 관직의 유혹을 과감히 버리고 떠나라는 의미가 아닌가 싶다. 어쩌면 그들이 만주족에 정복당한 한족의 관리였기에 서얼인 이들의 한과 고난에 더 공감했던 것이 아닌가 한다.

이 편지를 보내기 전인지 후인지 알 수 없지만, 반정균과 직접 만난 박제가는 슬픈 소식을 전해야 했다. 홍대용의 부고이다. 홍대용은 1783년 10월 23일에 사망했다. 향년 53세였다. 건강에 아무런 이상이 없었는데, 저녁(5시-7시 사이)에 갑자기 쓰러지더니 졸지에 숨을 거두었다.[137]

반정균은 박제가에게 홍대용의 아들을 잘 돌봐 달라고 부탁했다. 반정균과 홍대용의 우정은 진짜였다. 자신의 아들도 제대로 못 돌보고 있는 박제가였지만, "힘 닿는데까지 노력하겠다"고 말할 수밖에 없었다." 반정균은 박제가에게 거듭 머리를 숙이며 감사를 표시했다.[138] 나중 이야기지만 낙향한 반정균은 불교에 심취해서 지냈다고 한다. 훗날 그는 다시 복직해서 70세가 되었을 때는 이부상서가 되었고, 재상 후보로까지 거론되었다.

반정균은 떠나는 자가 되었지만, 다른 청나라 친구들은 박제가를 융숭하게 환영했다. 2차 연행에서 그는 눈만 호사한 것이 아니라 교우관계도 한 단계 높였다. 박제가의 시와 문집에 나오는 청나라 문인은 172명에 달하는데, 이 2차 연행에서 만난 인물들이 역대 연행 중에서 수도 제일 많고, 지위도 높았다.

덕분에 박제가도 중국에서 대단한 명사가 되었다. 그의 글씨의 위조본이 제작되어 유리창 거리에서 팔렸다. 나중에 중국에 간 사람들은 뜬금없이 중국 관원이 다가와 "이번에 박제가가 왔느냐"고 묻는 바람에 놀라는 경험을 여러 번 했다.[139] 그런 관심이 기분 나빴던 사람도 있었겠지만.

유명인으로는 장관급인 이부상서 팽원서, 예부상서 기윤과 상청(청은 상서에 한인과 만주인 2명을 두었다), 나중에 예부상서가 되는 진정한 친한파 철보, 내각학사 심초, 현존하는 박제가의 유일한 초상을 그려준 화가 나빙, 시랑직을 지내고 금석문의 대가였던 옹방강, 옹방수 형제, 손성연, 훈고학자로 역사와 지리에 대작을 남긴 홍양길[140], 총독 손사의의 아들인 손사인, 그 외에 진사, 선비, 화가, 서예가, 장인, 골동전문가 등 다양한 사람과 인물을 사귀었다. 이들과의 대화에는 과거 다양한 전문가들이 모였던 백탑파 친구들의 지식이 도움이 되었다.

예부상서로 학식과 덕이 모두 출중했던 기윤은 박제가를 "해외에 있는 큰 학자"라고 평가했다. 시만 보아도 그 배경에 있는 깊은 학문과 방대한 독서량이 보였다 기윤은 매년 박제가에게 편지를 보내 안부를 묻고 시를 보내왔다.

상대가 관직이 너무 높은 예부상서다 보니 박제가가 사적인 서신을 교환하기 어려워서 답장을 하지 못했는데 개의치 않고 편지를 그치지 않았다.[141] 기윤은 진정한 친한파가 되어 조선 정부와 사신들의 부탁을 성심껏 들어주었다. 1799년 유득공과 이희경은 주자전서를 구해오라는 명령을 받고 북경에 갔다. 청나라 사람들은 조선인들처럼 주자를 존경하지 않아서 북경에는 주자전서가 없고 강남에 있다는 소문만 들었다. 기윤이 자신이 힘써 보겠다고 하더니 정말로 나중에 거질의 책을 구해서 조선에 보내주었다.

처음에 박제가의 교우 중에는 한족 지식인들이 많았다. 만주족들로부터 차별받는 한족 지식인들이 조선인에게 동정을 느꼈다는 생각도 든다. 하지만 실제 명단을 보면 한족, 만주족을 가리지 않았다. 예부시랑을 지낸 철보, 옥보 형제는 만주인이다. 철보는 과거 장원 출신이다. 이덕무와 간 첫 연행에서 사귄 문사인데, 그 후로도 오래 교제를 했다. 조선을 방문해서 박제가 일행을 만나고 싶어서 청에서 조선에 보내는 사신에 자원했다.[142] 그가 조선에 왔더라면 또 하나의 에피소드가 생겼겠지만, 아쉽게도 성사되지 않았다.

한편 박제가는 유리창 거리의 서점에 갔다가 조선 조정을 장악하고 있는 노론인사들에게도 호평을 받을 큰 공을 세웠다. 서점에서 장정이 되지 않은 초라한 책 한권을 발견했는데, 병자호란 때 청나라에 잡혀온 윤집, 오달제, 홍익한, 삼학사의 죽음에 대한 기록이 이 책에 있었다.

세 사람이 잡혀간 후 그들의 최후를 본 조선인이 없었기 때문에 조선에서 온갖 소문이 돌았다. 안타까운 마음에서 그랬겠지만, 이들이 죽지 않고 먼 곳으로 유배되었다는 소문이 돌았고, 이들이 유배 생활 중에 쓴 글을 모았다는 위작까지 나돌았다. 그러나 박제가가 발견한 책에 의하면 삼학사는 1637년(인조 15) 3월 갑진에 시가에서 처형되었다.[143]

10월에 귀국한 박제가는 정3품 군기시정으로 승진했다. 파격적인 승진이지만, 이것은 다시 3번 째 사신으로 파견하기 위해 임시로 격을 높여준 것이었다. 그래도 이런 관직을 받았다는 것은 지금껏 연행에서 그의 역할이 커졌다는 의미였다. 박제가가 이렇게 연행을 자주 한 것은 그가 지었던 『북학의』를 보고 정조가 그의 안목을 인정했거나, 청대 문인들과의 각별한 교류를 높이 샀던 평가한 덕이라고 볼 수도 있다. 그러나 아무래도 이덕무, 유득공과 달리 수령에 임명하지 않는데 대한 보상이라는 의미가 강했던 것 같다.

북경에선 명사가 되어 있었지만, 박제가는 위로를 받지 못했다. 연속된 2,3차 연행 때 썼다고 추정되는 시들을 보면 중국 친우들을 만나고 답례하고 관광하고 이런 평이함의 연속이다. 가난타령 미래에 대한 불안, 사회에 대한 불만은 줄었지만, 이건 개혁의지도 약해졌다는 반증이다.

아마도 2차 연행 때 하북성 영평시에 있는 백이 숙제의 사당을 지나면서 쓴 시다.

넓은 소매 긴 적삼은 예전 왔던 나그네요

(조선사람이란 뜻도 되고 이전보다는 출세하고 성공한 모습, 혹은 아직 만족 못하는 군복 차림이 서생이란 자조일 수도 있다. 군복 차림 서생이란 시는 3번 째 연행 때 지었다.)

맑은 구름 가랑비는 청음(김상헌)의 시구로다

(노론세력과 잘 지내보려는 노력, 전통 유학자들에게 자신이 청을 추종하는 사람이 아님을 말하고 싶어 하는 느낌이 든다)

지금에 나그네의 귀밑털이 희게 세니

주머니 속의 송곳같던 그 시절이 아니라오(우북평에서)[144]

박제가는 스스로 자신이 이미 주머니 속의 송곳같던 그 시절이 아니라고 고백한다. 3차 연행 때는 자신을 "군복 차림의 서생"이라고 불렀다. 그 군복이 임시직이라도 정3품 계급장을 단 군복이지만, 힘없는 자신, 투지 꺾인 자신에 대한 자괴감의 표현이었다.

다시 비관주의자가 되다

기대와 달리 연속된 북경행도 소득이 없었다. 1790년대 40대가 되자 좌절감이 기대를 앞서기 시작한다. 그럴만한 이유가 있었다. 1784년부터 수령으로 나간 이덕무가 탁월하게 임무를 수행했음에도 불구하고, 정조는 더 이상의 진급은 허락하지 않았다. 이덕무의 이력을 보면 사근역 찰방으로 나갔다 온 후 광흥창 주부 - 사옹원 주부 - 적성현감 - 와서 별제 - 사도시 주부 - 상의원 주부 - 장원서 별제로 6품직에서 빙빙 돌고 있다. 품계보다 중요한 것이 직책이다. 이덕무가 맡는 중앙관직은 대부분 그리 중요하지 않은 관청이거나 사옹원, 사도시, 상의원, 장원서와 같이 왕실, 궁중 관리업무를 관장하는 곳이다. 유득공의 경우도 다르지 않았다.

그리고 이 직들은 항상 검서관과 겸직이었다. 외관으로 나갔을 때도 검서관직에서 해임되지 않았다. 정조의 끔찍한 검서관 사랑의 의도는 분명했다. 정조는 그들을 문신으로 중용할 의도가 없다. 그들은 영원히 정조의 보좌관이며 개인 수행원이다.

박제가는 백탑파 시절로 되돌아 간 듯, 다시 비관주의자가 된다.

삼한 풍속 땅에 한번 떨어진 뒤로
재주가 많아 봐야 조롱만 산다
생애는 단호(蛋戶; 중국 남방에 살던 떠돌이 수상민족) 다름없고
그 품격 오의(烏衣; 부귀한 권세가의 자제)와 차이 났었지
(무림수죽재를 위한 만시 3수)[145]

이 시는 1793년에 사망한 서상수를 애도하는 시이다. 그러나 이는 자신의 이야기이기도 하다. 친구의 죽음에서 자신의 운명을 투영한 것이

라고 할까?

자신의 좌절을 더 솔직하게 노래한 시도 있다.

잠깬 뒤 몽롱한 채 꿈 속 세계 물어봐도

취향에서 보았던 산천은 다시 없네

지사는 처량하게 늙어감을 슬퍼하고

초인楚人(박제가)은 실의한 채 방향芳香을 탄식한다

······ 평생토록 혜업을 끊어내지 못하며

어린 아들 바쁘게 글씨 씀을 바라본다(흠당의 시에 화답하다)[146]

이 시의 작시 연대는 분명하지 않다. 어린 아들이 글씨를 쓴다고 했는데, 첫째 장임이 1780년생이고 둘째가 1788년생, 셋째가 1790년생이다. 글씨를 쓰는 어린 아들이 첫째 장임이고, 어린 아들이 대략 6~12살 미만이라고 해도 1786년은 지나야 하므로 최소한 1780년대 후반에서 90년대에 쓴 시인 듯 하다. 내용적으로는 위기의 40대의 심정을 제일 잘 대변하는 듯 하다.

이 시는 중의와 은유로 본인의 복잡한 심정을 너무나 잘 표현하고 있다. 잠에서 깨어보니 즉 현실을 깨닫고 보니, 20대 시절 검서관이 되고 희망에 부풀었던 시절에 꿈꾸었던 세계는 이제 없다.

이런 상황을 박제가는 잠에서 깨긴 했지만 몽롱한 상태라고 표현한다. 젊은 시절의 야망이 꿈속의 세계가 되었음을 인정하지만, 차마 미련을 버리지 못하는 자신에 대한 표현이다.

현실의 벽에 막혀 개혁의 의지, 꿈이 있었던 지사들은 처량하게 늙어가고 있다. 송곳같던 박제가도 꺾였다. 그 다음 구절 "방향(좋은 향기)을 탄식한다"는 절묘한 중의법이자 역설이다.

지금 있는 자리가 악취였다면 미련 없이 떠나기라도 했겠고, 검서관조차 되지 못한 옛 친구들에게 미안하지도 않겠지. 그러나 지금 이 자리도 남들에 비하면 향내 나는 자리이기에 이 자리를 걷어 차지도 못한다.

평생토록 혜업(검서관직)을 끊어내지 못한다는 말도 이런 역설적이고 이중적인 고뇌의 표현이다. 그 다음 구절 "어린 아들 바쁘게 글씨 씀을 바라본다"는 표현은 더욱 절묘한 역설이다. 내 인생은 이것으로 끝나지만 열심히 공부하는 아들에게서 내일의 희망을 본다는 의미도 될 수 있지만, 아들 역시 잘해야 검서관이 될 수밖에 없는 운명을 보고 있기도 하다. 그렇다고 너는 검서관은 하지 마라라고 할 수도 없다. 평생의 혜업이 아들에게 이어지는 것은 기쁨일까 우울함일까?

아들의 글쓰기를 바라보는 박제가의 시선에는 한가지 불안감이 더 있다. 자식농사는 박제가가 제일 실패했다. 이덕무의 아들 이광규와 유득공의 아들, 유본학과 유본예는 부친의 대를 이어 검서관이 되었다. 그러나 박제가의 아들들은 검서관이 되지 못했다.[147] 1795년에 정조가 유득공의 아들 본학과 본예, 박제가의 아들 박장임을 미래의 검서관으로 지정했던 것을 보면 아들들도 어느 정도 문리를 깨치고, 시도 지었다.

그러나 적어도 박제가의 기준에서는 "독서를 즐겨하지 않아 아비의 뜻을 잇지 못하는 불만스러운 수준"이었다.[148] 아들의 재능이 부족해서가 아니라 박제가가 미움을 많이 받았던 탓일 수도 있지만, 맏아들 장임도 1796년 유득공의 아들 유본예에게 보낸 시에 자신의 재능이 유본예보다 한참 뒤지고, 평생 지은 시가 겨우 몇 장에 불과하다고 자책하는 내용이 있는 걸 보면[149] 객관적으로 실력이 뒤처지기는 했던 것 같다.

평생을 투덜거리며 수행해 온 업보같은 직책이고, 관직 세습과 가문을 중시하는 사회를 비판하고 있지만, 말단 검서관 직책을 자식에게 보장해 주기조차 쉽지가 않다.

마침내 수령이 되다

1792년 7월 규장각에서 검서관들이 편찬한 책 중에서 아마도 가장 힘들었을 대작인 『규장전운』이 완성되었다. 『규장전운』은 현대인에게는 별로 중요해 보이지 않는 책이지만, 시를 너무나 좋아했던 조선시대 사람에게는 바이블이 될 수 있는 대단한 책이었다. 한시에서 제일 중요한 것이 운율인데, 운은 원래 노래와 같은 것으로 중국어 발음과 음정에 맞춘 것이다.

『규장전운』은 이런 약점을 보완하고 정확한 운을 파악하기 위해 한자음의 중국음과 한국음을 정리한 일종의 한자자전이다. 1만 3,345자를 수록했다. 이전에도 운서는 있었지만, 규장각 편찬물답게 중국 송나라, 명나라, 청나라의 운서를 모두 고찰해서 종합정리했다. 책임 편집자는 이덕무였고, 윤행임, 서용보, 남공철, 이서구, 이가환, 성대중, 유득공, 박제가 등 당대의 학자와 검서관이 총동원되었다.

『규장전운』을 완성한 다음 달인 8월에 박제가는 다시 눈병을 이유로

부여 관아, 객사인 부풍관이다.

부여 백제 왕궁터와 동헌, 왕궁터 한가운데에 부여 동헌이 위치했다

검서관직을 사임했다. 이 작업이 힘들고 꼼꼼해야 하는 작업이라 눈병이 도지기는 했을 것 같다. 그러나 이번에야 말로 국왕이 자신에게 보상을 베풀어야 한다는 생각도 분명히 했을 것이다.

이번에는 성공했다. 사전에 정조가 언질을 주었을 수도 있지만, 그건 확인할 수 없다. 드러난 사실로만 보면 집념의 승리였다.

1792년 마침내 이덕무보다는 9년 늦게 박제가 수령이 되었다. 늦은 보상 덕분인지 임지도 훌륭했다. 백제의 옛 수도인 부여는 백제의 유적이 가득한 유서 깊은 도시이고, 금강을 끼고 있어 경치도 좋고, 들판도 넓은 조용하고 안락한 곳이었다. 박제가 같은 진정한 서생에게는 매력적일 수 밖에 없는 곳이었다.

부여에 부임한 박제가는 백제의 고적과 유적을 돌아보며 편안한 시간을 보냈다. 백제의 유적은 많이 파괴되어 그리 많이 남아 있지 않았지만, 천년의 역사를 회고하는 유적이 의외로 가까운 곳에 있었다. 바로 부여현감의 집무실인 동헌이다. 최근에야 고고학자들의 조사로 밝혀졌지만, 부여 동헌이 자리 잡은 땅 아래는 과거 백제 왕궁이 잠들어 있었다.

동헌 건물은 현재에도 남아 있는데, 동헌의 주춧돌이 하나같이 모양이 다르다. 보통은 건물 기동의 크기에 맞춰 주춧돌의 크기와 모양을 다듬지만, 이곳이 원래 백제의 왕궁터이다 보니 과거 화려했던 건물들의 주춧돌이 사방에 흩어져 있었다. 동헌을 지을 때 이 주춧돌들을 가져다 재활용했다. 주춧돌이 많아서 비슷한 모양의 돌들로 채울 수도 있

모양이 제 각각인 부여 관아의 주춧돌

었을 것 같은데, 그냥 보이는 대로 주워다 썼기 때문인지, 아님 옛 왕궁의 정기를 골고루 모아 보자는 의도였는지는 알 수 없지만, 다양한 주춧돌이 동헌의 기둥을 받치고 있다. 동헌 뿐 아니라 지금은 없어진 부여 관아의 건물 대다수가 백제의 주춧돌을 사용했을 것이다.

오늘날 답사객들도 발견하는 이 사실을 박제가가 놓쳤을 리가 없다.

> 황량한 주춧돌은 지금껏 깎이어도
> 오히려 변함없이 백제왕을 애기하네
> (늦봄에 창고의 다락에서)[150]

박제가가 동헌터가 옛 왕궁지라는 사실을 알았던 것 같지는 않지만,

이 구절은 부여 관아의 각양각색의 주춧돌에서 영감을 얻는 것이 틀림없다.

박제가는 진심으로 자신의 첫 부임지이며, 역사적인 고도가 마음에 들었던 것 같다. 수령 생활은 술도 마음껏 먹을 수 있게 해 주었다. 객지 생활에 병이 나기도 했는데, 일과가 끝나면 박제가는 술을 찾고, 시를 지었다.

이런 이야기는 별로 남기지 않았지만, 그가 슬쩍 남긴 시에 의하면 박제가의 인간적인 소원이 미인을 옆에 끼고, 시작을 하거나 글씨나 그림을 그리는 것이었다. 외관에는 항상 관기가 있어서 수령 부임은 그것도 가능하게 해주었다. 만년에 박제가는 부여의 금담琴潭에 있는 부서진 이상국李相國의 정자를 수리하고, 이곳에서 살고 싶다는 소망을 피력하기도 했다.[151] 이곳에 땅도 마련했던 것도 같은데 확실하지 않다.

그가 소원하는 세계는 아직 멀었고, 가망이 없어 보였지만, 그래도 변화는 변화고 기쁨은 기쁨이었다. 그러나 박제가의 운명은 여전히 평탄하지 않았다. 그가 겨우 부여현감이 되어서 그가 인생에서 약간의 성공과 아랫사람을 부리고, 다스리는 기쁨을 맛보기 시작했을 때, 진정한 시련이 준비되고 있었다.

제4부
평생의 걸작을
남기려고 하건만

세상은 모래맛

두 사람의 죽음
태어나 밥 먹은 지 오십 해가 지났는데
세상 맛은 모래 같아 달여도 떨떠름해
(아들 장임이 지은 시에 차운하다)[152]

　1792년 9월 20일, 부여현감으로 부임한 지 한 달도 되지 않아 부인 이씨가 사망했다. 향년 38세였다. 박제가의 일생에서 제일 미안해야 할 사람이 부인 이씨가 아닌가 싶다. 부친 이관상은 박제가의 범상치 않은 재능을 보고 그를 사위로 선택했다. 서녀였지만 이관상은 편견 없이 딸을 사랑했던 것은 분명한 듯 하고, 친정 오빠들도 정이 깊었다.

그러나 이들 모두가 일찍 세상을 떠났다. 천재 남편은 괴팍하고 이기적이고 바람기까지 있는 결코 좋은 남편이 아니었다. 신혼 첫날부터 신랑은 이 불길한 기질을 거리낌 없이 발산하더니 검서관이 되고 나서는 일주일에 3,4일은 집에 들어오지 않았다. 정조가 주기적으로 하사하는 음식도 상당수가 박제가와 친구들의 술안주로 사라졌을 것이다. 냉장고가 없던 시절이라 퇴근하지 못하면 궁에서 먹어서 없애는 수밖에 없었다고 말하면 핑계다. 하인을 통해서 얼마든지 보낼 수 있었다. 아무리 생각해 봐도 궁에서 없어지는 양이 훨씬 많았을 것 같다.

어려운 살림에 아이를 낳고 건강까지 나빠졌다. 이때도 외박을 밥 먹듯이 하는 불량남편은 요즘 따라 부인의 잔소리가 늘었다고 투덜거리는 시를 남겼다. 1799년 윤가기의 며느리였던 둘째 딸이 사망했을 때 박제가는 딸의 죽음을 슬퍼하는 긴 글을 남겼다. 먼저 간 누이에 대해서도 누이와 어린 시절을 회고하는 애잔한 글을 남긴다. 장인에 대해서는 행장, 묘지명부터 시까지 여러 편을 썼고, 처남의 사고사도 친형의 일처럼 슬퍼했다.

그러나 부인의 사망에 대해서는 한마디 언급도 없다. 부인 생전에, 아내에게 보낸 시가 딱 한편 있기는 하다.

지친 여행 마치고 초가집에 앉아
저술(북학의)의 시름만 안고 있다오
푸른 나무 비스듬히 비 뿌리는데

붉은 산에 나 홀로 누각에 기대네

술잔 비니 뉘 함께 저녁 보낼까

성근 터럭 어느 새 가을이 왔네

당신 손을 잡고서 함께 떠나가

안개 물결 조각배 타 볼까 하오

(가을의 느낌, 아내에게)[153]

이 시는 통진에 눌러 앉아 『북학의』를 쓸 때 쓴 시 같다. 얼핏 봐서는 사랑하는 연인을 그리는 연애시 느낌을 준다. 그러나 한번 따져 보자. 몇 달 간 신나게 외국여행을 하고 귀국해서 집에도 들어가지 않고 있는 남편이다. 이런 시를 보내봤자 부인이 감동받을 것 같지 않다. 내용을 뜯어보면 더 열 받는다. 1년 째 독수공방하는 아내를 걱정하거나 미안해하는 표현은 하나도 없다. 단지 자신이 외롭다는 푸념뿐이다. 평소의 이기적인 성격이 그대로 드러난다.

아내 자랑하면 팔불출이라는 말도 있지만, 조선시대 사대부들이 대체로 아내에 대해서는 괜히 무뚝뚝한 채 하는 병폐가 있기는 하다. 심지어 박지원마저도 상처한 박제가를 위로한답시고 보낸 편지에서 이런 흉악한(?) 말을 한다.

"아내를 잃은 슬픔보다 지기를 잃은 슬픔이 크다. 아내를 잃은 자는 두 세 번 새 장가라도 들 수 있고, 서너 차례 첩을 들일 수도 있지만, 지기를 잃은 슬픔은 그렇지가 못하다(지기는 첩처럼 다시 쉽게 구할 수 없다는 의미이다)"[154]

여성분들이 들으면 분노할 말이지만, 원문대로 다 인용하면 더 흉악하다. 연암 박지원 선생은 친구가 아내보다 중요한 이유를 나열하는데, 아내를 잃으면 새파랗게 젊고, 더 예쁘고 더 착한 아내를 얻어 더 행복하게 살 수도 있다고 장황하게 토를 단다. 어째 연암의 부부관계도 의심스러워 진다.

정작 이렇게 말한 박지원은 아내가 죽자 20여수의 시를 남겼고(분실되어서 전해지고 있지는 않다) 첩을 얻으라는 주변의 권유를 무시하고 홀로 살았다. - 먼저 간 부인이 그리워서 그랬던 건 아닌 듯 하지만 - 그러므로 이 위로의 말은 아무래도 박제가 기준에서 해 준 말 같다.

1793년 1월 25일, 이번에는 박제가도 무수한 애도시를 남기지 않을 수 없는 사람이 떠났다. 이 날 진시(오전 7-9시)에 이덕무가 청장관의 자기 방에서 사망했다. 향년 53세였다. 이 시기 평균연령으로 봐서는 단명은 아니었지만, 그를 아끼는 사람들로 보면 안타까운 요절이었다.

많은 연구자들이 이덕무의 죽음이 박제가에게는 큰 상처였다고 한다. 부친같고, 형님이자 친구였던 이덕무가 죽자 박제가가 의지할 곳을 잃었다. 그러나 부모, 남편, 아내의 죽음과 벗의 죽음은 다르다. 의지할 곳을 잃는다는 것은 전자의 경우이다. 평생의 동료를 잃었다는 감정적인 슬픔이야 물론 크겠지만, 박제가 정도의 성인 남자에게 삶의 의지와 행동을 좌우할 정도가 될 수는 없다.

이덕무의 죽음이 던진 진정한 충격은 그의 죽음이 곧 자기 삶의 종착점도 암시한다는 것이다. 인간은 특이한 자기방어 기제가 있어서 극악하거나 대처 불가능한 상황에 대해서는 아예 생각을 차단하는 능력이 있다. 아무런 노후 대책이 없는 상태에서, 조기퇴직이 1년 앞으로 다가오거나 회사가 곧 문을 닫을지 모른다고 해도 의외로 담담하고, 평소처럼 자기 생활에 더욱 열심히 몰입하는 사람이 많다. 그 다음 상황이 좀체 실감이 나지 않거나 스스로 불안이 스며들지 못하도록 감성의 벽을 차단하기 때문이다.

그 방어기제가 참담하게 깨지는 경우가 먼저 퇴직한 동료나 실업자로 살고 있는 친구의 삶을 목격하는 때이다. 그래도 무감한 사람은 무감하지만, 보통 동료의 죽음, 특히 같은 길을 가던 동료의 죽음이나 불행을 보면 그제야 자신의 운명이 실감이 된다.

이덕무의 죽음은 박제가에겐 너무나도 선명한 미래의 메시지였다. 주어지는 관직마저 선행지표처럼 똑같이 연결되고 있었다. 하지만 그의 앞에는 평생을 "처녀처럼 어린아이처럼" 처신했던 이덕무의 길보다 더 가혹한 시련이 기다리고 있다는 사실은 알아채지 못했다.

이덕무에 이어 유득공, 박제가까지 슬슬 외관으로 임명되기 시작하자 우려하던 정치적 탄압이 시작되었다. 1792년 유명한 문체반정 사건이 발생한다. 문체반정은 조선사회의 고루함과 경직성이 어디까지 왔는가를 잘 보여주는 사건인데, 박제가, 박지원, 이덕무 등 북학파들이 당시에 유행하는 문체를 따르지 않고 고문의 문체, 또는 이해하기 쉬운 구어체의 저속한 문체를 사용한다고 공격을 받았다. 정말 한심한 논의지만, 정조조차도 검서관의 편을 들어주지 않았다. 정조는 말한다. "나는 단지 이들의 처지가 불쌍해서 도와주었을 뿐, 그들의 문체를 내가 좋아하고 장려하는 것이 아니다."[155] 그것이 진심인지 정치적 발언인지는 정조

자신만이 알 일이지만, 진심일 가능성이 90%이다.

1793년 1월 정조는 부여현감으로 재직 중인 박제가에게 반성문을 쓰라는 명령을 내린다. 박제가는 할 수 없이 반성문을 쓰긴 하는데, 내용을 보면 나는 전혀 반성하지 않는다였다. 이렇게 용감하게 저항하고 있는 중에 이덕무가 돌연 사망한 것이다.

현감 자리 별다른 흥취 없는데
타관에서 또 다시 봄을 맞누나
오늘 아침 석자나 눈이 내리니
땅 속의 사람을 몹시 그리네
(입춘에 부여관사에서)[156]

"현감 자리 별다른 흥취 없다." 관직에 흥미 없고, 시골에 은퇴해서 살고 싶다는 말은 조선시대 모든 관리들이 습관적으로 읊조리는 거짓말이다. 박제가도 예외가 아니다. 그러나 이 구절은 그런 뜻이라기 보다는 생활의 의욕을 잃은 자신의 상태를 표현한 것 같다. 아내 죽고, 절친도 죽으니 그토록 그리던 수령 생활도 고달픈 타향살이로 바뀐다. 게다가 아무래도 곧 해임될 것 같다.

다음 구절 "오늘 아침 석자나 눈이 내리니"는 그가 좋아하는 모순과 역설의 표현이다. 입춘에 눈이 석자나 내렸다. 세상이 순리대로 돌아가고 있지 않다는 징조이다. 이는 자신을 감싸는 무언가 불길한 운명에 대한 예지이기도 하다. 박제가는 어린 시절부터 늘 세상의 모순을 예민하게 겪으며, 자신의 삶에 대해서는 불길함과 운명론에 휘둘리며 살아왔다. 그의 시를 보면 역설적 상황을 잡아내고 묘사하는 데 탁월한 능력이 있지만, 그런 부분에 예민하다는 것이 늘 불안해하고 자학적이 되는 심리의 증거일 수도 있다. 이 날도 새삼스레 불길한 증거를 발견했다기 보다는 감성적 보호막이 되어 주었던 사람들이 차례로 사망하자 그런 불길함이 다시 크게 엄습했던 것 같다. 그리고 그 불길함은 곧 현실이 되었다.

5월 충청 지역에 기근이 들었다. 각 군 수령에게 백성을 진휼하라는 명령이 내려왔고, 진휼 상황을 감찰하기 위해 암행어사가 파견되었다. 어사는 이조원(1758~1832)이었다. 이조원은 이미 경상도 관찰사를 역임해서 수령들을 다스려 본 경험이 풍부했다. 원래 성품도 실무에 강하고 깐깐했다. 장원급제에 규장각 초계문신 출신으로 박제가와도 사연이 있었을 것 같은데, 알려진 내용은 없다. 어사 이조원은 7명의 수령과 판관을 탄핵했다. 그 명단 중에 박제가가 있었다. 박제가의 죄목은 명확히 밝혀지지 않았지만, 부정을 저지른 것은 아니고, 진휼을 제대로 하지 못했다는 실무상의 잘못인 듯하다.

정조는 탄핵된 7명 중, 신창현감 정문재만 유배형을 내리고, 다른 사람들은 감형했다. 『일성록』에 의하면 정조는 이조원의 보고서를 받고 "힘 있는 사람은 빼주고 박제가와 같은 서얼만 괴롭힌다"고 화를 냈다.[157] 덕분에 유배와 같은 처벌은 면했지만 파면을 피할 수 없었다.

박제가는 수령 생활을 1년도 하지 못하고, 파직되었다. 이전에 유득공도 파면된 전례가 있지만, 그래도 3번이나 외관직을 잘 수행하고 꼬

안의현, 박지원은 늘그막에 안의 현감이 되었다○

투리를 잡힌 유득공과 시작하자마자 업무태만으로 파직되는 것은 격이 달랐다. 정조는 아무도 없는 곳에서 다시 한숨을 쉬었을 거다. "내 이럴 줄 알고 안 내보냈던 건데."

공직에서 강제 해방된 박제가는 서울로 귀경하는 길에 경기도 광주 낙생면에 들렀다. 이곳에 이덕무의 묘가 있었다.

아내 잃고 벼슬 잃고 몸뚱이만 남았는데
국화꽃 초췌하고 흰머리만 돋아나네
예전부터 가을 겨울 어름이면 마음이 상하더만
청산에 홀로 올라 옛 벗에게 술 따른다
(이덕무의 무덤을 지나며)[158]

박제가가 찾아갈 사람이 또 한명 있었다. 안의현감으로 부임해 있는 박지원이었다. 박지원은 과거에 뜻을 버리고 평생 벼슬을 하지 않았지만, 이 무렵에 안의현감이 되어 처음으로 관직생활을 했다.

박지원은 아내는 더 좋은 여인으로 구할 수 있다는 지론대로 젊은 관기를 박제가의 방에 들여보내고, 아예 첩으로 데려가라고 권했다. 박제가도 젊은 시절부터 기생과 잔 적이 여러 번 있고, 미녀와 어울리는 것을 사양하지 않았다. 그러나 이번에는 좀 캥겼다. 박지원이 기껏 골라준 관기가 13살 소녀였다. 이때, 박제가의 첫째 아들이 13살, 둘째가 5살, 셋째가 3살이었다. 이거야 아내가 아니라 보살펴야 할 딸을 하나 더 들이는 격이었다.

안의의 관기는 사양했지만, 박제가는 서둘러 소실을 구한다. 중매 끝에 새로 얻은 소실은 장씨 부인인데, 그녀에 대한 정보는 거의 없다.[159] 다만 중매가 오갈 때 박제가가 나이를 낮춰 속였다고 하고, 중매 과정에서 박제가가 미모를 하도 따져서 친구들이 제발 네 주제를 알라고 면박을 주었다는 이야기를 종합하면, 13살 소녀는 아니었다고 해도 소원대로 미인에 젊은 여인을 얻기는 했던 것 같다.[160]

박제가와 정약용

옛 객사엔 제비들 둥지 틀고
들판엔 뽕나무 길게 자랐네
벼슬아치 한가함을 책망해도

이 몸 늙어 바쁜 일 없길 바라네

(가뭄이 심해 전야를 순시하다가 우연히 짓다)[161]

시련이라면 시련이 연이어 벌어졌지만, 치명적인 파도는 아니었다. 죽음과 상실은 인생에서 누구나 겪어야 하는 고개이다. 이덕무의 죽음도 올 것이 왔을 뿐, 억울한 죽음이나 사고사도 아니었다. 문체반정 사건은 위세로 봐서는 겁나는 공세였지만, 무난히 넘어갔다. 파직과 실업생활도 길지 않았다. 1794년 1월에 박제가는 검서관으로 복직했다.

이 해에 박제가는 극적인 변모를 한다. 2월 26일에 시행한 춘당대 무과에서 장원으로 급제했다.[162] 검서관들이 군직을 자주 겸하기는 했지만 무과 장원은 특별했다. 정조의 배려가 작용했는지는 알 수 없지만, 박제가는 단숨에 정3품 오위장으로 발령받았다. 이번에는 진짜 정3품 직이었다. 오위장의 임무는 왕궁 경비였다. 정원은 15명인데 2명은 문관으로 임명하게 되어 있었다.

1797년에 박제가가 전 오위장으로 호칭되는 것을 보면 오위장 직무는 95년이나 96년까지 한 것 같다. 1796년에 양평현감이 되었다가 97년에 영평현령으로 옮겼다. 1798년에 다시 부여현감으로 부임한다. 이 직전에 정조가 농법을 조사하는 구언령을 내렸다. 박제가는 영평에서부터 이전에 쓴 북학의 일부를 정리해서 상소를 준비했는데, 부여에 부임한 후에 완성했다. 이 글이 『진소본 북학의』이다.

그 사이에 유득공은 풍천부사까지 올랐다. 이덕무가 살아 있었더라면 좋은 세상을 보았을텐데. 아쉽지만 뒤늦게라도 세상이 변하기는 한 것 같다. 위에 인용한 시가 어디에서 지은 것인지는 알 수 없지만, 가뭄이 심해 농사현황을 시찰하러 나간 것 치고는 여유가 넘친다. 박제가도 계속 수령을 역임하게 되면서 비관에서 벗어나고 삶의 여유와 의지를 조금 회복했던 것 같다. 말로는 이젠 늙었다고 말년의 행복이나 추구하겠다는 식으로 말하지만, 북학의를 다시 상소하는 것도 그렇고, 말과 반대로 의욕이 넘쳤다. 세상을 바꾸려는 의지까지는 아니어도 그는 여전히 남다른 천재였고, 자기 능력과 존재감을 증명하고 싶었다.

이 시기에 박제가는 아주 중요한 하지만 우리 역사에서 잘 알려지지 않은 공적을 세운다. 종두법 시행이다.

1799년 박제가가 정약용의 집을 방문했다. 대화의 화제가 천연두였다. 천연두는 인류 역사상 가장 많은 살인을 저지른 최악의 전염병이다. 어떤 살상무기도 천연두보다 사람을 많이 죽이지 못했다는 주장도 있다. 종두법이 개발되기 전 조선에서는 거의 모든 사람이 태어나면 한번은 천연두를 앓으면서 죽음의 고비를 넘겼다. 살아남은 사람도 얼굴에 흉터가 남았다. 한말 서구인들의 목격담에 의하면 조선 사람치고 약하든 뚜렷하든 얼굴에 천연두로 인한 얽은 자국(곰보)이 없는 사람이 없다시피 했다고 한다.

그런데 한번 천연두에 걸린 사람이 천연두에 다시 걸리지 않는다는 사실은 경험적으로 널리 알려져 있었다. 그래서 우두법 즉 근대적 종두법을 발견하기 이전부터 면역요법이 시행되었다. 그것을 인두법이라고 하는데, 천연두 환자의 고름, 딱지 등에서 종두를 채취해서 시술하는 방법이다. 방법이 조금 역겹기도 하고, 의사가 천연두에 감염될 위험도 있고, 성공확률도 떨어지는 것이 단점이었다.

우두법은 1796년 영국의 의사 제너가 개발한 방법으로 소에게서 종두를 채취해서 백신을 만드는 방법이다.(이때도 영국에서 인두법은 시행되고 있었다) 소에서 뽑아서 우두법이라고 한다. 안전하고 빠르고 대량생산이 가능했다.

박제가는 중국에 갔을 때, 북경에서 체계적으로 보건행정과 종두법이 시행되고 있음을 보았다. 보건당국에서 구역을 나누고 담당의사를 배치했다. 박제가는 종두법을 소개한 서양의서를 번역한 책이 있다는 소문을 듣고 그 책을 구하려고 했지만 구하지 못했다. 대신 서얼이나 하급양반이 의사가 되는 우리나라와 달리 서양에서는 최고 인재가 의사가 된다는 사실만 듣고 부러워했다.

1799년 의주부윤으로 재임하던 이기양이 청나라를 왕래하던 의주 상인으로부터 종두법을 정리한 『종두방』이란 책을 구해서 정약용에게 선사했다. 이 책이 소개하는 종두법은 소에게서 종두를 채취하는 방법이 아니라 사람에게서 채취하는 방법이었다. 근대적 방법은 아니지만, 이전보다는 발달된 종두 배양과 채취법이었다.

하지만 책이라는 말이 무색하게 정약용이 얻은 『종두방』은 두 어 장밖에 없는 조각이었다. 정약용은 박제가에게 이 책이라고도 할 수 없는 책을 보여주었다. 박제가는 규장각에 이 책이 있어서 자신도 복사를 해두었는데 그것도 역시 일부에 불과하다고 했다. 며칠 후에 박제가는 그 복사본을 정약용에게 보냈다. 정약용은 이 책을 종합해서 종두법을 정리했다.

책이 완성되자 정약용은 완성본을 박제가에게 보내주었다. 박제가는 그 책을 연구한 뒤 정약용에게 다시 찾아와 종두법의 시행방법을 토론했다. 어느 정도 종두법의 개요는 잡았지만, 의술이 레시피만 가지고 되는 것이 아니다. 두 사람은 북경에서 백신을 구해오는 방법도 고려해 보았지만 냉동보관법이 없던 시대였다. 백신의 보존기간이 15일이었다. 남은 방법은 국내에서 이 책의 기술을 구현하는 것 뿐이었다. 그 다음 이야기는 정약용의 기록을 그대로 살펴보자.

나와 초정楚亭의 연구는 결말을 보지 못하고 끝났다. 이때(1799년 9월) 초정이 영평현령이 되어 섭섭해하며 부임했다. 그 후 수십 일 만에 초정이 다시 와서 기뻐하며 나에게 "두종이 완성되었네."라고 했다. 나는 "어떻게 된 것이오?"하였더니, 초정은 다음과 같이 말하였다.

"내가 영평현에 부임하여 이 일을 관리들에게 이야기하였더니 이방이 흥분하며 잘된 것 하나를 구하여 먼저 자기 아이에게 접종하였지. 그랬더니 종핵은 비록 미소하였으나 종두는 잘 되었다고 하더구려."

두번째로 관노의 아이에게 접종하고 세번째로 초정의 조카에게 접종했다. 사람에게 백신을 접종하고, 그 사람 몸에서 백신을 배양하는 방법이었던 것 같다. 좌우간 그때마다 새로 얻은 종핵은 점점 커지고 종두도 더욱 훌륭하였다. 그제야 의사 이씨라는 이를 불러 처방을 주어 두종을 가지고 경성 이북 지방으로 들어가게 했더니 선비 집안에서 많이들 접종했다고 한다.

이 해 6월에 정조가 승하했다. 다음해 봄에 나는 장기長鬐로 귀양가고 초정은 경원(실제로는 종성이다)으로 귀양갔다. 그런데 간사한 어떤 놈이 의사 이씨를 모함하여 신유사옥에 연루시켰다. 의사 이씨가 고문을 받아 거의 죽게 되자 두종도 단절되었다.

그로부터 7년이 지난 정묘년에 내가 강진에 있으면서 들으니 '상주에 있는 의사가 종두를 접종하는데 1백 명 접종하여 1백 명이 완치되어 큰 이익을 얻었다.' 하니 아마도 그 처방이 영남에서 다시 유행되었던 모양이다. 내가 편집한 종두방도 신유사옥에 잃어버렸으므로 여기에 전말을 기록하여 아이들에게 보인다.(종두설)[163]

우리나라에서 최초로 종두법을 시행한 사람은 지석영으로 알려져 있다. 그러나 이것은 근대적 종두법을 전국적으로 체계적으로 시행한 것이 최초라는 의미이다. 최소한 정약용의 증언에 의하면 우리나라에서 최초로 종두법을 시행한 사람 내지는 공로자는 박제가였다.

이 일화는 종두법을 떠나 정약용과 박제가가 상당히 친밀한 관계였음을 보여준다. 여기서 궁금증이 생긴다. 정조와 개혁하면 떠오르는 두 인물이 정약용과 박제가이다. 그러면 두 사람의 관계는 어땠을까?

두 사람은 실학자에 정조의 최측근이라는 공통점도 있지만, 대조적인 부분도 많다. 박제가가 차별을 받고 음지에서 살았던 천재라면 정약용은 양지를 걸었다.

정약용은 1762년생으로 박제가보다 12살이나 어렸다. 관료입문도 한참 늦어서 1789년 28세에 식년문과에 급제했다. 하지만 정통 양반 자

다산 정약용

제였던 정약용은 승승장구했다. 그는 1792년이면 벌써 청요직인 사헌
부, 홍문관의 요직을 거치며 정6품관에 올라 있었다. 속도도 다르고 관
직의 수준도 다르다. 정통 승진코스를 달렸던 정약용은 종두법을 논의
하던 1799년에는 이미 곡산부사를 거쳐 정3품 당상관인 승정원 동부승
지였다. 정조의 총애를 업고 언젠가는 재상이 될 것이라는 소문도 돌고
있었다.

　어쨌든 간에 두 사람은 개인적 교류가 있었고, 꽤 친밀했던 것도 같
다. 정약용은 박제가에게서 보신탕 요리법을 배워서 일가에게 보급했다
고 한다.[164] 개혁사상에서도 상당히 뜻이 맞았다. 정약용은 『경세유표』
에서 자신이 『북학의』를 읽어 보았는데, 거기 수록된 내용은 보통 사람
은 능히 추측하지 못할 탁견들이라고 평가했다.

그런데 박제가와 정약용의 교우관계를 보여주는 건 대개 정약용의 기록이다. 박제가는 정약용과의 교제에 대해 거의 완전히 시치미를 뗀다. 종두법 이야기는 박제가로서도 꽤 자랑할만한 이야기인데 침묵하고 있다. (다만 종두법 이야기는 몇 년 후에 두 사람이 정변에 휩쓸리면서 종두법도 손실되고, 정약용과 달리 박제가는 이런 사실을 기록할 여유조차 가지지 못했던 탓일 수도 있다)

정약용은 박제가가 불편하지 않았지만 박제가는 정약용을 불편했던 것 같은 느낌이 든다. 이게 양지에 있는 사람과 음지에 있는 사람의 차이다. 개혁이라는 부분에서도 사상적으로 공감하고 동지애를 느꼈을 것 같지만, 알고 보면 꼭 그렇지도 않다.

실학이라는 단어가 요즘은 학계에서도 충분히 재검토되고 있지만, 그동안 실학의 개념과 역할이 과대평가된 면이 없지 않다. 조선후기 실학자라고 불리는 사람 중에는 개혁가가 아니라 과거, 그것도 아주 멀리 경전 속에 등장하는 고대사회로 돌아가자고 주장한 사람도 많다. 좀 개혁적이라는 분들도 당시에 발달하는 상공업이 전통농업사회를 파괴한다고 보고 이전처럼 억제해야 한다고 주장하는 분들이 많았다.

정약용은 실학의 집대성자로 경세치용론과 이용후생론, 농업진흥론과 상공업 진흥론을 절충했다는 평가를 받는다. 글쎄 아무리 농본주의자라고 해도 상공업을 말살해야 한다고 주장하지는 않는다. 존재를 인정하는 선에서 억제, 관리하자고 한다. 이런 관점에서 보면 정약용도 상공업 억제, 관리론자였다. 정약용의 전론, 기타 상공업 관련 기술을 보면 상공업의 가치와 역할에 대한 이해가 제한적이다.

정약용이 북학의를 칭찬한 부분도 제한적이다. 정약용은 중국에 가보지 못했다. 박제가로부터 중국 이야기를 듣고, 충분히 청취했을 것 같기는 하다. 하지만 북학의에 대한 칭찬을 보면 수레나 배의 기능성에 대한 공감하고 칭찬이다. 정약용이 자신의 생각을 피력한 글을 보아도 그는 상공업의 폭발적인 성장을 지지하고, 산업단지를 조성하고, 해외무역을 개통하고, 부자와 기술자를 무한정 양성해야 한다는 생각에는 도저히 동의할 수 없었다고 생각된다.

반면에 박제가는 상공업이 경제와 사회를 삼켜서 완전히 새로운 사회로 나가야 한다고 주장하는 사람이다. 정치혼란, 부정부패, 부조리에는 두 사람이 공감했다고 하더라도 이런 사상적 차이는 같은 배를 탈수 없는 차이였다.

사상이나 콤플렉스를 떠나서 성격적으로도 두 사람은 어울리지 않을 듯한 부분이 꽤 있다. 이건 나의 추론이지만 사회문제에 대한 법제나 정책을 토론한다고 하자. 정약용은 고전의 권위를 중시하고, 기록에 메이는 성격이다. 어떤 문제가 있다고 하면 수백권의 책을 뒤져서 사례를 찾고, 그 중에서 이것이 좋겠다고 한다. 선정기준도 그 책의 권위, 인물 등을 다 배려한다.

박제가는 자신이 그리는 미래가 있다. 그 미래에 맞는 사례를 고르거나 참조해서 앞으로는 이런 제도를 만들어야 한다고 주장하는 스타일이다. 박제가는 결론이 빠르다. 하나를 보면 열을 안다는 식으로 밀어붙인다. 정약용은 신중하다. 새로운 주장을 들으면 일단 그런 얘기가 어느 책에 있습니까?라고 묻고 관련서적을 다 검토해 보고 결론을 내리자고 한다.

성격이 다른 사람이 절친이 되는 경우는 많다. 이덕무와 박제가의 경우가 딱 그렇다. 하지만 정약용과 박제가의 개성은 동지가 되기 어려운 차이였다.

현대의 역사학자들을 보면 정약용 스타일이 압도적이고 박제가 스타일은 드물다. 필자가 학계에서 살아 보면서 만나고 토론해 본 경험에 의하면 이런 차이 나는 스타일리스트들이 만나면 서로 예의를 갖추고, 비방하지는 않는 정도가 최선이다. 흉금을 터놓고 동료가 되기는 어렵다. 정약용 입장에서 보면 박제가는 너무 성급하고 그의 주장을 따르기에는 신뢰가 가지 않는다. 박제가는 답답하고 짜증난다.

이런 추정은 지극히 개인적인 추정이다. 이 생각이 맞는지, 두 사람이 정말로 서로를 어떻게 바라보았는지는 미스터리다. 우리가 아는 건 한 가지이다. 두 사람은 서로를 알았고, 존중은 했다. 한 사람은 사무적인 교제의 기록을 남겼고, 한 사람은 침묵했다.

천애의 끝

박제가가 다시 힘을 내기 시작했는데, 여기가 천애, 하늘의 끝이었다. 1800년 6월 28일 그가 영평현령으로 재직 중에 정조가 갑자기 사망했다. 49세, 조선 왕들이 힘든 자리인지 50세를 넘긴 왕이 드물기는 했지만, 아쉬움이 많은 수명이었다. 덕분에 지금까지도 독살설이 식지 않고 있다.

정조의 사망으로 정치 지형이 확 바뀌었다. 순조는 나이가 어렸고, 대

영조와 정순왕후의 결혼식 행렬(영조 정순왕후 가례도감 의궤)

왕대비인 정순왕후 김씨가 섭정을 시작하면서 세도정치가 시작된다. 영조의 첫 왕비는 정성왕후인데, 1757년에 사망했다. 1759년에 영조는 정순왕후와 재혼한다. 이 결혼은 조선왕조사에서도 유래가 없는 세기의 결혼이었는데, 영조가 66세, 정순왕후가 15세였다. 조선시대에 66세까지 살은 왕이 태조와 영조 뿐이다. 남들은 도달해 보지도 못한 나이에 40세나 어린 여인과 결혼을 했다. 태조도 상처한 후에 신덕왕후 강씨와 재혼했지만, 나이가 20살 정도 차이였다. 재혼한 시기는 정확치 않지만, 66세보다는 젊은 때였음이 분명하다.

사도세자의 부인 혜경궁 홍씨는 졸지에 10살이나 어린 소녀를 시어머니로 맞게 되었다. 1762년 사도세자가 뒤주에 갇혀 죽고, 정순왕후의 친가인 경주 김씨 세력과 혜경궁 홍씨 일가인 홍봉한 세력이 정치적으로 대립하자 그 배경이 어린 시어머니와 며느리의 갈등이고, 정순왕후가 사도세자 살해를 사주했다는 소문이 퍼질 정도였다.

영조는 그녀와 결혼한 후에도 무려 17년을 더 살아 83세에 사망한다.

이때 정순왕후는 32세였다. 그녀에겐 불행이고, 정조에게는 다행하게도 나이든 영조는 그녀에게 자식을 남겨주지 못했다.

정조도 정순왕후를 좋아하지 않았다. 그녀에게 정조의 치세는 고통의 시기였다. 본가도 조심조심한 덕에 세력을 갖추지 못했다. 정조가 사망하자 벽파가 바로 정순왕후를 추대해서 수렴청정을 맡긴 것은 그녀의 한과 본능적인 정치적 야심을 간파한 덕이었던 것 같다. 덤으로 본가세력이 미약한 것도 맘에 들었다.

결과적으로 보면 정순왕후도 벽파에게 이용당한 것에 불과하다는 인상을 지울 수 없다. 그녀의 수렴청정은 단 3년 만에 끝났고, 1805년에 사망하자마자 그녀의 일가들도 숙청당했다.

세도정치는 조선왕조가 400년간 지켜온 왕과 사대부 간에 암묵의 정치원칙, 공존의 논리를 깨트리는 것이었다. 사대부들은 먼저 깨트린 사람은 서얼을 등용해서 친위세력을 만들고, 화성을 축성하고 친위군단까지 만들었던 정조라고 주장하겠지만, 원인제공자가 누구이든 이제 관료들은 왕가의 독주를 용납할 생각이 없었다. 아니 독주 가능성 자체를 원천적으로 차단해야 했다. 왕과 왕가의 권력을 극도로 제한하고, 외척이 관료세계를 주도한다.

이 속셈을 몰랐던 정순왕후는 단 3년의 수렴청정기간에 과격한 숙청의 칼을 휘둘렀다. 첫 희생자는 정조의 외척이자 최초의 세도정치가라고 불리는 홍국영 세력이었다. 정순왕후와 혜경궁 홍씨 두 명의 대비가 존재하게 되면서 외척 간에 리턴매치가 벌어진 셈이지만 이건 예비작업에 불과했다. 정치권의 진짜 타겟은 정조가 양생한 불온세력, 조선의 정통, 기성세력이 목숨처럼 사수하고자 하는 성리학적 세계관을 부정하거나 불안하게 만드는 이단아들이었다.

1801년 1월 홍국영이 숙청되자마자 바로 신유사옥이 발생했다. 천주교 문제는 이미 정조대에 논란이 되어 있었지만, 대규모 박해로 이어지지는 않았다. 그러나 정조가 사망하자 박해파가 힘을 얻었다. 이것이 정치적 목적과 연결되면서 남인에 대한 대대적인 공세로 이어졌다.

다행히 박제가는 천주교와 관련을 맺지는 않았고, 남인도 아니었다. 과격한 개혁파이고 거친 언행 탓에 영의정이 된 심환지를 비롯해서 여러 사람에게 찍혀 있었음에도 불구하고, 정조의 선견지명 덕에 정치적 비중이 있는 자리에는 전혀 진출하지 않았다.

덕분에 정조의 죽음과 이어진 정치적 회오리에도 불구하고 박제가의 운은 다하지 않은 듯 싶었다. 그래도 불안했던 박제가는 정조가 사망하자마자 은퇴를 결심하고 낙향할 곳을 찾았다. 그가 부여 다음으로 좋아했던 곳이 홍천, 평강 일대였다. 친구 이희경의 영향을 받은 듯한데, 박제가는 평강에 있는 밭을 보러 가기까지 했다.

이때 용단을 내렸어야 했는데, 박제가는 머뭇거린다. 나중에 본인도 그것을 후회하는 듯, 절대로 속세의 삶과 관직에 미련이 있어서가 아니고, 정조의 상기는 마쳐야 했기 때문이라는 좀 허접한 변명을 했다.[165]

결단을 미룰 수 밖에 없는 사건도 발생했다. 1801년 1월 그가 갑자기 연행사신단에 선발되었다. 4번째 연행이었다. 유득공에 이희경도 참여했다.

이번 임무는 온전한 『주자전서』를 구해오는 것이었다. 주자는 조선에서는 신과 같이 받들지만 중국에서는 한참 유행이 지난 사조였다. 북경에는 아예 책이 없었다. 그래서 청나라 문인들에게 인정을 받고 교우관계도 넓은 박제가에게 이 임무가 떨어진 것이다.

박제가는 거절할 수가 없었다. 2차 연행 때부터 박제가는 가능한 노론 인사들과 잘 지내보려는 노력을 보인다. 뻣뻣한 성격 덕에 전혀 성공한 것 같지는 않지만, 『주자전서』 구입은 노론인사들에게도 아주 잘 보일 수 있는 임무였다.

박제가는 이번에도 기행일지는 남기지 않았고, 유득공이 이덕무의 역할을 대신했다. 유득공의 글 『연대재유록』에 의하면 박제가와 유득공은 예부상서 기윤을 만나 『주자전서』의 구입을 부탁했다. 기윤은 전에도 부탁을 받아 사람을 풀어 조사 중이며 구하게 되면 반드시 보내주겠다고 약속을 했다. 그로부터 여러 지인들의 소식도 들었다.

이정원도 만났다. 이정원은 중서사인으로 승진해 있었다. 이정원은 이조원의 문집 일부를 선물로 주었다. 이조원은 이때까지도 사천에서 유복하게 살고 있었다. 이조원의 문집에는 옛날 유금이 청에 와서 이조원을 만나고 『한객건연집』의 서문을 썼던 사연과 이덕무와 박제가, 유득공의 시도 수록되어 있었다. 그리고 보니 유금도 1788년에 사망했다. 인생은 정말 한순간이다.

1777년부터 24년째 이어지는 이들의 특별한 인연은 관련자 모두를 감상적으로 만들기에 충분했다. 그 사이에 홍대용, 유금, 이덕무, 엄성, 이종원의 동생 이기원이 세상을 떠났다. 이조원과 반정균은 낙향했다. 박제가를 키워주고 북경행을 지원해 준 정조도 사망했다. 박제가와 유득공은 청나라의 친우들에게 정조와의 각별한 인연과 보살핌에 대해서도 아낌없이 얘기를 했다. 그들도 참으로 보기 드문 훌륭한 왕이라고 애도를 표시했다.

조선 사신이 떠날 날이 가까워진 어느 날 술 좋아하는 이종원이 거나하게 취한 채, 24년 전 자신의 처지와 같은 젊은 과거응시생 두 명을 데리고 사신단 숙소를 찾아왔다. 그들은 술잔을 돌리고, 회포를 풀고, 시작을 했다. 유득공은 이날 밤의 향연은 꽤 길고 자세하게 기록했다. 박제가에 대한 언급은 없지만 박제가도 함께 있었을 것이다. 이종원은 당연히 두 사람이 또 다시 올 것이라고 생각했다. 그는 자기가 벼슬을 버리고 낙향하지 않는 이상, 다음에 오면 반드시 또 만나자고 했다. 그러나 이것이 그들의 마지막 만남이 되었다.

유배지에서 죽음과 대면하다

정조의 죽음과 함께 찾아온 시련

박제가를 즉시 잡아들이고 국문하여 (윤가기의 종 갑금과) 면질시키고, 여러 날을 고문했으나 상세하게 밝힐 수가 없었다. ···· 장령 김휘옥이 아뢰었다. "청컨대 죄인 박제가를 다시 자세히 조사해서 기어코 실정을 알아내게 하소서" (『순조실록』 권3, 원년 9월 15일 기축)

6월 11일 박제가는 서울로 돌아왔다. 그런데 북경에 가 있는 동안 정세가 급속도로 악화되어 있었다. 숙청의 칼날이 남인을 지나 노론, 소론 인사도 포함된 시파(사도세자의 신원에 동조하는 세력) 전반으로 퍼져 나가고 있었다. 5월에는 순조가 즉위한 후 이조판서까지 역임했던 윤행임이 유배되었다. 윤행임은 소론의 거두인 윤집의 후손이다.

권력투쟁이 정도를 벗어나고 있었다. 사람을 숙청할 때는 조작이든 진짜든 죄가 명확해야 하는데, 이때의 탄핵상소를 보면 구체적 죄상은 없고 "극악", "흉악"이란 단어만 난무한다. 윤행임은 힘 한번 쓰지 못하고 전라도 강진현 신지도로 방출되었다.

한 명이 숙청되면 주변 인물에게 다시 불똥이 튄다. 여기에는 두가지 이유가 있다. 정당하지 못한 숙청일수록 후환과 복수가 두렵다. 조금만 불안해도 제거한다. 어차피 죄도 명확하지 않으니 아무나 걸고 들어갈 수 있다.

정쟁의 목적은 결국은 관직이다. 숙청이 시작되자 동굴에 가득한 박쥐 떼처럼 빈자리를 기회를 노리는 수많은 눈들이 어둠 속에서 반짝였다. 칼은 한번 빼들기가 힘들지 한번 휘두르면 터져 나오는 욕구를 제어하기 힘들다.

엎친데 겹친 격으로 이때 유명한 황사영의 백서 사건이 발생했다. 정국이 불안하고 숙청이 시작되니 다들 생각이 극단으로 치달았다. 황사영 백서의 내용도 심하기는 했다. 황사영이 체포되고 백서가 발각되자 대대적인 천주교 소탕작전이 시작되었다. 당연히 밀고와 위증이 난무

황사영이 백서를 쓴 원주 배론마을의 토굴, 황사영은 이곳에 숨어 살면서 북경의 주교에게 조선의 천주교도에 대한 학살을 알리고, 교황청의 도움을 받아 서양 군대를 동원해서라도 학살을 막아 달라는 밀서를 썼다. 비단에 백반으로 글씨를 써서 물을 묻혀야 글씨가 보이게 했다. 비단천에 글을 썼기에 백서(帛書)라고 불린다. 백서를 중국으로 보내기 전에 황사영은 체포되었고, 백서가 발견되었다.

했다.

그 와중인 1801년 5월 20일, 남대문과 동대문에서 어떤 사람이 문을 지키던 금군에서 언문으로 된 문서를 건넸다. 그가 성문 근처에서 발견한 대자보를 뜯어 온 것인지, 음모꾼이 위조문서를 만들어 전달한 것인지도 확실하지 않다. 병사는 즉시 그 글을 우포청에 보냈고, 우포도대장 이한풍이 대신들에게 흉서를 가져왔다. 내용은 윤행임의 옥사를 비난한 글이었던 것 같은데, 대왕대비까지 거론하며 비난했다.

이 흉서는 조작일 가능성이 농후하다. 이 시대에 이런 대자보를 붙인다고 민중 봉기나 궐기가 발생할 리도 없고, 유배된 윤행임의 목숨만 위험해 진다. 고로 윤행임 지지자가 이런 대자보를 붙였을 가능성은 전혀 없다.

뻔한 조작이지만 포청은 범인으로 윤가기와 윤가기의 가객인 임시발을 체포했다. 임시발이 성환읍의 주막 혹은 어느 가게에서 사람들에게 시국에 대해 불평을 했는데, 그 내용이 투서의 내용과 같다는 것이었다. 윤가기는 윤행임의 후원으로 성장했으며, 그의 추천으로 단성 현감을 지냈다. 검서관이 되지는 못했지만, 정조 시대에 특별하게 출세한 서얼 중 한 명이다. 이덕무, 박제가와는 오랜 친우이자 박제가의 사돈이었다. 윤행임 사건이 터지면서 윤가기도 바로 실직을 했는데, 이것에 불만을 품고 서울에 흉서를 붙이고 임시발을 시켜 지방에 내려가 불평을 선동했다는 것이다.

그의 현감 임명 때 제일 반대했던 사람이 영의정 심환지였다. 윤가기가 체포되자 심환지는 윤가기가 외람되게 현감에 임명될 때부터 이런 일이 있을 줄 알았다고 살기등등한 발언을 했다. 대신들 중에서도 윤가기의 협의에 의혹을 제기하거나 변호하는 사람은 한 명도 없었다.

고문이 시작되었다. 상황은 점점 불리해져 갔다. 윤가기의 동생 윤필기가 형이 평소 정국에 불평을 많이 했다고 증언했고, 종 갑금이 윤가기가 했다는 흉악한 발언을 증언했다. 이건 고문과 회유로 얻어낸 자백이 분명하다. 결국 흉서 사건을 일으킨 범인은 윤가기, 이 사건의 배후는 윤행임이라고 결론이 났다.

어떤 바보가 자기 목숨을 위협할 벽보를 붙이겠느냐만은 매와 고문은 어떤 거짓도 진실도 만들어 낼 수 있다. 이미 벽파 세상이 된 상황에서 대신들은 진실에는 관심이 없었고, 희생양들을 찾고 있었다.

벽파가 집권했다고 해서 다른 당파를 모조리 숙청할 수는 없었다. 본보기와 희생양이 필요했다. 여기에 딱 어울리는 세력이 정치적 배경은 약하고, 갑자기 등용되어 기존의 신분제, 사회질서를 어지럽히고, 가뜩이나 적은 관료직을 더 줄이고 있는 서얼 출신들, 생각은 앞서가서 벽파가 아니라도 사람들에게 불안감을 주는 인사들이었다. 윤가기로 이어지는 서얼 출신들, 그 중에서도 튀는 박제가, 이가환 일가와 정약용의 형제들로 대표되는 카톨릭과 얽힌 남인 학자들은 이미 표적이 되어 있었다.

이야기를 빨리 하면 9월 6일에 윤가기와 임시발이 처형되었다. 10일에는 신지도에 있는 윤행임에게 사약이 내려졌다. 숙청은 여기서 끝나지 않았다. 그 무렵 갑금이가 다시 윤가기가 박제가와 함께 흉언을 했다고 증언했다. 실록에서 흉언을 했다고 하면 단순히 시국에 대한 불평을 논한 것이 아니라 국왕, 대비를 비난했다는 의미이다. 박제가는 국청으로 잡혀와 갑금과 대질신문을 하며, 여러 날 동안 고문을 당했다. 여기서 한마디라도 자복하면 죽음을 피할 수 없다. 박제가는 독하게 버텼다.

조선시대에 고문이 합법이기는 했지만, 드라마에서처럼 마구 인두로 지지고, 아킬레스근을 끊고, 압슬(바닥에 못을 깔아 놓고 무릎 위에 돌을 올려놓는 고문)을 가하는 그런 무시무시한 국가는 아니었다. 과학수사 기법이 없다시피 했던 시대에 고문은 피할 수 없는 방법이었다. 하지만 고문의 위험성과 비인간적인 성격도 충분히 알고 있었기에 고문에는 방법과 횟수, 기한에 엄격한 제한이 있었다.

그나마 이 고문은 회초리보다 좀 굵은 작대기로 다리를 때리는 것이

신장(訊杖)을 이용해 죄수를 심문하는 장면

었다. 매를 치는 것도 무한정 치는 것이 아니고, 정해진 대수와 횟수를 지켜야 했다. 그 안에 자백을 받지 못하면 다시 왕에게 보고를 하고 허락을 받아서 심문해야 했다. 고문 중에 사망하면 처벌이 따랐다.

인두로 지지거나 하는 자극적인 방법은 대역죄인의 심문에서는 가끔 쓰여지기는 했지만, 영조가 압슬, 힘줄 끊기, 인두, 난장 등을 완전히 금지시켰다.

물론 이런 보호규정이 완벽하게 지켜진 것은 아니고, 대역죄일수록 예외가 컸다. 그러나 드라마처럼 남용되지는 않았고, 기본적인 형식과 절차는 엄하게 지켜졌다. 박제가도 그것을 알았기에 매일같이 닥쳐오는 죽음의 신과의 싸움에서 버텨낼 수 있었을 것이다.

벽파는 박제가를 제거하려고 마음을 굳히고 있었다. 국문을 맡은 의금부 당상과 대간에서 고문 기간을 연장하게 해 달라고 빗발치는 상소를 올렸다. 박제가는 심문 책임자부터 모두가 자신의 억울함을 알고 있었다고 회고했다.[166] 하지만 그들의 의지와 무관하게 죽음의 상소는 계속되었다.

고문이 연장되면 결국 버티지 못하고 자백하거나 고문을 견디지 못하고 죽을 수 밖에 없다. 생사의 기로에서 미스터리한 기적이 일어났다. 정순왕후가 단호하게 더 이상의 고문을 중지시킨 것이다.

정순왕후가 박제가를 보호한 이유는 분명하지 않다. 죽은 남편(영조)의 유지를 기억했을 수도 있고, 우리가 모르는 비사가 존재했을 수도 있다. 권력욕이 강했던 정순왕후는 권력욕만큼 차갑고 명민한 지성은 갖추지 못했지만, 의지는 확고했다. 그녀는 벽파의 꼭두각시가 될 마음이 전혀 없었다. 그것이 그녀의 수렴청정을 단명하게 한 원인이 되었지만, 박제가는 그 덕을 보았다.

정치적 관점에서 보면 정순왕후는 정순왕후 나름대로 숙청의 대상과 기준을 분명하게 설정하고 있었다. 벽파의 의도대로 숙청을 한다면 모든 비난과 책임은 그녀에게 돌아오고 벽파는 그녀마저 제압할 정도로 강해질 것이다. 그녀의 친가와 자기 세력은 아직 빈약하다. 자기 세력을 키워 벽파를 제어하려면, 벽파가 싫어하고, 그들과 대립하는 세력 일부를 보존시켜둘 필요가 있다. 특히 서얼들은 비록 아직 정계에서는 아래쪽 주변부에 머무르고 있지만, 사회적으로는 상당히 수가 많고, 거대한 불만세력을 형성하고 있다. 벽파는 그들을 제거하고 좋았던 옛 시절로 돌아가자고 주장하고 있지만, 지존의 입장이 되어 보면 권세가를 견제하고 친위세력을 확보하는데 그들만큼 적합한 세력이 없다. 정조의 눈에 보였던 가능성이 그녀의 눈에도 보였다. 이것은 정조를 싫어하고 정조의 정책을 싫어하는 것과는 완전히 별개다.

박제가가 전혀 보지 못하는 곳에서 그의 생명을 두고, 죽음의 거래가 몇 차례나 이루어졌다. 마침내 증거불충분이란 이유로 함경도 종성 유배로 판결되었다. 유배형은 죄상의 경중에 따라 유배지의 거리가 달라지는데, 종성은 가장 멀고 고생스러운 유배지였다. 그래도 적어도 그 순간만은 유배의 불만보다는 죽음을 면했다는 기쁨이 앞섰을 것이다.

황제의 땅에 도착하다

수항루 우뚝하게 세워져 있는
구석진 변방 땅의 네 번 째 고을....
국토는 멀리 와도 기뻐할만 해
집안 편지 더디어도 근심이 없지
밤바람에 종이창 얇기만 하여
외로이 앉은 곳을 저어하누나 (종성에서)[167]

유배지 종성은 함경도에서도 제일 북쪽 끝이다. 박제가는 양주-영평-김화-회양-원산-함흥-문천-북청-단천-길주-부령-회령을 경유하는 긴 여행을 했다. 수령을 지냈던 영평을 지날 때는 향리와 백성들이 나와서 마중을 해주었다. 그것이 유일한 위안이었다.

원산 근처를 지날 때는 어린 시절 영조의 전세 금지령에 걸려 자신들 대신 원산 근처인 덕원으로 유배간 연이를 떠올렸을 지도 모르겠다. 그녀의 소식은 사료에 다시 등장하지 않는다. 1,2년 후에 돌아왔을 수도 있고, 유배지에서 정착해서 새 삶을 살았을 수도 있다.

문천은 1744년에 부친이 수령을 지낸 곳이었다. 박평은 어세를 유보시켜 주는 선정을 베풀었다. 박제가는 문천에서 부친과 그 일을 기억하는 사람을 만날 수 있었다. 그러나 아버지가 살던 집은 찾을 수 없었다. 그는 죄인이 되어 이 고을을 지난다는 감상에 젖어 아버지의 집을 찾지도 못하고, 아버지의 무덤도 가지 못한다고 읊조렸다.

그 와중에도 고원군 시장에서 팔리고 있는 홍시를 발견했다.[168] 감은 북부지방에서는 나지 않는 과일이다. 그토록 상업을 억제하고 있지만, 그가 생각한 이상으로 조선사회는 변하고 꿈틀거리고 있었다. 그는 북학과 상공업 진흥에 대한 자신의 생각이 옳고 충분한 실현가능성이 있음을 다시 확신했다. 그러나 자신은 유배의 몸이었고, 육체적 삶과 정치적 삶의 종착을 향해 가는 길이었다. 북학론도 사회의 이단아, 죄인의 주장이 되고 말았다. 이제 사람들은 그의 말과 생각을 더욱 꺼려하리라.

게다가 홍시는 발견했지만 천리 길을 오는 동안 수레는 한 대도 보지 못했다. 정평에서 겨우 한 대를 보았는데, 원나라 제도를 본 딴 수레였다. 400년 전에 만든 차를 보는 격이었다. 박제가는 이 수레가 짐을 싣고 산길도 넘는 것을 보고, 우리는 산이 많아서 수레를 사용할 수 없다는 탁상공론을 기억해 내고는 머리를 저었다.[169]

여기까지는 그래도 여유가 있었지만, 함경도 산지로 접어들자 점점 불안해졌다. 명천에 오니 식량이 부족해 여비로 가져온 종이 한 자가 겨우 한끼 식사값 밖에 되지 않았다. 관아에서도 고기가 없다고 차가운 호박국만 반찬으로 내놓았다. 명천에서 길주로 넘어가는 고갯길인 귀문관에 도착하니 주민들의 얼굴빛이 다 좋지 않았다. 식량 부족으로 고기는 아예 먹지 못하고, 쌀도 도정을 완전히 하지 않은 현미를 사용하고 있었다. 요즘은 현미가 건강식이지만, 당시에는 겨와 쌀을 같이 먹는 끔찍한 식사였다. 박제가는 주민들이 힘없고 병들어 보이는 것이 현미 탓이라고 확신했다.[170]

북청, 명천, 길주 일대는 고려시대에 윤관이 여진을 정복하고 9성을 설치한 지역이라고 알려진 곳이고, 이시애 난의 격전지였다. 무과 장원에 『무예도보통지』를 편찬한 경력도 있는 박제가는 군사적 식견과 박식을 자랑하듯이 이 지역의 전사를 시로 읊었다. 여진정벌의 핵심 지역이 병목이란 곳이었는데, 현지에서는 귀문관이 병목이라고 알려져 있었다. 전쟁시의 클라이맥스가 되어야 할 지역인데, 비실비실한 주민들 모습에 충격을 받은 박제가는 병목의 고사는 깡그리 잊고, 영양실조에 대한 두려움만을 시로 읊었다.

북쪽으로 올라갈수록 주민들의 복장도 점차 면옷에서 개가죽, 양가죽 옷으로 바뀌었다. 그 역시 스멀스멀한 공포였다. 이덕무가 방에 한기가 스며들자 책을 꺼내 덮었다고 할 정도로 조선시대 사람들에게 추위는 생명의 적이었다.

종성 도착 전 마지막 경유지는 회령이었다. 회령에서 박제가는 한가지 위안을 찾았다. 금나라에 사로잡혀 간 송의 마지막 황제 휘종의 능이 이곳에 있다는 전설이 있다고 한다.

상식적으로 휘종의 능이 회령에 있을 리가 없지만, 박제가는 검서관 경력이 무색하게 이 전설을 믿는 듯한 시 한 편을 남겼다. 이건 믿음의 영역도 아니고 위로의 영역이었다. 중간에 약간의 공백기가 있기는 했지만 그는 22년 간 검서관으로 재직하며 궁중에서 살았다. 이제 궁에서 축출되어 유배지로 가는데, 자신이 가는 유배지에(엄밀하게는 유배지의 옆 고을이지만) 비운에 간 황제의 능이 있다. 왕의 집을 떠나 황제의 능 옆으로 왔다. 무언가 운명이 예비한 자리 같지 않는가? 여기에 온 것도 하늘의 안배라면 이곳에서 역전의 운명이 기다리고 있을 수도 있다.

물론 불길하게 생각하면 정치적으로 천애의 고아였던 그를 정조가 거둬주었다. 이제 다시 정치적으로 사망선고를 받자, 하늘이 그를 죽은 비운의 황제의 품으로 보내준 것일 수도 있다.

10월 24일에 박제가는 종성에 도착했다. 고문의 후유증으로 다리에 염증이 생겼다. 걸을 수가 없어 화장실에 갈 때도 부축을 받아야 했다. 종성에 도착할 때 쯤에는 혼자 화장실에 갈 정도는 되었다. 그러나 종성에는 의원도 없고 약도 없었다.[171]

귀양살이라고 불리는 조선시대 유배형은 그 안에 여러 가지 등급이 있다. 제일 고생스런 유배지가 함경도 국경지역, 다음이 서남해의 섬이다. 섬도 육지와 바짝 붙어 있는 섬이 좋은 곳이고, 배로 한참을 가야하는 절도는 고통스럽다. 과거 러시아에서 시베리아 유형이 제일 무서운 형벌이듯이 종성은 1급의 유배지였다.

유배된 사람은 자신의 거주비, 생활비용을 자비로 조달해야 한다. 그

조선시대 함경도 종성의 모습

종성 관아 인근, 박제가는 이 부근 어디에서 살았다.

래서 유배지가 멀면 멀수록 힘들다. 명망 높은 유학자나 고급 관료는 유배생활도 편하다. 현지인들이 유배생활을 도와준다. 수령과 지역민에게는 서울의 명사와 친분을 쌓을 수 있는 기회가 된다. 현역으로 복귀할 가능성이 높은 거물일수록 더 잘해 준다. 명문가 출신, 권력자일수록 인맥도 넓어서 수령은 거의 한 다리 건너면 아는 사람이다. 지방의 유지들이 자원해서 자기 집에 모시겠다고 하고, 자기 자식을 문하로 들인다. 그런 경우가 아니라도 학자로 명성이 있는 관리가 유배를 오면 학생들이 모여들어 수업료를 내고 배운다. 이래저래 먹고 살 수는 있다.

원래 집이 부자이고, 자기 땅이 있는 곳, 처가나 외가 가까운 곳으로 가면 휴가 온 셈 치고 살면 된다. 고산 윤선도가 유배생활을 하며 어부사시사를 남긴 곳이 보길도이다. 해남에서 배를 타고 한참 들어가야 하는 육지와 거리가 좀 있는 곳이다. 그러나 윤선도는 해남 최대의 부호였다. 소문에는 보길도와 옆의 노도에도 땅과 노비가 있었다고 한다. 보길도에서 그는 거대한 저택을 짓고 정원을 꾸미고 살았다. 어부가의 장면처럼 남해의 절도에서 도롱이 입고, 조각배를 타고 고기를 잡으며 살지는 않았다. 정말 배를 탔다면 낚시를 좋아했기 때문일 거다.

박제가의 유배지 종성은 이런 점에서 최악이었다. 일단 이곳은 무섭게 춥고, 풍토도 그렇고 생활풍속부터 전혀 달랐다. 겨울이면 영하 30-40도까지 내려가는 이곳에서는 땔감조달도 쉽지 않지만, 방한시설, 겨우살이 방식이 완전히 다르다. 그런 것을 조금만 잘못해도 하룻밤 사이에 몸이 상하고 사망하거나 불구가 될 수 있다. 조선전기에 4군6진을 개척하면서 남부지방 사람을 이곳으로 이주시키면 첫 해 겨울에 추위에 적응을 못해 1/3에서 절반 정도가 죽어 나갔다.

박제가도 약간의 재산과 후원은 있어서 서울에 남아 있는 가족들이 밥을 굶지는 않았다고 한다. 그러나 종성까지 오고 가며 박제가를 뒷바라지 할 여력은 없었다. 유배 생활이 한 2년 이상 지났을 때, 아들들이 서울 집을 팔았다.[172] 이유는 알려지지 않았지만, 박제가의 뒷바라지 비용 때문일 가능성이 높다.

버릇없던 박제가는 어렸을 때는 누나에게 반말을 하고 함부로 대했다. 그래도 누나는 동생을 아꼈고 철이 들고 부모님이 떠나자 오누이 사이는 각별해졌다. 박제가가 유배를 떠날 때 누나는 집 밖을 나서지 못할 정도로 와병 중이었다. 하필 딸까지 죽어서 상심이 컸다. 얼굴도 못 보고 헤어졌는데, 그 해 겨울이 누이가 죽었다는 부고가 왔다. 박제가는 누이 생일인 칠월 칠석이면 견우 직녀에 비유하면서 누이를 애도했다. 귀양이 풀려 돌아가도 자식들 외는 만날 사람이 없었다. 누나도 친구도 의지하고 각별했던 사람들이 거의 모두 떠나거나 축출되었다.

1급 유배지 종성은 재기 불가능한 관료, 흉악범의 전문 유배지가 되어 지방민들도 힘들어 했다. 박제가는 역모에 연루되었고, 서얼에 재기 가능성도 낮다. 당연히 대우도 좋지 않다. 관가 근처에 사는 약간은 재산이 있는 사람이 박제가의 감시역 및 후원자로 배정되었다. 그 집에서 사는데, 대접이 박했다. 박제가의 표현으로는 식사가 조밥과 짠지 뿐일 정도로 반찬도 형편없고, 괄시도 심했다.

본인이 평생 가난 타령 했지만 반평생을 궁에서 지냈다. 입이 고급이 되었다. 중국에 가서도 음식타령은 안했던 사람이 극변방 시골의 음식은 먹을 수가 없었다. 오이도 가는 것만 찾았다.[173] 좋아하는 술은 시골에서 양조한 술이 너무 끔찍하다고 입에 대지도 않았다.

변방 술은 누룩을 오래 묵혀서
한번 놀란 뒤엔 다시 못 마신다네[174]

이 시는 종성에서 얻은 학생이었던 오명리에게 준 시이다. 오명리는 성심성의껏 스승을 모셨던 것 같다. 그런데 그 학생에게 준 시 첫 구절이 "이 동네 술은 마실 수가 없다"였다. 오명리 입장에서 좋은 술을 구해서 바치라는 말과 다름이 없다. 박제가의 삶에는 동정이 생각에는 공감이 넘치지만, 동시대에 살았다면 옆에 있고 싶지는 않다.

객관적 고통에 주관적 고통까지 가미된 박제가의 유배생활, 끈 떨어져 서얼로 돌아온 그를 수령들도 괴롭혔다. 한 수령은 박제가는 중죄인이라고 외지인과 통하지도 못하게 했다. 유배자들은 매일 아침 관가에 가서 신고해야 규정이 있었던 모양이다. 강도 살인범 같은 흉악범도 아니니 보통 수령들은 이런 규정은 모르는 척 하는 게 정상인데, 갑자기 어느 수령이 규정을 지키라고 요구했다. 박제가가 아침 신고를 거르자 수령은 박제가의 집주인을 잡아다 매를 쳤다. 미안한 마음에 박제가가 집주인을 찾아 갔으나 주인을 화를 내며 만나 주지도 않았다. 수령도 좀 심했다 싶었는지, 다음부터는 대리인을 보내도 된다고 알려 왔다. 수령은 인심 쓴 척 했지만, 집주인만 더 화나게 했다. 대리인으로 갈 사람

심양 고궁에 있는 방, 방과 부뚜막 사이에 벽이 없다.

이 집주인이나 집주인의 종 뿐이다.

박제가가 가난 타령을 많이 했지만 그래도 서울 집에서는 종을 두고 부리며 살았고, 출근하면 궁중 하인을 부리며 살았다. 일상생활에 자기 손발을 놀리며 살 필요는 없었다. 하지만 종성에는 아무도 없었다. 눈칫 밥이긴 했지만 식사와 반찬은 주인집에서 만들어 준다고 해도, 극변에 서의 삶은 낯설고 해야할 일이 많았다.

박제가에게 배당된 집은 아주 작고 형편없는 초가였다. 일어나면 천장에 머리가 부딪히고, 팔다리를 마음대로 뻗을 수도 없었다. 종이가 부족해 방바닥과 벽은 도배를 하지 않은 흙벽이었다. 방바닥은 언제나 버석버석하고, 공기 중에는 늘 먼지냄새가 났다. 날이 따뜻해지면 흙벽에서 서식하는 개미, 벼룩, 빈대, 온갖 벌레들이 몸을 물어뜯었다. 그보다 참기 힘든 것은 부엌에서 나는 연기와 외양간 냄새였다. 함경도 가옥에서는 부엌을 정지간이라고 한다. 열량을 아끼기 위해 부엌과 방, 외양간 사이에 벽을 두지 않는다. 간도의 조선인 가옥과 여진인의 가옥, 심지어 심양에 있는 청나라 궁전(심양 고궁)에도 이런 구조가 있다.

추위도 추위지만 종성에서 박제가는 기생충으로 인한 배앓이로 심한 고생을 했다. 어지럽고 기운이 없고, 머리와 수염이 매일 희어졌다. 종두법까지 찾아낸 박제가였지만 기생충 치료법은 발견하지 못했다. 박제가가 알고 있는 치료법은 후추를 꿀에 반죽해서 알약처럼 만들어 삼키는 것이었다. 뱃 속이 쓰릴 정도로 독하고 매운 것을 삼켜서 기생충을 죽인다는 발상 같다. 위장만 상하고 효과가 있을 것 같지는 않지만, 당시는 그것이 치유법이었다. 게다가 아주 비싼 치유법이었다. 후추는 일본에서 오는 수입품으로 대단히 귀했다. 박제가는 가족에게 편지를 써서 후추를 부탁했다. 가족들은 후추를 구하기 위해 여기저기 아는 사람의 집을 찾아 다녀야 했을 것이다. 그러나 이 처방은 소용이 없었고, 한방에서 전통적으로 구충제로 사용하는 비자열매를 먹고서야 간신히 나았다.[175]

함경도 생활의 고비가 첫해 겨울이다. 한번 겨울을 넘기면 많은 것을 배우고 적응한다. 박제가는 이 고비를 넘겼다. 두 번을 넘기자 좋은 소식이 찾아왔다. 1803년 2월 6일에 정순왕후가 박제가의 석방을 지시한다.

조선에는 신문 대신 조보라는 것이 있어서 국왕이 내린 명령과 소식을 지방관아로 배포한다. 박제가는 조보에서 대비가 자신의 석방명령을 내린 것을 보았다. 그는 감격의 눈물을 흘리며, 그 조보를 읽고 또 읽었지만, 정작 석방명령은 내려오지 않았다. 의금부에서 정순왕후의 교서를 깔고 뭉갰다. 의금부 관원들이 독단으로 이런 일을 했을 리는 없다. 국왕을 능가하는 진짜 권력자가 되려고 하는 정순왕후와 그녀를 잠시 이용하고자 하는 세력과의 파워게임이었다.

박제가는 "(모든 일은) 때가 있는 법이니 사람의 힘으로 할 수 있는 일이 아니다"라고 말했지만,[176] 그 기다림은 석방명령을 모르고 지내는 것보다 더 분하고 고통스러웠다.

다만 석방명령이 내렸다고 하자 대우가 확 달라졌다. 밥과 반찬도 조밥과 짠지에서 쌀과 고기로 바뀌었다. 주인은 자기 경제력 이상으로 박제가를 대접하기 시작했다. 수령도 자유를 허용했는지 박제가는 지방 유지들을 사귀고 향교에 있는 책도 빌려볼 수 있게 되었다.

학문과 교육에 목숨을 거는 조선의 풍토 덕분에 학생들이 모였다. 10년 후인 1811년에 평안도 사람의 차별대우가 발단이 된 홍경래의 난이 발생하지만, 조선시대에 평안, 함경 지역은 과거에서 확실한 차별을 받아 공부를 해서 과거를 본다고 해도 관료가 될 수 없었다. 그래도 인간은 자고로 공부를 해야 하고, 최소한 글은 알아야 사람구실을 한다는 관념은 조선 8도에 아낌없이 퍼졌고, 이 지역도 예외가 아니었다.

차별대우에도 불구하고 과거응시생은 계속 나왔다. 규장각 검서관 출신인 박제가가 종성에 왔다고 하자 그에게서 글을 배우려는 학생들이 조금 생겼다. 학생들이 거의 초등학생 수준이어서 서당 훈장 노릇을 하게 된 것이 기가 막혔지만, 생활은 조금 나아졌다. 주인집에 초상이 나서 한 학동의 집으로 거주지를 옮겼더니 부모들이 매일 같이 고기반찬을 올리며 접대를 했다. 박제가는 집에 보내는 편지에는 한달 내내 고기를 먹었더니 힘은 넘치는데 게으른 선생이어서 학동들의 부모에게 미안하다고 썼다.

천재 박제가라고 특별한 교육방법도 없었다. 학동들에게 매일 한 장씩 숙제를 내주고, 다 외워오지 못하면 한 글자에 한 대씩 매를 쳤다. 시간이 지나자 몇 명 성인제자도 생겼다. 그들은 닭과 고기도 가져오고, 술집으로 초대도 했다. 삶이 좀 나아지자 박제가는 배고픈 것은 참을 수 있지만, 차와 담배가 고픈 건 참을 수가 없다고 투덜거렸다.

하지만 이상의 이야기는 박제가가 아들들에게 쓴 편지에 있는 이야기이다. 박제가는 업무 차 서울로 가는 향리, 과거에 응시하는 제자, 혹은 무슨 일로 서울에 가는 사람에게 계속 편지를 보내고, 저술에 필요한 책과 공책, 먹, 약재를 부탁했다. 아무튼 아들에게 보내는 편지는 가능하면 가족을 안심시키는 내용으로 채웠음이 분명하다. 실제 생활에서는 더 심한 고통과 외로움에 허덕였을 수도 있다.

끝나지 않은 외침

마지막 저술

지금 신이 말씀드린 내용은 모두가 세상 사람이 해괴하다고 여길 일들

뿐입니다. 그렇지만 이를 10년 동안만 행한다면 온 나라의 세금을 감면할 수 있을 것이고, 만조백관의 녹봉을 증액할 수 있을 것입니다. 또 초가집과 거적때기를 친 대문이 붉은 다락에 화려한 문으로 바뀔 것이고, 도보로 걷고 물을 건너기를 걱정하는 자들이 가볍고 튼튼한 말이 이끄는 수레를 탈 수가 있을 것입니다. ……

천하에 전쟁이 발발하지 않은 지 거의 200년입니다. 이것은 지난 역사에는 없었던 일입니다. 이런 천재일우의 기회에 온 힘을 다해 국력을 키우지 않는다면 다른 나라에 변고라도 발생할 때 우리도 더불어 우환이 발생할 것입니다. 신은 그것을 염려합니다.

(병오년(1786년) 정월 22일 조참 때에 전설서 별제 박제가가 드린 소회)[177]

박제가가 종성에 있을 때, 마음 속의 라이벌 정약용은 남쪽 강진에서 유배생활을 하고 있었다. 정약용은 1801년부터 1818년까지 기나긴 유배 생활을 겪는다. 본인은 고통의 극한을 경험했지만, 이 유배생활동안 저술한 명저들이 그를 전설적인 위인으로 만들었다. 현재도 정약용이라고 하면 존경을 넘어 숭배하는 학자들이 적지 않다.

박제가도 정약용처럼 이 기회에 집필을 하고 싶었다. 그가 쓰려고 했던 책은 유교의 핵심적 경전인 13경(역경, 시경, 서경, 주례, 예기, 의례, 춘추좌씨전, 춘추공양전, 춘추곡량전, 논어, 효경, 이아, 맹자)에 새로운 해석과 주석을 다는 것이었다.

소문난 박식과 독서에도 불구하고, 박제가는 시를 제외하면 자기 사상을 표현한 저술이라고 할만한 것이 적다. 『북학의』와 1798년 정조의 구언령에 응하여 지은 『진소본 북학의』정도에 불과하다. 그렇다면 일생의 마무리 작업으로서 북학론을 체계적, 이론적으로 심화하거나 그것을 더 확대시켜서 상공업 부흥을 이룩하는 국가 전체, 사회경제 개혁안을 저술하는 것이 당연한 순서일 듯 하다. 하지만 의외로 그는 경세론의 극단에 있는 가장 형이상학적이며 어려운 과업을 택했다.

그 이유는 두가지 추정이 가능하다. 사회의 이단아로 지목된 그가 경전 주석을 남김으로써 성리학자들에게서 인정받고 자신이 이단아가 아님을 증명할 수 있었다. 어쩌면 100장의 반성문보다도 복직에 도움이 될 수도 있다. 두 번 째는 정 반대로 북학론, 상공업 육성이 결코 정통 유학의 교리에서 어긋난 것이 아니며, 과거의 교리를 맹목적으로 답습하는 것이 절대로 유학의 본질이 아님을, 주자의 생각도 주자의 생각일 뿐 영원불멸한 진리가 아님을 논증하고 싶었을 수도 있다.

친구 이희경은 『설수외사』에서 자신의 생각은 이단이 아니라 요순같은 성인의 생각이라는 주장을 자주 폈다. 박제가가 상공업 육성론을 변호하려면 욕망을 긍정해야 하는데 정통 성리학에서 욕망은 악마의 유혹과 동급이었다. 그는 주자 이전, 고대 유학에서 욕망을 긍정하는 해석을 찾았을 수도 있다.

이 두가지 추정 중, 어느 것이 정답일까? 그것은 영원한 미스터리가 되었다. 그는 종성에서 사서설, 중용정론, 주역을 주해한 역심해 등 몇 권을 탈고하고, 완성되는 대로 인편을 통해 서울의 본가로 보냈다. 하지만 이 글을 남에게 보여주지 말라고 신신당부를 했다. 오직 유득공에게만은 보여도 괜찮다고 했다. 이것을 보면 저술의 목적이 두 번 째였던

강진 다산 초당, 정약용은 이곳에서 18년간 유배생활을 하면서 많은 제자를 두고, 평생의 걸작들을 남겼다. 다만 현재 다산 초당의 모습은 옛날 모습이 아니다. 지나친 정비로 본래 모습이 사라졌다.

것 같기는 하다.

그러나 집필 환경이 너무나 열악했다. 정약용의 외가는 당대의 부호인 해남의 윤씨가 즉 윤선도의 집안이었다. 해남은 강진 바로 근처에 있었고, 든든한 외가가 지원을 해주었다. 오늘날 관광명소가 된 강진의 다산초당도 윤씨가의 지원으로 마련한 것이다. 초당 바로 아래에 윤씨 일가의 집도 있었다.

현재의 다산초당은 기와로 개축되고 산을 깎아 정원까지 만들어 놓아서 본 모습을 잃었다. 원래 모습은 훨씬 초라했지만, 이것은 삶이 어려워서가 아니라 의도적인 면도 있었던 것 같다. 강진에서 호의호식하며 살고 있다고 소문이 나면 다른 곳으로 이배될 수도 있었다.

집은 초라해도 생계와 적어도 집필에 필요한 책과 종이는 큰 곤란을 겪지 않았다. 윤씨가는 관비 한명을 정약용에게 들여보내 뒷바라지를 하게 했다. 요즘은 그녀가 관비가 아니라 주막집 딸이었다는 설도 있다. 그녀는 정약용을 뒷바라지하며 딸까지 낳았고, 그 딸은 제자와 결혼했다. 제자들도 충분히 몰려들었다. 강진에서의 저술 작업은 이 조교들의 도움이 아주 컸다.

박제가에겐 이런 행운이 따르지 않았다. 함경도에는 닥나무가 자라지 않아 종이가 아예 생산되지 않았다. 책도 없고, 빌려 베낄 책조차 구하기 힘들었다. 아들에게 보낸 박제가의 편지를 보면 책을 보내거나, 책을 베껴서 보내거나 종이(공책)을 보내달라는 이야기가 절반이다.

자기 저술을 정리해 줄 조교 한 명 없었다. 정약용은 책상 앞에 너무 오래 앉아 있어서 치질에 걸렸다고 할 정도로 하루종일 집필에만 몰두할 수 있었지만, 박제가는 초와 기름도 구할 수 없어서 집필은 해가 있는 동안만 할 수 있었다. 북방의 긴 밤 동안 그는 석방이 되면 전국 유람을 하고, 여기까지 온 김에 백두산에 가보겠다는 상상이나 하며 보냈다.

그런 상상도 가족에 대한 걱정을 지울 수는 없었다. 가족의 경제사정은 날이 갈수록 나빠졌다. 처음에 박제가는 자신이 없어도 가족들이 먹고 사는 건 그럭저럭 해결할 수 있을 것이라고 생각했지만 유배생활이 길어지자 먹을거리는 어디서 구하느냐고 편지로 물어야 했다.

사정이 이러니 저술도 순조롭지 않았다. 간신히 탈고한 책들은 겨우 초고 수준이었다. 물자부족, 시간부족, 일조량의 부족으로 집필은 자주 끊겼다. 박제가는 저술에 집중하지 못하는 형편과 자기 자신에게 화가 났다.

여건도 여건이지만 박제가가 평생 체계적인 저술을 해 본적이 없었다는 것이 큰 단점이었다. 시작과 저술을 다르다. 그가 규장각에서 엄청난 책을 읽고, 편찬사업에도 관여했지만, 자기 저서의 집필은 완전히 별개의 일이다. 필자의 개인적 경험과 주변의 사례를 보아도 젊어서 저서를 남기지 못한 사람이 만년에 집필을 하려면 수십 배로 힘들고, 완결하기는 더 힘들다.

긴 밤에 밤을 더하다

정약용보다 나았던 단 하나의 행운은 밀고였다. 1804년 2월 6일, 누군가가 박제가가 아직 석방되지 않았다는 사실을 정순왕후에게 알렸다. 정순왕후는 분노해서 당시의 의금부 당상관을 즉시 파면했다. 이 사건으로 박제가는 비로소 자유를 얻었다. 정말 기적이었다. 다음 해에 정순왕후가 갑자기 승하했다. 그 밀고가 없었더라면 박제가는 유배지를 벗어나지 못하고 사망했을 것이다.

극적으로 종성에서 돌아왔지만, 몸은 망가지고 가세는 기울대로 기울어 있었다. 그러던 부여 금담에는 가지도 못했다. 석방된 그는 서울이나 과천에 거주했던 것 같다.

이때부터 그는 종성에서 마무리하지 못한 저술을 마무리하기 위해 달렸을까? 알고 보니 그에게 주어진 기적은 재기를 위한 기적이 아니라, 그냥 신의 동정이었다. 자유의 몸이 된 지 1년 남짓 지난 1805년 4월 25일에 박제가는 사망했다. 향년 56세였다. 묘하게 한참 연상인 이덕무를 제외하고 백탑파의 주요 인물들이 거의 비슷한 시기에 세상을 떠난다. 서이수는 1802년, 박지원은 1805년, 이희경도 1805년 내지 그 직후, 유득공은 1807년에 사망했다.

박제가는 경기도 광주에 있는 엄현에 묻혔다. 이곳에 밀양 박씨가의 선산이 있었다. 그러나 후손이 끊기면서 박제가의 묘는 흔적도 없이 사라졌다. 미확인 정보이지만 서얼이라고 집안에서도 관심을 두지 않았다는 설도 있다.

무엇보다도 안타까운 것은 종성에서 남긴 박제가의 최후의 습작마저 사라졌다는 것이다. 꼭꼭 숨겨두라고 한 덕에 복사본도 별로 만들어지지 않았던 것 같다. 단지 주역 해석 2권만이 현재 전해지고 있다.

박제가의 삶을 이야기 하는 사람들은 그의 출생과 신분의 고통, 차별과 한을 강조한다. 그가 조선사회가 만든 최대의 부조리의 희생자였던 것은 사실이다. 그와 그의 동료들도 그 한을 안고 살았다.

그럼에도 불구하고 그들이 특별하고 선택받은 삶을 누린 것도 사실이다. 평생 가난했다고 하지만 그래도 상위 5%, 아무리 적게 잡아도 10% 안에는 들어가는 삶이었다. 국왕의 측근에서 20년을 근무한 것은 상위 1%도 누리기 힘든 특권이었다.

박제가가 만난 진짜 역경은 조선이라는 완고한 벽이었다. 산해관을 지날 때마다 현판을 바라보며 지었던 한숨, 200년이 지나도록 그치지 않는 반민족주의자라는 비난. 세상은 논리가 아니라 감정이 지배하며 세상에는 아픈 진리보다 듣기 좋은 말을 듣고 싶어 하는 사람들이 훨씬 많다는 사실. 그것이 박제가에게 닥친 고난이었고, 지금도 박제가의 말에 귀를 기울이고 그의 삶을 들여다봐야 하는 이유이다.

제5부
21세기에 박제가를
떠올리는 이유

욕망을 거세한 사회

꿀벌의 우화

1598년 프랑스인 라훼마(Laffemas)는 사치품을 사는 사람은 모두 가난한 사람에게 생업을 마련해 주지만 수전노는 이들을 궁핍 속에서 죽게 만들고 있다고 말했다. 1662년 페티는 오락, 호화로운 성대한 장식, 개선문은 그것을 만들기 위한 비용이 제빵업자, 재봉사, 양화점 등의 주머니 속으로 흘러들어간다는 이유로 정당화했다. (케인즈, 「고용 이자 및 화폐에 관한 일반이론」, 1936)

오랫동안 박제가는 인문학자보다는 경제학자들에게서 더 인기가 있었다. 박제가를 연구한 경제학자들이 제일 주목하는 발언이 우물론, 소비가 경제발전을 촉진한다는 이론이다. 그들은 우물이론의 선견지명에 감탄에 감탄을 한다. 그리고 박제가의 팬들은 이 우물이론이 20세기에나 등장한 - 20세기에도 숱한 비난과 논란 속에서 간신히 자리 잡은, 그리고 지금도 옳은 말이기는 하지만 왠지 부자와 잘 나가는 인간에게 속는 것이 아닌가 하는 느낌을 지울 수 없는 - 케인즈의 유효수요론에 필적한다고 칭찬하곤 한다.

그러나 이건 지나친 비약이 아닌가 싶다. 케인즈의 이론과 박제가의 입론이 "소비가 생산을 촉진한다"는 같은 명제에 기초하고 있기는 하지만, 그 한 줄의 명제는 케인즈 이론의 대전제이지 케인즈 이론 자체는 아니다. 그리고 케인즈가 이 명제의 발견자도 아니다. 케인즈는 이 명제에 입각해서 현대 경제와 화폐, 산업정책에 대한 경제이론을 구축했다. 박제가는 그 정도로 경제이론을 추구하지는 않았고, 조선의 경제와 산업은 그런 수준의 이론이 필요하지도 않았다. 박제가는 경제사상가라기 보다는 선각자이며, 계몽사상가이다. 그런 점에서 보면 박제가는 케인즈보다는 버나드 멘더빌(1670~1733)과 닮았다.

박제가와 케인즈를 비교하면 박제가의 깨달음이 200년을 앞선 셈이 되지만, 멘더빌과 비교하면 멘더빌보다 딱 한 세대가 늦다. 그러나 이것으로 자존심 상해할 필요는 없다. 적에게서 배워야 한다고 북학을 주장한 박제가의 주장을 살펴보면서 박제가가 멘더빌보다 늦고, 서구 사회의 경제사상이 우리보다 앞섰다는 서술에 화가 난다면 아직 깨어나지 못한 것이다.

유럽도 오랫동안 중농주의 사상이 지배했다. 농업이 부를 생산하고, 상업과 유통은 단지 재화와 가치를 이전하는 기능만 있다고 보았다. 사회주의 경제학자들은 20세기까지도 그렇게 주장했다. 미국의 좌파 경제학자 폴 스위지는 상업과 유통이 생산을 촉진한다는 주장을 했다가 유럽의 사회주의 경제학자들로부터 그런 주장을 한다면 당신은 더 이상 사회주의자가 아니다라는 선고를 받았다.[178]

16세기 유럽, 영국, 프랑스와 같은 선진지역에서는 조선사회와 비슷했던 농업중심의 사회가 끝나고 자본주의, 도시와 상업, 해외무역이 발달하기 시작했다. 전통적인 농업 중심의 시각으로 보면 농업사회에서는 생산자와 소비자가 있을 뿐이다. 그리고 농업만이 유일한 생산업이다. 상업은 생산물을 이전하는 기능을 할 뿐이고, 공업을 생산품을 변형할 뿐이다.

이런 사회에서 생산을 촉진하는 방법은 꿀벌처럼 쉬는 사람 없이 모든 사람이 정당한 노동에 열심히 종사하는 방법 뿐이다. 대신 사치와 과소비는 최대한 줄여야 한다. 생산량은 유한한데, 소비가 증가하면 예를 들어 어떤 식충이 귀족이 한 끼 식사에 10인분을 먹어치우거나 100명은 먹을 쌀이나 밀로 장식품을 만들거나 애완동물에게 먹인다면, 그 숫자만큼의 사람이 굶어야 한다. 그래서 소비는 악덕이고 사치는 반인륜적, 국가적 범죄이자 살인행위이다. 궁전과 귀족의 저택, 거대한 분수대와 조각상이 필요하기는 하지만, 최대한 절약하고 아껴야 한다.

그러나 16세기 이후 도시와 상공업이 발달하면서 검소와 절약이 미덕이 아니라고 주장하는 이단아들이 등장하기 시작했다. 이 이단아 중에서 제일 신랄했던 인물이 버나드 맨더빌이다. 풍자 시인이었던 그는 『꿀벌의 우화』라는 풍자시로 중세의 도덕적인 경제사상을 비난했다.[179)]

> 사치는 가난뱅이 백만 명에게 일자리를 주었고
> 얄미운 오만은 또 다른 백만을 먹여 살렸다.
> 시샘과 헛바람은
> 산업의 역군이다
> 그들이 즐기는 멍청한 짓거리인
> 먹고 쓰고 입는 것에 부리는 변덕은
> 괴상하고 우스꽝스러운 악덕이지만
> 시장을 돌아가게 하는 바로 그 바퀴였다.[180)]

맨더빌은 어느 날 지배층이 대오각성해서 사치를 일체 중단하고, 아랫사람에게 빵과 임금을 아낌없이 베풀고, 가난한 사람을 먹이고, 재워 주면 일자리는 사라지고, 실업자는 넘쳐나며, 국가 전체가 가난에 빠질 것이라고 주장했다.

> (저택이 사라지니) 집짓는 일거리가 다 사라지고
> 기술자들은 일자리를 잃었다.
> 초상화가로 이름을 떨치는 놈도 없고
> 돌 자르는 놈이나 돌 새기는 놈도 이름을 잃었다.[181)]

전형적인 유럽 저택의 내부

거리를 장식하는 대리석 조각들, 시칠리아 팔레르모

부자들이 대리석으로 치장한 크고 화려한 저택에 대한 욕구를 버리고, 집은 오직 비와 바람을 막는 것으로 충분하다고 생각하게 되니 건설 기술자는 물론이고, 인테리어, 장식품, 벽을 장식할 그림을 그리는 화가까지도 일자리를 잃게 된다는 말이다.

이런 이야기를 하면 발끈하는 분들이 있다. 이런 주장이야말로 부자와 가진 자들의 논리이다. 자본주의가 바로 이런 미명 아래 얼마나 많은 부조리와 불평등을 생산해 놓았는가? 경제학을 아는 분들은 이렇게 비판할 것이다. 맨더빌의 이론이 얼마나 탐욕스럽고 조악한 이론인 줄 아는가? 그의 주장은 경제이론이라고 할 수도 없다.

이런 비판은 정당하다. 욕망은 제멋대로 풀어 놓으면 악마로 변한다. 사치품이 경제를 발전시킨다고 사치와 과소비가 과도해지고 소비와 생산의 균형, 산업구조가 균형을 잃으면 경제는 붕괴하고 노동자는 기근에 허덕이게 될 수도 있다.

자본주의라고 국가가 자본의 욕망에 굴복해서도 안되고, 산업구조와 경제에도 국가의 적극적인 관리, 자제와 억제가 필요하다. 이건 20세기에 혁명과 대공황을 거치며 세계가 경험했고 현대에는 상식이 되어 있다.

이것이 욕망을 풀어 놓은 참극 아니냐고 비판하는 사람도 있다. 그렇다고 욕망을 냉동시키는 건 정당한 방법일까? 모든 개에게 입마개를 채우고 철창에 가둬 키우면 맹견이 사람을 물거나 옆 집 반려견을 물어 죽이는 사고는 100% 방지할 수 있다. 하지만 이것이 옳은 방법은 아니다. 욕망도 마찬가지이다.

사실 이런 말을 하기가 무섭다. 위의 5줄의 발언을 수긍하는데, 동서양이 모두 수천년이 걸렸다. 지금도 이를 인정하지 않는 주장들과 악용하는 나라들도 꽤 있다. 사실 국가가 자본의 노예가 되어서는 안된다는 말이 사회주의진영만의 주장이 아니다. 히틀러도 했고, 자신의 독재와 침략전쟁, 유대인 학살의 논거로 사용했다. 21세기 전반인 지금 유럽에서는 신나치즘이 무섭게 성장하고 있다. 그래서 우리에겐 더더욱이 욕망의 올바른 이해와 사용법이 절실하게 필요하다.

알고 보면 중세의 유교와 기독교가 욕망을 봉쇄하자고 주장했던 것도 단순히 지배층이 비열하게 백성을 통제하기 위해서이거나 인간을 억압하기 위해서가 아니다. 욕망이 풀려 있던 고대 사회에서 너무나 폭력적이고, 문란하고 잔혹한 광경을 너무 많이 목격한 탓이었다.

고대사회에 대해 환상을 가지는 분들이 많은데, 그 시대는 그냥 원초적 감정과 폭력의 시대였다. 현대인들은 유학의 중세적 도덕과 예의범절을 따분해 하고, 가식적인 억압이라고 생각하지만, 위도 아래도 없고 주먹이 법이고, 복수와 폭력, 본능적인 욕구충족이 만연하던 사회를 떠올려 보자. 유학은 사람과 사람이 만났을 때, 말과 행동의 기본적인 원칙을 가르치기 위해 탄생했다. 가족 간에도 예절이란 것을 도입해서 욕설과 주먹으로 교육하고 반항하는 풍경을 없애고자 했다.

욕망의 봉쇄는 이런 점에서 수천년간 긍정적인 역할을 했다. 욕망의 긍정은 중세세계가 이루어놓은 예절과 도덕을 파괴하자는 주장이 아니다. 기술발전과 산업혁명은 욕망을 봉쇄하고 살 수 없는 사회를 만들었다. 화약, 레이저, 천연가스, 모두 위험한 물건이지만, 관리하며 살지 않을 수 없는 것처럼 욕망과 더불어 살지 않으면 안되는 사회가 된 것이다. 박제가가 청에 갔을 때, 만약 유럽도 청나라도 조선과 똑같이 봉쇄된 사회에서 비슷한 방식으로 살고 있었다면 박제가도 북학론을 주장하지 않았을 것이다.

자본주의와 경제 발전, 기술발전으로 욕망의 봉쇄가 사람들을 더 불편하게 만드는 시대가 도래 했다. 맨더빌은 풍자시인이다. 그의 시는 풍자이지 경제이론이 아니다. 그는 욕망과 더불어 사는 정교한 방법을 제시하는 것이 아니라 메시아가 오기 전에 "광야에서 메시아의 도래를 알리는 사람"처럼 시대가 변했음을 알리고자 한다.

박제가의 글은 맨더빌보다는 구체적이고 인문학적, 경제학적 통찰이 빛나지만, 크게 보면 케인즈보다 맨더빌에 가깝다. 이는 능력의 문제가 아니다. 북학론이 국가 정책으로 채택되고 박제가가 판서나 재상까지 했더라면 북학론의 이론화, 정책화가 진행되었겠지만, 역사적인 결과로 보면 맨더빌이 되고 말았다.

맨더빌의 역사적 임무는 기존의 경제사상이 현재와는 전혀 다른 세상에서 탄생한 것이며, 이제는 기본적인 관념과 개념, 가치, 상식과 발상을 바꿀 때가 되었다고 설파하는 것으로 충분하다. 그리고 자본주의와 산업화의 시대는 또 새롭고 거대한 문제를 양산하겠지만, 그 장단점을 다 인정하고, 해결에 도전하는 것이 다음 세대를 사는 사람들의 과제이며, 인류의 영원한 과제이자 필연이다. 그 이전의 시대에 머무르거나 돌아가려는 시도가 결코 해결책이 되지 못한다.

맨더빌은 이런 풍자시라도 마음껏 떠들어 보았지만, 박제가는 그럴 수도 없었다. 맨더빌은 이미 상공업이 요동치고 신흥부호와 졸부가 주체하기 힘들 정도로 넘쳐나는 사회에 살고 있지만, 박제가는 그런 사회를 상상도 못하는 사람들을 향해 외쳐야 했기 때문이다.

이런 현실 때문에 박제가는 하고 싶은 말을 마음대로 할 수도, 자기 생각을 아담 스미스나 케인즈 수준으로 발전시켜 나가기는커녕 맨더빌만큼 신랄하게 소리칠 수도 없었다. 이것이 필자가 박제가를 설명하면서 맨더빌을 끌어온 이유이기도 하다. 맨더빌이 박제가가 참고 하지 못한 말을 해주고 있기 때문이다. 동시에 박제가가 비판하고 추구하던 사회가 어떤 사회인지도 보다 구체적으로 이해할 수 있게 해 준다. 이제부터 맨더빌의 시를 조선사회의 현실과 비교해 보자.

"점차 그들은 바다를 멀리했다"

맨더빌의 시는 박제가가 미처 다 묘사하지 못한 욕망을 거세한 사회의 이모저모를 추가적으로 묘사해 준다. 박제가가 북학의에서 거론한 선박, 종이, 도로의 비유는 우리가 드라마에서 보는 조선사회의 모습과 너무 달라서 우리 현대인들에겐 상관없는 이야기처럼 들리기 쉽다. 이런 점에서 맨더빌의 풍자는 조선의 실상을 잘 대변하면서 현대와 비교하는 것을 도와준다.

오만과 사치가 줄어들면서
점차 그들은 바다를 멀리했다.
이제는 상인 뿐 아니라 회사들마저도

베네치아의 성 세바스티안 성당: 외관은 평범해 보이지만 내부는 개성적인 인테리어로 채워져 있으며, 베로네세의 작품과 무덤이 있다. 베로네세는 살인죄를 저지르고 이 성당에 피해 살면서 내부에 자신의 작품을 가득 남겼다.

공장을 몽땅 없애 버렸다.

온갖 예술 공예품은 잊힌 채 나뒹굴었고

산업발전을 저해하는 원흉인 만족감 때문에

그들은 초라한 곳간을 좋다고 하면서

더는 찾지도 샘내지도 않게 되었다.[182]

    산업화 이전시대에 자본과 기술이 이윤을 남기려면 국제무역이 결정적이었다. 유럽도 국내시장에 국한된 상공업은 시장이 작고 이윤이 박해서 욕망을 개방하자고 외칠 정도로 성장하기 힘들다.

    국제 무역은 놀라운 부를 선사한다. 세계에서 가장 아름다운 도시, 혹은 멋진 도시를 들라고 하면 유럽인들은 대개 베네치아를 꼽는다. 오늘날 베네치아는 두가지 이유로 침몰 중인데, 높아지는 해수면과 몰려

드는 관광객이다. 한 해 관광객이 3천만이 넘는데, 이 어마어마한 인원이 간과하는 것이 있다. 이 작은 섬에 60-70개의 성당이 존재한다. 어떤 곳은 두 집 건너 성당이다. 한국에 교회가 밀집해 있다고 하지만 대부분이 영세하다. 우람한 건물을 지닌 교회는 그 중 소수이다.

베네치아는 다르다. 섬이라는 한계 덕에 외관과 규모는 소박하다. 하지만 실내장식과 소장된 작품을 보면 그 중 몇 개를 제외하고는 세계 어느 도시에 가져다 놔도 핫플레이스가 될만큼 뛰어나다.

이처럼 성당 하나하나에 대단한 건축비를 투입할 수 있던 자금이 무역으로 벌어들인 부이다. 해상무역은 수익이 막대한 만큼 위험성도 높았기에 부자들이 성당 건축에 많은 헌금을 했다. 연간 3천만 명이 다녀가는 관광도시를 세운 힘은 물과 운하가 아니라 베네치아와 제노바가 독점했던 오스만 제국과 레반트 지역의 해상무역에서 나왔다.

이탈리아 르네상스의 비결도 레오나르도와 미켈란젤로 같은 천재 이전에 그런 천재를 후원하고 일거리를 만들어 줄 수 있었던 부였다. 유럽을 다녀 보면 확실히 무역이 발달했던 도시가 교회가 다르고 유적이 다르다. 일례로 시칠리아는 이탈리아 본토에 비하면 도시들이 전원적이고 수 십년은 낙후에 보이지만, 도시마다 크고 멋진 성당이 있고, 규모와 밀도가 남다르다. 유럽과 중동지역을 통털어 특별한 로마 유적을 보유하고 있는 도시들은 대개가 무역 중심지이다.

무역 중에 무역이 향료무역이었다. 후추, 육두구 등은 향료 한자루가 금 한자루와 맞먹었다. 따지고 보면 향료야 말로 완벽한 사치품이다. 있

시칠리아 팔레르모

으면 좋지만 없어도 탁월한 미식가만 아니라면 큰 지장이 없다. 음식에 금가루를 뿌리며 먹는 짓이야 말로 쓸데없는 사치다. 이런 생각을 한다면 향료를 얻기 위해 위험한 항해에 나설 필요도 없다. 그런데 과연 대항해시대를 불러온 향료무역의 가치가 부자들의 식탁을 위한 없어도 그만인 향료 조달 뿐이었을까?

경제는 순환이다. 한끼 식사의 미식적 만족을 위해 금값을 지불하고 부자들의 주머니에서 빠져 나온 돈이 산업을 돌린다. 맨더빌의 풍자는 여기를 찌른다. 부자들의 식탁만 보고 분노하는 사람들이 사치를 금지했더니 바다로 나갈 동력이 없어졌다. 선원들이 퇴직하고, 선박 기술도 쇠퇴하면서 국내 상업까지 쇠퇴시킨다.

바로 우리 역사에 명확한 사례가 나온다. 우리도 고대에는 해상교역이 발달했다. 장보고의 선단은 중국, 일본에서도 유명했다. 고려시대에도 상선들이 상당히 오고 갔다. 대각국사 의천은 송나라 상선을 타고 몰래 중국으로 유학을 떠났고, 최무선은 개경에 온 강남 상인에게서 화약 제조법을 배웠다.

그러나 철저한 쇄국과 무역통제를 실시한 조선은 완벽하게 바다를 버린다. 중국과의 무역을 1년에 한번 파견하는 사신과 국경지방에서의 물물교환으로 진행되었다. 일본은 바다 밖에 길이 없어서 해상을 이용했지만, 정말 최소한의 필요만 채우는 수준이었다. 조선 후기에 인삼, 한지가 주요 수출품이 되었지만 육로를 이용하니 수익성이 크게 떨어졌다. 그것만으로도 개성상인이 부자가 되었다고 말하는데, 해상무역을 했더라면 100배 이상 부자가 되었을 것이고, 개성상인들은 다른 국내 산업에 엄청나게 투자를 했을 것이다.

조선술이 쇠퇴하니 국내상업의 발전도 느렸다. 조선후기에 상업의 성장속도는 조선술과 선박성능과의 사투였다. 훌륭하고 안전한 배가 조달되었다면 조선의 부와 산업은 훨씬 빨리 발전했을 것이고, 우리가 모두가 비감해 하듯이 한말 조선의 군사력이 그토록 형편없게 쇠퇴하지 않았을 것이다.

"공장을 몽땅 없애고 예술, 공예품은 잊힌 채 나뒹군다"

시장이 없고, 이윤이 적으니 장인과 기술자가 실업자가 된다. 맨더빌은 이미 상당히 상공업이 발달한 사회에 살고 있기 때문에 공장이 문을 닫고 없어진다고 표현했다. 조선의 경우는 그나마 조선후기 들어서 상공업이 이전보다 조금은 발전하고 있기 때문에 줄어들지는 않는다. 하지만 공장이 발전하지 않고 공예품이 잊힌 채 나뒹구는 유약한 상태가 변치 않고 유지된다.

장인과 기술자가 가난하게 사는 사회의 실상을 살펴 보자. 조선 후기에 지방관원의 선정비가 유행했다. 많이 파괴되었지만 아직도 지역마다 없는 곳이 없다. 귀부(거북이 모양의 받침대)를 만들어 놓은 것도 있다. 이 귀부가 정말 재밌다. 거북이 머리를 제대로 조각한 것은 거의 없고 대개가 돌을 둥글게 다듬은 다음 아이들이 사람 얼굴 그리듯이 눈 코 입을 파 놓았다.

이 모습이 은근히 정겨워서 한국인의 소박한 감성을 잘 표현한다고 흐뭇하게 해석하는 분도 많다. 어떤 것은 얼굴이 똑바로 되어 있고, 어떤 것은 고개를

조선시대 선정비와 귀부

갸우뚱하듯 기울어져 있는데, 얼굴이 똑바로 된 건 진짜 선정비이고 갸우뚱 하는 건 탐관오리가 세운 가짜 선정비라고 한다. 수령의 위선에 대한 민중과 석공의 소소한 저항인 셈이다. 이렇게 설명하면 사람들은 너무 좋아하고 쉽게 믿는다.

사실이 아니라고 하면 실망하고 화를 낸다. 그럴 때마다 박제가의 얼굴이 떠오른다. 사람들 앞에서 진실을 이야기하기가 거짓말하기보다 훨씬 어렵고 용기를 요구한다는 진리를 평생 반복해서 깨닫는다.

사람같은 거북이 얼굴의 고개가 갸우뚱 해지는 데는 다른 이유가 있다. 신라 무열왕릉의 귀부나 삼국, 고려시대의 명품을 보면 거북이가 고개를 돌리거나 머리를 들고 있는 경우가 있다. 그 표현이 지방 석공의 손에서 이런 식으로 변한 것이다.

석공의 노력은 인정하지만 진실한 원인은 석공의 기술부족이다. 더 근원적인 이유는 박제가와 맨더빌이 지적한 대로 구매력과 수익성 부족이다. 미켈란젤로의 공방처럼 전국에서 고가의 주문이 끊이지 않고 들어왔다면 명장도 바쁘고 제자들도 바빴을 거다. 제자들은 부단히 노력해서 레오나르도 다빈치나 미켈란젤로, 라파엘로처럼 스승을 뛰어 넘는 기법을 개발하거나 최소한 스승 작품의 모사품이라도 만드는 수준이 되었을 것이다. 르네상스 시대 명장들의 사례를 보면 공방에서 일하는 제자도 실력에 따라 등급이 있었다. 주문자가 제시하는 금액에 따라 자신이 직접 하거나 금액 수준에 맞춰 제자를 파견했다. 제자에게는 스승의 작품을 모방해도 되는 권리가 암묵적으로 주어졌다. 바티칸의 명

무령왕릉의 귀부

원주 법천사지 지광국사탑비의 귀부: 필자의 기준에 고려시대 귀부 중 최고의 걸작이다.

화, 명작 틈에도 시칠리아의 도시 분수대에도 제자들의 작품이 꽤 있다. 이탈리아 기행을 하다 보면 조각의 포즈나 그림 속 인물의 얼굴과 모자, 복장을 통해 작가의 스승을 추정해 내는 것이 소소한 즐거움이 될 정도이다.

삼국시대에는 불교가 사회, 정치적으로 큰 힘이 있어서 재력도 컸다. 자체적으로 승려 조각가를 양성하고, 대우와 보상도 풍족했다. 그래서 경주 사천왕사의 명품을 제작한 승려 예술가 양지 같은 명장도 양성할 수 있었다.

조선에는 이런 고액을 기꺼이 지불할 재력가가 없다. 재력이 있어도 비난이 무섭다. 이를 극복하는 유일한 주문자는 왕실이다. 반대상소가 빗발쳤지만 왕실은 꿋꿋하게 이겨낼 수 있었다. 덕분에 왕실 장인들은 볼만한 작품을 조금 남겼다.

도심에서는 축출되었지만, 심산유곡에서 버틴 사찰은 건축이나 이런 부분에서는 꽤 훌륭한 작품들을 남겼지만,(이런 경우도 대부분 왕실이 지원하는 사찰이었다) 조각에까지 투자하고 양지같은 명장을 양성하기는 버거웠다. 그래도 사찰에는 석탑, 석등, 부도 같은 수요가 있어서 근근히 명맥은 이어가지만 과거와 같은 걸작은 나오지 않았다.

그나마 민간에서 수요가 있는 작품은 사대부가의 비석과 선정비다. 여기에도 고인을 기리는 조각상도 넣고, 일화를 새긴 부조라도 새겼더라면 권력가와 부호들의 경쟁을 유도하고, 석공이 조각가로 발전할 수 있었을 거다. 그러나 조선은 결혼보다 장례와 제사를 더 중요시하면서도 무덤에 돈을 쓰면 나라가 망한다는 원칙을 고수했다. 지금도 누군가

양지의 대표작인 사천왕사의 녹유신장상(경주국립박물관 소장)

가 호화 무덤을 조성하면 사회의 손가락질을 받는다. 외국에 가면 장례
용으로 만든 조각에 감탄을 하고 일부는 교과서에도 실리는데, 우리나
라의 묘에 이탈리안 조각가의 작품을 세워 놓는다면 무슨 짓을 당할지
모른다.

　왕릉도 모범을 보여야 했기에 500년 동안 양식이 거의 같다. 제일 창
의적인 능이 고향의 갈대를 심은 태조능이다. 다른 능은 갈대를 가져올
고향도 없었다.

　상공업 발전과 초과이윤을 방지하기 위해 왕릉 공사는 군인을 동원
해서 밥조차 주지 않고 완전한 무상노동으로 진행한다. 굶주린 병사들
이 탈진하거나 사보타지를 하면 그제야 조금 꼼수를 쓴다.

　그러면서 노역하는 백성(병사)들이 힘드니 괜히 호화 무덤을 만들려

미켈란젤로의 모세상: 원래는 율리우스 2세의 영묘를 위해 만든 조각상이었다.(로마 산 피에트로 인 빈콜리 성당)

건원릉: 태조 이성계의 능으로 묘에는 잔디 대신 함경도에서 옮겨온 갈대를 심었다.

는 이상한 생각을 하지를 말라. 과시욕을 누르고 참아라 참아라 하면서 백성 타령, 백성 걱정은 겁나게 한다. 하지만 산업이 빈약하니 백성에게 줄 일자리도 곡식도 없다. 굶주리는 백성을 자상한 아버지의 마음으로 아프게 바라볼 뿐이다.

이런 기사를 읽다 보면 입이 닳도록 말하는 '백성 걱정'이 진심일까 싶은 회의도 든다. 솔직히 말하면 진짜는 맞다. 임금은 고사하고 밥도 안 주고 사역을 시키는데, 왕릉 공사 중에 폭동이라도 나면 명예 문제도 심각하다. 임금을 지급하면 세금을 더 걷어야 하니 피해를 전가시키는 것에 불과하다고 자위한다.

현대인들도 이렇게 반박한다. 왕이 재산을 줄이고, 고관, 양반들이 덜 받고 덜 걷고, 부정부패를 줄이면 되지 않느냐? 그것이 바로 박제가와 맨더빌이 통탄하는 빈곤의 논리다. 생산증대 없이 가난한 부자들의 절약만으로 얼마나 구제가 되겠나? 빈곤으로 빈곤을 극복하려하면 모두가 가난해질 뿐이고, 산업은 더욱 더 쇠퇴한다.

선정비도 수요는 제법 있다. 수령들은 누구나 선정비를 세워 이름을 남기고 싶어 한다. 그런데 선정비도 애민사상이 지극한 조선에서는 불법이다. 이럭저럭 눈치 보면서 세우는데, 재수 없게 일제 단속령이 떨어지면 또 뽑힌다. 이런 분위기에서 특이하고 창조적인 비나 조각상을 세우면 제일 먼저 표적이 된다. 세우긴 세우되 최소한 눈에 띄지 않게 다른 비들 속에 조용히 묻어가야 오래 버틸 수 있다.

선정비가 많이 남아 있는 곳은 40~50개가 넘게 있는 고을도 있다. 수백년 동안 세워진 비가 한결같다. 나도 선정비로 논문도 썼지만 비에 남

피렌체의 메디치 영묘: 로렌초의 상 아래에 누워 있는 남자의 얼굴을 미켈란젤로 자신의 얼굴이다.

긴 문구도 천편일률적이고, 추상적이어서 사료적 가치도 취약하다. 이 선정비들이 탐관오리들이 세운 허위 비석이어서가 아니다. 농본사상에 세뇌된 여론과 비난을 무서워 하니 비석에 말도 아끼고, 예술적 가치는 아예 포기한다.

피렌체에 있는 메디치 예배당에 미켈란젤로의 연작이 있다. 생전에 메디치가에 큰 은혜를 입은 미켈란젤로는 만년에 메디치가 출신인 2명의 공작의 영묘에 자기 작품을 봉헌했다. 한 명은 네무르 공작 줄리아노, 한 명은 우르비노 공작 로렌초이다. 로마 장군을 닮은 로렌초의 조각상 밑에는 두 명의 남녀가 비스듬히 누워 있는데 남자의 얼굴은 미켈란젤로 자신의 모습이다.

줄리아노 공작은 평판이라도 괜찮은데, 로렌초는 메디치가 군주 중에서도 무능과 방탕으로 악명이 높다. 미켈란젤로가 무슨 생각으로 줄리아노도 아닌 로렌초 밑에 자기 얼굴을 넣었는지 모르겠다. 그러나 이곳을 찾는 사람들은 미완성의 작품에도 감탄에 감탄을 할 뿐, 저런 형편없는 놈을 위해서 이런 영묘를 조성했느냐고 비난하지 않는다. 따지고 보면 미켈란젤로 대표작인 시스티나 성당의 벽화을 주문한 사람도 최악의 교황으로 꼽히는 율리우스 2세였다.

사람들은 평생 먹고 살만큼 거액의 보수를 받은 미켈란젤로의 작품 앞에서는 머리를 조아리고, 가난하고 무명의 석공이 남긴 선정비는 욕한다. 조선에는 왜 이런 영묘가 없을까? 백성의 고혈을 짜서 만들었다는 선정비는 관광수입도 올리기 힘든 무가치한 돌기둥이 되었을까? 맨더빌이 말한 이유 때문이다.

"만족감 때문에 그들은 초라한 곳간을 좋다고 하면서 더는(더 좋은 집을) 찾지도 샘내지도 않게 되었다"

이 비유에 꼭 맞는, 맨더빌이 알았더라면 반드시 시에서 언급했을 훌륭한 사례가 있다.

"가난한 나라가 행복지수는 높다"

이 황당한 이야기를 너무나 많은 사람이 믿는다. 이런 심리상태는 행복함의 지수가 아니라 심리적 착각 상태의 지수이다.

자수성가로 성공한 중소기업 사장님에게 들은 이야기다. 그 분이 중학교를 중퇴하고 10대 시절 내내 산간오지에서 목동처럼 살았다. 자신의 삶을 돌이켜 보면 아무 생각 없이 들판에 누워서 보내던 그 시절이 제일 행복했다고 했다. 가난과 행복의 관계를 예찬하는 말 같았는데, 그 다음 말이 중요했다. "하지만 그건 그냥 무지한 상태였다. 할 일도 없고 산간벽지라 눈에 보이는 것도 없으니 가지고 싶은 것도 없고, 하고 싶은 일도 없어서, 그냥 감정이 냉동된 상태였던 거다"

프로포플에 취해 잠든 상태를 우리는 행복한 상태라고 말하지 않는 다. 오히려 범죄로 규정한다. 더 중요한 사실이 있다. 그 사장님의 감정 냉동 상태의 행복도 아직 삶의 주인, 가장이 되지 못한 10대시절이었기 에 가능했다.

제대로 먹지도 못하는 아이를 바라 보는 어머니, 병과 굶주림과 역경 이 닥쳐 오면 풀잎처럼 스러지는 삶, 도적과 적국의 군대가 나타나면 아 무 것도 할 수 없는 삶, 정말 행복할까?

문명인들은 그들 가슴 속에 있는 고통의 심연은 보지 않고 그 상처를 감싸고 있는 미소와 행복이란 덮개만 본다. 행복감이란 어떤 의미로는 위로인데, 위로할 소재가 아무 것도 없는 사람은 아무 것도 없는 상태 를 무한한 행복감으로 오해한다.

이솝 우화에 등장하는 신포도의 행복감도 있다. 사람은 자신이 가질 수 없는 것이라고 판단하면 미리 단념한다. 중국에 간 박지원은 벽돌로 된 건물들이 가지런히 서있는 마을(혹은 도시) 풍경에 감탄을 했다. 현 대로 치면 아파트가 즐비한 신도시를 처음 보는 느낌이었다.

박지원이 함께 간 종 장복에게 물었다. "너는 이런 동네서 태어나 살 고 싶지 않느냐?"

장복이 선뜻 대답한다. "중국은 되놈의 나라라 쇤네는 싫습니다요."[183]

초가, 헛간에 만족하는 태도가 잘못은 아니다. 인간은 누구나 만족할 권리가 있고, 현실의 긍정과 만족이 필요하다. 하지만 이것이 사회를 발전시키고, 선진기술을 배우고 개량하려는 노력을 거부하는 이유가 되어서는 안된다.

나는 오지의 원주민 촌락을 찾아가서 이렇게 말하는 사람이 제일 싫다. "너무나 아름답지 않아요. 이 사람들은 우리처럼 문명에 오염되지

조선의 전통마을

않고 이렇게 행복하게 살아야 하는데"

"나는 불행하게도 냉난방 시설과 기적같이 병을 치료하고, 생명을 연장시켜 주는 희안한 약물과 자동차와 비행기와 온갖 전자제품으로 덧칠된 문명으로 오염된 세상에 태어나는 바람에 이렇게 불행하게 산다. 그대들이여 그대들만이라도 자연 속에서 자연의 무자비함과 폭력에도 감사하며 경쟁없는 세상에서 행복하게 살아다오."

이건 오만도 아니고 착각도 아니고 무지다. 자연 속에 경쟁이 없다는 말도 이런 거짓말이 없다. 문명사회에서 횡행하는 경쟁이 없고, 교통사고의 위험이 없을 뿐이지, 그들은 더 무시무시하고 원초적인 경쟁과 위험 속에서 산다.

동양의 고전에서는 "욕망을 거세한 사회"를 찬양한다. 그것이 동양 정치의 이상인 "격양가"이다.

격양가는 농부가 밭일을 하다가 땅을 쳐서 장단을 맞추며 부르는 노래라이다. 요나라의 전설적인 명군인 요임금이 어느 날 변복을 하고 민정시찰을 나갔다. 한 노인이 길가에 두 다리를 뻗고 앉아 한 손으로는 포만감 가득한 배를 두드리고, 한 손으로는 땅바닥을 치며 장단에 맞춰 노래를 부르고 있었다. "해가 뜨면 일하고, 해가 지면 쉰다. 우물 파서 마시고, 밭을 갈아 먹으니, 임금의 덕이 내게 무슨 소용이 있으랴"

백성들이 등 따습고 배부르게 살 수 있게 해 주는 정치, 정치가 있는지 없는지 모를 정도로 편안하게 살게 해 주는 정치가 가장 훌륭한 정치라는 교훈이다. 참 좋은 말이고 부러운 세상이기는 하다. 그러나 이 말에도 함정이 있다. 현실적으로 이런 사회가 가능하려면 자신 뿐 아니라 전세계가 발전도 없고 변화도 없고, 추구하는 것도 없어야 한다. 모든 것이 풍족해서 만족한 것이 아니라 주어진 것 외에는 바랄 수조차 있는 것이 없기에 만족하는 상태이다. 식량생산은 간신히 굶주림을 면하고 주기적으로 기아의 신에게 제물을 바치고 살지만, 다른 먹거리를 알지 못하고, 그것을 먹고 싶은 욕구도 없기에 오늘 하루 생을 유지하고, 내일 죽더라도 오늘 하루 배가 부른 것에 감사한다.

그래서 이런 착각상태를 현대 용어로 "우민정치"라고 한다. 그 속에는 더 무서운 함정이 있다. 정치가 있는 지도 없는 지도 모르는 농민은 밭이나 갈며 아주 극소수인 통치자와 지배신분에게는 철저히 복종해야 한다. 돈을 벌어 권력을 쥐어 보거나 신분을 상승시키겠다는 생각, 심지어 높은 분이 사용하는 멋있는 모자나 신발, 귀걸이, 바지 장식을 나도 한번 만져 보고 내 옷에 걸쳐 봤으면 하는 생각조차도 해서도 안된다.

이런 사회가 유지되려면 세상에는 우리 집단만 존재해야 한다. 만에 하나 우리 옆에 조금 깨인 집단이나 욕망을 추구하는 집단이 있다면, 우리는 그들보다 금세 뒤처질 것이고, 침략당하거나 노예가 될 것이다.

다시 맨더빌의 신랄한 입을 빌어보자. 박제가도 자유롭고 체계적인 서술이 허용되었다면 분명 이렇게 말했을 것이다. 중간 중간 박제가의 지적과 동일한 취지의 내용도 있다.

사람보다 땅이 많다면 이러한 조건에서 사람들은 얼마든지 미덕을 지니고 전체에 해를 끼치지 않으면서 얼마든지 해를 끼치지 않고 살 수 있다.

그러나 예술이나 과학은 갖지 못할 것이며, 이웃나라가 내버려두는 동안에나 조용히 지낼 수 있을 것이다.[184]

예술이나 과학이 없다는 말에 우리는 또 화를 낸다. 예술이란 고귀한 영역은 부와 문명이란 기준으로 판별할 수 없는 그 무엇인가이다. 그러나 멘더빌의 요점은 근대의 부와 과학문명이라는 관점에서 예술과 과학이 상대적으로 뒤처진다는 의미이다.

조선은 극장과 오페라 하우스같은 대규모 공연예술은 가지지도 못했다. 19세기 말 20세기 초반에 간신히 남사당 같은 시장터의 전문 놀이패가 태어났다. 18,19세기의 과학기술은 우리 모두가 알고 있는 것처럼 서구와는 엄청난 격차가 벌어졌다.

"이웃나라가 내버려 두는 동안에나 조용히 지낼 수 있다"

근대로 올수록 국방력은 국력, 경제력에 비례한다. 우리는 한때는 만주벌판을 호령했다고 하지만 16세기 이후로 오면 주변국과의 국력 격차는 점점 더 벌어졌다. 중국이나 일본과 전면전을 벌인다면 일단 재정적으로 군비를 감당할 능력이 전혀 없었다. 그런 와중에도 조선이 국부의 증진을 도외시하고 국방비조차 댈 수 없는 가난한 농본주의에 안주하며 태평하게 살았던 것은 청나라로 인해 중국과 만주가 안정되었고, 일본은 도쿠가와 막부의 불간섭주의로 조선이 전쟁의 걱정을 잊고 살 수 있었던 탓이다. 조선은 청나라를 그렇게 무시하고 비웃었지만, 사실은 청제국이 제공한 평화의 최대 수혜자였다.

이들은 가난하고 무식할 것이며, 삶을 편하게 해 주는 것은 거의 갖추지 못할 것이어서 중요하다는 미덕을 다 모아 놓아도 쓸만한 옷 한 벌이나 죽 그릇 하나도 제대로 얻게 해 주지 못할 것이 분명하다. 이처럼 게으르고 편하고 멍청하고 순진한 상태에서는 심각한 악덕을 두려워할 필요가 없기 때문에 상당한 미덕을 기대할 수도 없다. 사람은 욕망에 사로잡히지 않고는 힘을 다하지 않는다. 잠자는 욕망을 깨워주는 것이 없다면 사람이 지닌 탁월함과 능력은 언제까지나 드러나지 않을 것이고, 열정이 빠진 몸뚱이는 바람 한 줄기 없는 가운데 육중하게 서 있는 풍차나 마찬가지다.[185]

농본사회라는 허상에서 벗어나기

위선과 이분법의 경제학

농부는 수공업자의 도움을 필요로 하고 수공업자들은 경작자와 함께 정주하여 마을을 이룬다. 그리고 그들의 직업은 마을의 개량과 함께 증가한다.(아담스미스 『국부론』)[186]

농본사상을 한국, 중국, 일본에 국한해서 이야기 하자면, 농본정책과 억말정책, 쇄국정책, 국가의 통제경제는 콤비다. 전통적인 농본주의는 이렇게 말한다.

농업은 재화(가치)를 생산하고, 상공업은 재화(가치)를 가공하거나 이

전만 한다. 그런 주제에 상공업이 번성하면 농업발전을 저해한다. 왜 그동안 열심히 성실하게 살던 농민이 이익이 많고 돈 벌기가 쉬운 상공업으로 갈아타기 때문이다.

이거야말로 부수입을 챙기느라 본업을 소홀히 하는 격이다. 도저히 망할 수 없었던 도저히 파산할 수 없는 기업이라 여겼던 GM도 금융수입의 매력에 빠져서 CEO도 금융 전문가로 임명하고, 본업인 자동차에 소홀했다가 한때 파산했다. 농본과 억말도 같은 논리다. 상공업이 돈을 벌어 준다고 상공업으로 몰려갔다가는 농업을 잡아먹고 식량생산은 줄어들어 백성은 굶어 죽게 된다.

하지만 전통적인 농본주의자도 상공업을 아주 철폐할 수는 없었다. 한 지역에 흉년이 들면 다른 지역의 쌀을 날라야 하고, 반찬거리, 직물, 광물도 생산자와 소비자를 연결해 주어야 했다. 이런 이유로 농본사회에도 상공업이 있긴 있어야 한다.

다만 인간이 욕망의 노예가 되어 상공업으로 과도하게 빠져 나가는 건 막아야 한다. 여기서 국가가 등장한다. 공권력과 행정망을 동원해서 상공업과 농업 사이에 균형을 유지한다.

국가의 힘으로 균형을 유지하는 데는 여러 가지 방법이 있다. 그 중 하나가 요망한 상공업자의 초과이윤을 국가가 압류하는 방법이다. 국가가 이윤을 제거(몰수)하면 농민이 상공업에 유혹되지 않을 것이다.

요즘도 우리 사회에 초과이윤을 국가가 몰수해야 한다는 이론이 팽배한데, 초과이윤의 기준이 뭘까? 조선시대에는 그 기준이 아주 간단, 명확했다. "이윤 자체가 초과이윤이니라" 이런 명제도 가능하다. "모든 이윤은 부당이익이다"

정의로운 국가는 상공업자에게 중과세를 매긴다. 그래도 희안하게 상공업은 한번 길을 트이면 꾸역꾸역 성장한다. 그러면 정부 관리나 군인이 가게로 쳐들어가서 물건을 그냥 집어 간다거나, 외상으로 달아 놓으라고 하고 대금을 갚지 않는다. 상공업자가 회복 불가능 상태가 되어 울고 불며 청원을 하면 조금 지원을 한다. 이렇게 정부가 폭력같은 공권력으로 상공업자의 파산상태를 유도하고, 정부 재정으로 최악의 상황은 방지하면서 평생토록 정부에 의지해서 살아가게 만든다.

그래도 장사치들은 어떻게든 수익을 빼돌려서 일반인 보다는 잘 먹고 잘 산다. 하지만 자본을 축적해서 생산규모를 늘리거나 새 산업, 상점에 투자하지 못한다. 이것이 초과이윤 몰수를 통한 상공업 냉동상태 유지법이다.

이 방법도 양반이다. 국가는 가능한 모든 거래는 현금 거래를 억제하고 물물교환이나 무상노동으로 시행하게 한다.(간혹 화폐 유통책을 시행하기도 하지만 여기에는 일반 화폐이론과는 다른 사정이 있다. 이 얘기는 너무 복잡해서 생략한다) 조선후기에 시장도 생기고, 화폐도 통용되었다고 하지만 속도는 매우 느렸고, 정부의 근본적인 사고나 이런 정책기조는 변하지 않았다.

상공업 억제책 중에서 제일 중요한 부분이 의외로 국제무역이다. 무역은 모든 상공업 중에서도 이윤과 물량이 제일 거대하고, 경제산업구조에 미치는 영향이 제일 크고 혁신적이다. 외국이 관련되니까 마음대로 통제하기도 쉽지 않다. "통제할 수 없는 외국과 얽힌다." 이게 제일 문제이다. 그래서 아예 쇄국정책을 시행한다.

상대국가가 충분히 선진국일 때는 무역역조가 발생한다. 정부 입장에서 보면 부가 들어오기는커녕 빠져 나가는데, 국내 산업의 통제 불능 상태와 과도한 성장마저 발생한다. 이중으로 손해이고 이중으로 위험하다. 무역에 대한 이런 견해는 지극히 단면적인 착각이지만, 지금도 이렇게 생각하는 사람이 많아서 이 정도만 하겠다.

중국, 일본도 농본사상을 공유했다. 다만 억말의 양과 내용에서 차이가 났다. 정부가 이 이념을 얼마나 밀도 있게 실천하느냐의 차이다. 박제가가 청에서 본 융성한 상공업은 서구와 같은 자유 시장 체제의 결과물이 아니고 조선보다 느슨한 억말정책 상태였다. 박제가도 이건 구분하지 못했던 것 같다. 청나라 관원 중에도 박제가가 청을 오해한 것 같다고 생각했거나 청나라의 농본사상이 만족스럽지 않았던 사람이 저 조선의 인재에게 아예 유럽을 보여주면 어떨까라는 이야기가 나왔던 모양이다. 반정균은 이런 주장에 반대했다고 하는데, 박제가가 폭발해 버릴 것이라고 생각했던 것 같다.

결론은 조선의 농본사상은 동아시아 3국 중에서도 거의 탈레반급 원리주의였다는 것이다. 농업을 보호하기 위해서라고 해도 국가가 상공업의 자유로운 성장을 억제하는 것과 최소, 최악의 수준으로 찍어 누르는 것은 다르다.

농업진흥 없는 농본정책

상공업을 눌러야 농민이 잘 산다는 이야기도 황당한 거짓말이다. 상공업이 발달하고 시장, 도로, 숙박시설, 유통산업이 발달해야 농작물도 쉽고 싸게 팔 수 있고, 농민도 부유해 진다. 농업에서 얻는 이윤이 커지면 작물개량, 농법개량, 생산성 증대도 촉진된다.

우리 교과서에서도 이렇게 설명한다. 조선후기에 상업적 농업이 발달하자 면화, 담배, 고추 등 상품작물이 발달하고 서민들 중에서도 부자가 늘어나기 시작했다고 말한다.

농민을 위해 상공업을 억제한다는 정책의 진실은 지배층의 평안과 안정이다. 백성은 가난하고, 다른 욕망이 없어야 말을 잘 듣고 통치하기도 편하다. 삶에 변화도 없고, 매일 똑같은 일만 하는 사람들이 정해진 운명에 순종적이 되고 말도 잘 듣는다. 반대로 노력하면 부자가 될 기회가 있거나 더 가난해질 위험이 있으면, 사람들은 역동적, 적극적이 되든가 불만세력이 된다.

상공업이 발달하면 부의 회전이 빨라져 부자가 몰락하고, 가난한 사람이 부자가 되기도 쉽다. 사람이 부를 획득하면 그 다음에 노리는 것이 권력이다. 부자가 늘면 관료직에 대한 도전과 경쟁도 거세진다.

세상 모든 지배층의 로망은 그냥 사회가 이 상태로 냉동되어서 부와 권력이 자연스럽게 계승되고 꾸준히 지속되는 것이다. 이런 이유로 사회를 최대한 냉동상태로 두기 위해서 조선은 상공업을 증오하고 억제했다. 상공업을 아예 없앨 수는 없으므로 강력하게 국가의 통제 하에 두어 관리했다. 사회는 안정되었지만 국가와 국민은 가난해졌다. 도로, 다리와 같은 사회간접자본에 대한 투자도 없고, 기술을 개발하고, 좀 더 좋은 제품을 만들려는 노력도 실종되었다.

박제가는 이런 위장된 농본주의를 공격한다. 진짜 농본사회라고 한다면 농업생산성, 농업기술에 투자하고, 최소한 농업분야에서라도 독보적인 성취를 보여야 한다. 그러나 그런 내용이 전혀 없다. 없진 않지만 너무 미미하다.

겨우 한다는 것이 노농에게 물어서 노하우를 찾아내고 이 지식을 농서로 편찬해서 보급한다는 정도이다. 현대 역사책에서도 이런 방법을 예찬만한다.

박제가는 "노농은 믿을 수 없다"고 단언한다. 이 말 들으면 많은 분이 기분 나빠한다. 그건 지식인의 교만이다. 책에서 배운 이론을 가지고 현장의 경험, 몸으로 체득한 진리를 무시하다가 큰 코 다친다. 맞다. 그런 사례도 많다. 과학과 이론도 완전하지 않고 교만해서도 안된다. 끊임없이 묻고 탐구해야 진보한다.

하지만 과학적 방법으로 노농의 경험을 수용하고 검토하는 것과 노농의 경험에 절대적으로 의존하는 것은 전혀 다르다. 경험적인 진리는 암기한 지식과도 같다. 그것이 옳다고 해도 이유를 모르면, 타 지역에 적용했을 때 틀려지기도 하고, 응용발전 시킬 수 없다. 모든 기술은 체계적인 연구와 분석을 통해 발전해야 한다. 노농의 경험, 민간요법이 첨단기술과 현대의학을 무색하게 하더라도 과학적으로 그 이유와 원리를 규명해야 진정한 발전이 완성된다. 그러나 조선은 수집하고 정리했을 뿐, 체계적인 연구와 투자를 거의 하지 않았다.

경험과 경험, 농서와 농서가 대립할 때는 어떻게 해야할까? 실험하고 비교 검증하고, 원인을 찾아야 한다.

박제가의 북학 동료였던 이희경은 벼슬을 포기하고 강원도 홍천으로 낙향해서 직접 농사를 지었다. 그는 이 참에 중국 농서에서 본 농법을 시험해 보기로 하고, 농서에서 배운 대로 일정한 간격을 두고 보리씨를 뿌렸다. 근처에 있는 노농이 이희경의 밭을 보고는 혀를 차며 나무랐다. 그렇게 심으면 보리가 너무 성기게 나서 제대로 자라지 못하네. 이거야 말로 책 밖에 모르는 백면서생의 농사일세.

농부의 말은 작물은 똑바로 자라야 이삭이 풍성해 진다. 그런데 보리는 곁가지가 없으므로 빽빽하게 심어야 서로 기대서 똑바로 자랄 수 있다는 것이었다. 그런데 실제로 싹이 나자 이희경의 보리는 쓰러지지 않았다. 너무 빽빽하게 심지 않은 덕에 지력을 충분히 이용할 수 있어서 뿌리와 줄기가 튼튼해졌다. 포기마다 이삭도 더 많이 패였다. 종자는 적게 뿌리고 이삭은 많으니 생산량도 더 많았다. 빽빽 이론을 주장하는 노농의 밭보다 수확량이 무려 10배였다.[187]

노농의 이론은 생산량을 늘리기 위해 밭에 한포기라도 더 심으려는 원시적인 욕망의 결과였을 뿐이다.

이런 현상이 보리 뿐일까? 수차, 베틀, 기본적인 농기구, 이런 것조차 개량하려는 노력이 없어 농기구의 생산성이 중국보다 10배 이상 처지는 것이 수두룩하다.

중국의 탈곡기는 1만석을 어렵지 않게 찧어내고, 중국의 물레는 한사람이 하루에 80근의 솜을 뽑는다. 그러나 조선 물레는 솜을 하루에 4근 밖에 뽑아내지 못한다.[188] 탈곡도 간단한 기구도 사용하지 않고 도리깨질과 타작으로 탈곡을 하니 여러 명이 하루 종일 일해도 10석 밖에 탈곡하지 못하고 쌀에는 돌과 모래가 섞인다.

수차는 서양에서는 고대 그리스에서 중국, 일본에서도 고대부터 사용되었지만, 우리는 조선후기까지도 제대로 사용하지 못하고 있다. 파종하는 곡식은 중국보다 몇 배나 많고, 수확하는 곡식은 몇 분의 일에 불과하다.

이것이 과연 농본사회인가? 조선의 농업생산성과 효율이 떨어지는 이유가 농업의 수익성을 견인하는 상공업이 부실하기 때문이다.

노농의 경험도 두 종류가 있다. 고요한 사회에 살면서 타성적인 경험에 의존하는 노농과 자본주의 사회에서 기업농처럼 수익과 벌이를 위해 혼신의 힘을 다해 실험하고 투자하는 경험이다. 덴마크의 낙농업처럼 상공업이 발달해야 농산품의 수익성이 높아지고 농부는 농업기구와 기술 발달에 매진하게 된다.

박제가 비판하는 노농의 경험은 전자이고 비판의 본질은 국가가 상공업과 농업이윤 창출의 기회를 같이 억누르기 때문에 덴마크 농촌에서처럼 노농의 진짜 값진 경험이 생산되지 않는다는 것이다.

그러면 이런 질문이 나온다. 그건 조선 전기 사정이고 조선후기에는 상공업이 많이 발달하지 않았습니까? 그 발달한 상공업의 상황에서 산업과 생각의 수준이 이렇다는 것이다. 이 위선적인 농본사회론 덕에 조선의 농민들은 극빈의 삶을 영위한다.

1799년에 올린 상소에서 박제가는 중국의 농기구를 요양에서 수입해서 보급하고, 서울에 농업시험장을 설치해서 체계적으로 농법을 시험하고 분석하자고 했다. 농업진흥청의 효시인 셈이다. 최소한 이 정도의 노력은 하면서 "농업이 천하지대본"이라고 떠들어야 낯 뜨겁지는 않지 않겠는가?

무역으로 시장과 경제규모를 넓힌다

산업화 이전시대에 상공업 발전에서 무역의 중요성은 앞에서 여러 번 이야기 했다. 이 부분에 대해 박제가의 육성을 들어 보자.

우리나라는 나라는 작고 백성은 가난하다. 온갖 노력을 아끼지 않고 전답을 경작하고 인재를 등용하며, 상인에게는 장사를 허용하고, 장인들에게는 일정한 혜택을 주는 등 나라 안에서 이용 가능한 모든 방법을 써 보아야 한다.

이렇게 해도 넉넉하지 못할까 염려된다. 그러므로 이 정도만으로는 안 된다. 반드시 먼 지방에서 산출되는 물건을 통상해서 가져와야만 재화가 불어나고 온갖 쓸만한 물건이 만들어 진다.

(중략) 만약 외국과 선박을 통해 통상한다면 비단옷을 입고 대나무 종이(얇고 하얀 중국 종이임)에다 글을 쓰는 정도는 넉넉하게 할 것이다.
왜국이 직접 중국과 통상을 하게 된 이후로 왜국이 교역을 맺은 나라가 30여개 국에 이른다..... 그런 뒤로 다시는 우리나라에 물건을 요청하는 일이 없다.[189]

대항해시대 유럽의 무역선, 항해는 위험했지만 막대한 수익을 가져다 주었다.

박제가는 무역의 역할을 명확히 인식하고 있다. 일본이 어느 새 우리보다 부강해졌다는 점도 이 글 뿐 아니라 간간이 언급한다. 박제가가 정청에 들어가 국사를 의논하게 되었더라면 일본의 성장과 위험, 국방 문제를 분명히 지적했을 것이다.

당시 조선 바다에는 이양선이 출몰하고 있었다. 정부는 그들과 교류를 엄금하는 건 물론이고 행여나 교류라도 하면 우리나라를 침공할까 두려워했다. 지금도 국제무역을 이런 식으로 생각하는 사람들이 많다. 뺏기고 손해 보는 게 무섭다고 선진국과 교역을 회피하고 꼭꼭 숨어서 움켜쥐고만 있으면 격차는 더 크게 벌어지고 언젠가는 통 채로 빼앗긴다. 우리는 그런 역사를 이미 겪었다. 박제가는 두려워 말고 문호를 개방하자고 한다. 대신 갖은 수단 방법, 술수를 써서 저들의 기술, 선박제조법을 익힌다.

> 그러면 우리는 저들의 기술과 예능을 배우고, 저들의 풍속을 질문함으로써 나라 사람들이 견문을 넓히고 천하가 얼마나 크며, 우물 안 개구리의 처지가 얼마나 부끄러운 모습인지 알게 될 것이다.
> 이 일은 우리의 개명을 위한 밑바탕이 될 것이니 교역을 통해 이익을 얻는 데만 그치지 않을 것이다.[190]

우르과이 라운드 이후 한국이 저작권 개방 압력을 받았을 때 온 나라가 요동쳤다. 한국의 문화예술은 망하고 문화 식민지가 될 것이라는 주장도 있었다. 결과는 어떻게 되었나. 잠깐의 고통은 있었을지 모르지만, 몇 년 지나지 않아 한국 드라마, 영화, 팝, 뮤지컬이 세계적인 수준으로 성큼 올라섰다. 세계인이 한국 드라마를 보고, 칸 영화제, 아카데미상 시상식에서 한국 작품과 배우가 수상을 했다.

박제가가 영화, 드라마는 언급하지 않았지만 이미 북학의에 이런 문제에 대한 선각이 있다. 북학의가 너무 추상적이라면 1950년대 중반의 예언은 어떨까? 이때 저작권 개방 문제를 놓고 신문지상에서 논쟁이 벌어졌다. 당시는 한국 전쟁이 끝난 지도 얼마 되지 않아서 한국의 경제력은 1990년대의 1/100도 되지 않던 시기였다. 개방 반대론은 이 가난한 나라에 개방 요구는 폭력이다. 우리 경제가 성장할 때까지 저작권은 유보되어야 한다고 주장했다. 당연히 대부분 국민이 개방 반대를 지지했다.

찬성했던 분은 이런 주장을 했다.

"지금 우리 사회의 과제는 재건과 부흥이다. 맨 손으로 일어나야 하는 지금 저작권을 개방하면 당장은 힘들겠지만 우리가 제대로 빨리 배워서 훨씬 빨리 성장할 수 있다. 해적판, 불법복제, 그늘에서의 성장은 당장은 편하겠지만 발전속도를 느리게 하고 사이비가 판치게 한다. 특히 대학과 학문 분야에서 그런 현상이 두드러질 것이다."

지금 생각해 보면 이 분의 말이 맞았다. 다만 우리 사회가 이를 깨닫는데, 반세기가 걸렸다. 그리고 200년 전 박제가의 글에 이미 이런 계시가 있다.

박제가를 위한 마지막 변호와 비판

필자가 대학원생일 때 일이다. 조선후기의 인물이나 개혁안을 논할 때, 정약용은 위인이고 박제가는 비뚤어진 기인이었다. 그렇게 대우해야만 했다. 박제가의 생각에 조금 높은 평가를 하면 당장 이런 꾸지람을 들었다.

"박제가를 높게 평가하지 말게. 그는 우리 말을 버리고 중국어를 쓰자고 한 사람이야"

정말로 박제가가 북학의에서 이런 주장을 했다.

중국어는 문자(한자)의 근본이다. 우리말을 버리고 중국말을 쓰자. 그래야 우리도 오랑캐(동이)라는 명칭을 면할 수 있다. 동쪽 수천리 땅이 스스로 주, 한, 당, 송의 풍속으로 될 것이니 어찌 크게 쾌한 일이 아닌가

(내편 한어)

북학의를 번역했던 여러 저자 분들에게 이 구절은 곤혹 그 자체였다. 어떤 말로도 변호가 쉽지 않다. 보통 이렇게 변호한다. "박제가는 차별을 겪으며 살았다. 울분과 한도 많았다. 젊은 나이에 다른 세상, 선진 문물을 보니 과하게 흥분했던 것이다."

박제가의 심리상태를 논한다면 이 말이 맞다고 할 수 있다. 하지만 그렇다고 해서 이런 생각이 잘못되지 않은 건 아니다. 갑자기 포탄이 터지면 누구나 놀라지만 눈을 감고 도망치는 병사와 냉정하게 대응하는 병사가 있다. 도망치는 병사의 심정이 이해가 간다고 해도 결과에 책임은

저야 한다.

박제가가 너무 나간 건 사실이지만, 반민족주의자로 단죄해서는 안된다. 그 원인도 한과 울분이라는 심리상태로만 설명해서는 안된다. 박제가가 이런 극단적 주장을 했던 이유는 그가 직면할 엄청난 반대를 예상했기 때문이다. 그는 완고한 조선인들, 우물 속에서 세상을 다 아는 것처럼 큰 소리치고, 한쪽 눈으로만 세상을 보는 사람들. 이들을 설득할 방법을 고민했다.

박제가의 조선 비판, 농본사회 비판, 조선의 자랑거리인 활과 종이와 성리학에 대한 비판은 해외여행을 가 본 사람이 안 가 본 사람보다 많다는 21세기에도 호응보다 반발이 더 큰 주장들이다. 박제가는 이런 현상이 조선사람들의 눈과 귀가 고대의 경전에 꽂혀 있고, 그 문구로 중국을 이해하기 때문이라고 생각했다. 그러니 중국에 가서도 눈에 필터를 끼고 중국을 보고 돌아온다. 이래서야 발전이 있을 수 없고, 중국을 본 사람도 박제가의 주장에 동조하지 않는다.

박제가는 이렇게 말하고 싶었다. 천년 전의 글로 세상을 보지말고 현실 세계의 사람들을 만나고, 얘기하고, 느껴라.

다른 이유도 있다. 선진문물을 수입하고 상공업이 발달하려면 과거 공부에 몰입하는 양반 사대부들이 아니라 상인, 기술자, 군인, 다양한 계층이 보고 배워야 한다. 실용기술의 배움에는 글 뿐 아니라 언어가 중요하다.

오늘날 우리는 어려서부터 영어를 배우는 교육과정을 가지고 있다. 그것도 부족해서 영어 교육에 엄청난 교육비를 투자한다. 이런 행동을 반민족, 매국이라고 하지 않는다. 박제가의 주장은 이런 목적에 가깝다.

물론 오늘날 외국어 교육의 필요성을 주장하는 사람이 한국어를 버리자고 하진 않는다. 하지만 이 배경에는 충분한 교육 인프라가 전제가 되어 있다. 박제가가 살던 시절에는 공교육 시스템이란 것이 형편없었다. 국가가 외국어 학교, 기술학교를 세우는 건 한말이 되어서인데, 그것도 보편교육이 아니라 극소수를 대상으로 하는 특수학교였다.

역관은 국가에서 양성해서 '역과'라는 과거시험까지 있긴 했다. 그런데도 역관들의 중국어 실력은 형편없었다. 한참을 얘기했는데 통역관이 두 마디로 전달하고, 상대방이 한참 열변을 토했는데 한 두 마디로 통역하는 경우가 허다했다고 한다.

전문적 대화를 통역하는 건 현재도 아주 어렵다. 통역은 통역대로 상대의 자존심을 건드리지 않는다거나 욕설이나 심한 말을 그대로 옮길 수 없어서 그러는 경우도 있었을 것이다. 다른 사정으로 중국의 사투리는 도무지 알아 들을 수가 없었다. 하지만 이런 사정을 감안해도 당시 사신들의 기록을 보면 역관들의 능력은 신뢰가 어려운 수준이었다고 한다.

조선의 국가재정은 열악하고, 사람들은 극도로 완고하다. 사랑방 대화도 수용하지 않는 사람들이 국가 재정을 흔들, 아니 국가든 개인이든 현재 재정상태로는 가망도 없는 외국어 교육 시스템을 만들려고 하겠는가?

이런 고민을 하니 감정이 받쳐 오르고, 기존의 억압된 감정까지 겹치면서 아예 나랏말을 바꾸자는 주장을 하게 된 것 같다. 그러나 그렇기 때문에 이 주장은 박제가의 애국심에 대한 의심이나, 북학의 전체에 대한 반론이 아니라 이 방법에 대한 비판으로 끝내야 한다. 사실 위대한 석학, 세계의 위인들도 그들의 생각과 말을 다 털어 보면 어린 아이 상식으로도 납득할 수 없는 어이없는 말과 행동이 허다하다.

칼 세이건은 『코스모스』에서 DNA의 구조를 근거로 인간과 떡갈나무도 친척이라고 말했다. 하지만 이런 기준을 적용하면 떡갈나무 뿐 아니라 지구의 모든 생물은 서로 친척 간이다. 우리가 그 말을 본의로 이해하면 DNA 구조를 설명하려는 노력으로 이해할 수 있지만, DNA 친척론을 세계관에 적용하면 인류는 동족을 토막 내서 깔고 앉고, 태우고, 잡아먹으며 사는 거대한 식인집단이 된다.

톨스토이는 위대한 박애론자였다. 우리가 서로를 무한 사랑하면 세상의 모든 비극은 사라진다고 믿고 설파했다. 솔제니친의 회고에 의하면 그의 아버지가 중학생 시절에 톨스토이를 흠모했다. 무작정 톨스토이를 찾아가 만난 아버지는 질문을 던진다. "선생님 상대가 나를 해치려고 할 때는 어떻게 해야 할까요" "무조건 사랑하시오" 인류의 절반이 톨스토이주의자가 된다면 세상은 폭력이 난무하고, 진정한 박애주의는 전멸해 버릴 것이다.

인간은 불완전하다. 선각자는 불완전한 지성으로 더 불완전한 사람들을 설득해야 한다. 게다가 현상을 정확히 분석하고 올바른 목표를 설정하는 능력과 그 목표를 실행하는 방법을 찾고 실현하는 능력은 별개이다. 박제가의 중국어 대체론은 이 정도로 해석하면 될 것 같다.

최종적으로 박제가의 한계도 언급하고자 한다. 박제가는 북학의를 쓸 때 대략적인 원론만 제시한 것은 아니다. 본인 입장에서는 최대한 구체적이고 실천방략까지 제시해서 설득하려고 했다. 하지만 실천 방안으로 보면 많은 부분에서 어수룩한 부분이 적지 않다.

이 부분도 지적은 해야 하지만, 참작은 해줘야 한다. 본인은 확신하고 자부했지만, 실무 경험도 전혀 없는 29살의 청년에게 경제, 산업, 군사 전반에 걸친 디테일까지 요구한다는 건 무리다.

그가 제대로 등용되고, 국가의 브레인, 경영에 참여할 기회가 주어졌더라면 좀 더 세련되고 현실적인 사람이 되었을 수도 있다.

결론적으로 북학의는 발상의 전환, 가치의 전환을 요구한다는 점에 의미를 두어야 한다. 그렇다고 평가절하 하자는 의미는 아니다. 그토록 열심히 공부하고 그 결과물로 완고하고 조선이라는 배를 폭포로 몰아가면서 그것을 알지 못하고 있는 사회, 200년이 지난 후에도 국민의 절반 이상이 비슷한 잘못을 반복하고 있는 나라에 이런 선각자가 북을 울렸다는 것만으로도 놀라울 정도로 의미 있는 일이다.

참고문헌

1) 임용한, 「조선 후기 수령 선정비의 분석-안성, 죽산, 과천의 사례를 중심으로」, 『한국사학보』 26, 2007.

2) 『승정원일기』 영조 37년 7월 21일 정사.

3) 『승정원일기』 영조 37년 7월 22일 무오.

4) 윤훈표, 이인재, 임용한, 김인호, 박진훈 공저, 『경제육전집록』 이전 한품서용, 82~83쪽, 다음, 1993.

5) 『정유각집』 시집1, 상권 140쪽.

6) 『정유각집』 문집2, 하권 206쪽.

7) 이덕무, 『청장관전서』, 66권, 입연기, 3월 20일. 이덕무의 글은 한국고전번역원에서 번역한 『청장관전서』에 의거했다.

8) 『승정원일기』 영조 33년 9월 5일(갑오)

9) 『청장관전서』 3권 「초정시고 서문」

10) 박제가저, 정민, 이승수, 박수밀 외 옮김, 『정유각집』 시집1, 「술회 4수」, 상권 172쪽, 돌베개, 2010.

11) 『정유각집』 시집2, 「이인역 우정에서 차운하여 금정에 있는 유득공에게 보내다」, 상권 386쪽.

12) 안대회, 「초정 박제가의 인간면모와 일상」, 『한국문학연구』 36, 122쪽. 이희경에 대해서는 최근에 간행된 그의 저서 『설수외사』의 해제에 자세하다.(진재교 외 옮김, 「북학 또 하나의 보고서 설수외사」, 성균관대학교 출판부, 2011)

13) 『설수외사』, 26쪽.

14) 『설수외사』, 해제.

15) 『설수외사』, 255쪽 주1.개인적으로 『설수외사』를 평가하자면 이희경은 박제가의 통찰에 전적으로 공감하고 설득되어 있지만 확실히 통찰력과 지력은 박제가에 미치지 못한다. 그의 분석은 현상과 구조 사이를 오락가락하는 모습을 보인다.

16) 『정유각집』 문집2, 「현천 원중거를 전송하는 글」, 하권 119쪽.

17) 『정유각집』 시집3, 「현천 원중거 만사」, 중권 197~198쪽.

18) 『청장관전서』 16권, 「윤증악에게 보내는 편지」

19) 『청장관전서』 34권 청비록, 『변일민』, 일민은 변일휴의 자.

20) 『정유각집』 시집1, 「다시 차운하여 청수옥에 부치다」, 상권 114쪽.

21) 『정유각집』 문집4, 「공작관 박지원에게 답하다」, 하권 306쪽. 술 부탁을 받은 박제가도 집에 술이 떨어져 대신 돈 200문을 보냈다.

22) 『정유각집』 문집2, 「묘향산소기」, 하권 174쪽

23) 『정유각집』 문집3, 「가선대부 행용양위부호군 겸 오위도총부부총관 이공행장」, 하권 256쪽.

24) 『정유각집』, 문집2, 「서과고 서문」 하권 102쪽. 서과는 서쪽에서 치룬 과거라는 뜻으로 평안도에서 특별히 실시한 과거를 말함.

25) 『청장관전서』 9권 아정유고1, 「영변에 간 박재선에게 보냄」

26) 『정유각집』 시집1, 「장인 이공을 슬퍼하는 시 5수」, 상권 77쪽.

27) 『정유각집』 문집2, 「서과고 서문」, 하권 101쪽.

28) 『정조실록』 46권 정조 21년 2월 25일.

29) 『정유각집』 문집2, 「소전(小傳)」 하권 206쪽.

30) 『정유각집』 문집3, 「이덕무의 초상화에 찬하다」, 하권 283쪽.

31) 『청장관전서』 4권 영처문고, 「회잠」

32) 위의 주.

33) 『정유각집』 문집3, 「사물잠」, 하권 280~281쪽.

34) 『청장관전서』 4권, 아정유고 6

35) 『청장관전서』 19권, 아정유고 11, 「이우촌에게」

36) 위의 주.

37) 위의 주.

38) 『정유각집』 문집5, 「이사추의 편지 뒤에 쓰다」, 하권 450쪽.

39) 『청장관전서』 3권 「초정시고 서문」

40) 『정유각집』문집5, 「이몽직의 제문」 하권 404쪽.

41) 『정유각집』 문집3, 「상중의 이몽직에게 답하다 2」 하권, 300쪽.

42) 『정유각집』 문집3, 「상중의 이몽직에게 답하다」 하권 296~298쪽.

43) 『정유각집』 문집1, 「바다의 고기잡이」, 하권 28쪽.

44) 위의 주.

45) 『정유각집』 문집5, 「이몽직의 제문」 하권, 405쪽, 박지원도 이한주의 죽음을 비통해 해서 그를 위한 제문을 지었다.

46) 위의 주, 403쪽.

47) 『청장관전서』 권19, 아정유고 11.

48) 『정유각집』 시집1, 「집에서 지은 절구 3수」, 상권 132쪽..

49) 『정유각집』, 문집2, 「백탁청연집서문」, 하권 104쪽.

50) 『청장관전』 부록 아정유고 3, 「협주기」

51) 『정유각집』 시집1, 상권, 145쪽.

52) 『정유각집』 시집1, 「광흥창 아래 배에서 자고 2경에 운양나루에 이르다」, 상권 146쪽

53) 『담헌집』 외집 7권, 연기(燕記), 「관청의 여러 관리들(衙門諸官)」

54) 엄앙이 보낸 문집과 홍대용의 초상화는 바로 전달되지 못하고 삼하에 살고 있는 손유의라는 사람에게 전달되었다. 손유의는 1777년 연경에 간 이덕무와 박제가를 통해 전해주었다.(『연암집』 2권 〈홍덕보(홍대용) 묘지명〉 전달에 10년이 걸린 셈이다. 다만 반정균 등과의 교류를 통해 엄성의 사망 소식은 그 전에 전해진 듯하다. 나중에 홍대용의 부고도 손유의를 통해 항주의 엄씨가에 전달했다.

55) 『정유각집』, 문집4, 「관헌 서상수에게 주다」, 하권 318쪽.

56) 『정조실록』 권3 원년 3월 24일, 경자, 이날 정사인 이은과 서호수가 정조에게 귀국보고를 했다.

57) 『청장관전서』 34권, 청비록 3.

58) 『청장관전서』 35권, 청비록 4, 이우촌.

59) 위의 주.

60) 『고운당필기』 4권 「검서체」

61) 『정유각집』 문집1, 하권 21쪽.

62) 『정유각집』 시집1, 「영재 유득공」, 상권 241쪽.

63) 『청장관전서』 19권, 아정유고 11, 「반추루에게」

64) 『청장관전서』 11권, 아정유고 3.

65) 『정유각집』 문집4, 「이조원에게 쓴 편지」 하권 325쪽.

66) 『청장관전서』 권11 아정유고 3, 「이우촌의 월동황하집을 읽다」

67) 『정유각집』 시집1, 상권 178쪽.

68) 이덕무, 『청장관전서』 66권 입연기, 2월 30일.

69) 『정조실록』 권3 1년 3월 21일, 정해.

70) 『정유각집』 문집1, 「선비를 시험하는 일에 대한 책문」, 하권 39쪽.

71) 『정조실록』 5권, 정조 2년 3월 3일 계해.

72) 『청장관전서』 66권, 「입연기」 정조 2년 3월.

73) 『정유각집』 시집2, 「이문원에서 눈을 노래하다」, 상권 359쪽.

74) 이 책의 첫판인 「박제가 욕망을 거세한 조선을 비웃다」에서 필자도 이덕무와 박제가가 정5품 서장관의 직을 수행한 것으로 설명했는데 이건 큰 실수였다.

75) 『청장관전서』 66권, 「입연기」 상 3월 7일 정축.

76) 위의 책, 3월 30일.

77) 『정유각집』 문집4, 하권 324쪽, 327쪽.

78) 『청장관전서』 67권, 「입연기」 하, 5월 15일.

79) 이희경, 『설수외사』 「묵장거사」, 25쪽.

80) 성대중, 『청성잡기』 권4, 「성언」, 성대중은 박제가 일행의 서얼 친구였다.

81) 『청장관전서』 11권, 아정유고 3,

82) 『정조실록』 권3 1년 3월 21일, 정해.

83) 『청장관전서』 19권, 아정유고 11, 서5.

84) 『정유각집』 문집4, 「갱당 이조원에게 쓴 편지」, 하권 325쪽.

85) 『청장관전서』 66권 「입연기」 상 4월 15일.

86) 박지원, 『열하일기』 도강록, 6월 28일.

87) 『연암집』 3 공작관문고, 「형암(이덕무) 행장」

88) 『청장관전서』 48권, 이목구심서 耳目口心書 1

89) 『청장관전서』 14권 아정유고 6

90) 유수원, 『우서』 권1 「사민을 총괄하여 논함」

91) 위의 주.

92) 위의 주.

93) 이유원, 『하필기』 8, 「인일편」

94) 최립, 『간이집』 권1, 공사, 「승문원제조와 교정청 당상의 사직을 청한 소」

95) 임용한, 『조선국왕이야기 2』, 중종편, 혜안, 1999.

96) 『북학의』 내편 수레.

97) 『북학의』 내편, 자기, 62쪽

98) 『설수외사』 「도자기」, 161쪽.

99) 지규식, 『하재일기』 이 도자기 사업에 참여했던 공인 지규식이 1891년부터 1911년까지 기록한 일기이다.

100) 『북학의』 내편 상가.

101) 『승정원일기』 정조 3년(1779) 7월 13일 을미

102) 『정조실록』 권7 3년 3월 27일 신해.

103) 한영우, 『규장각』, 지식산업사, 30~48쪽, 2008.

104) 『정유각집』 시집2, 「이문원에서 절구 5수」, 상권 355쪽.

105) 『정유각집』 시집2, 「서향각의 연꽃 달」, 상권 307쪽.

106) 『고운당필기』 4권, 「검서체」.

107) 『정유각집』시집5, 「칠석의 노래」, 중권 588~589쪽.

108) 『정유각집』 시집2, 「탐라말을 하사하다」, 상권 378쪽, 『고운당필기』 5권, 「을묘년의 꽃구경과 낚시」

109) 『다산시문집』 권14, 「규영부교서기」

110) 위의 주.

111) 『정유각집』 시집2, 「직각 정지검의 기운시를 받들어 화운하다」 상권 356~358쪽, 1781년 9월 19일 정조가 규장각에서 숙직하는 관원에게 고기와 술을 내리고 직각 이하 검서관들이 함께 먹도록 했다.

112) 남공철, 「이덕무 묘표」 (『청장관전서』 81권, 간본 아정유고 8, 부록)

113) 『정유각집』 시집3, 「청성 성대중과 함께 비각에 모이다 4수」, 중권 190쪽. 이 시에 이덕무와 자신은 말이 없어 도보로 출근했다는 기록이 있다.

114) 『정유각집』 시집2, 「장경교 절구 17수」 상권 484쪽

115) 『연암집』 3 공작관문고, 「홍대용에게 보낸 세 번째 편지」

116) 위의 주.

117) 위의 주.

118) 『정유각집』 시집3, 「용만관에서 밤에 짓」, 중권 111쪽.

119) 『정유각집』 시집2, 「이문원」, 상권 327쪽.

120) 『정유각집』 시집2, 「이문원에서」, 상권 354쪽.

121) 『설수외사』, 169쪽.

122) 이 말은 박제가의 말을 그대로 인용한 것이 아니고 여러 글에서 나타난 그의 생각을 정리해서 표현한 것이다.

123) 『설수외사』 34~35쪽.

124) 『정유각집』 문집5, 「만필」 하권 443쪽.

125) 『북학의』, 「응지진북학의소」, 앞의 책, 221쪽.

126) 위의 주.

127) 『정유각집』 시집2, 「성균관 담장과 맞닿아」, 상권 327쪽.

128) 『정유각집』, 시집4, 「제목 잃은 시」, 중권 257쪽.

129) 『정유각집』 상권 344쪽.

130) 위의 주.

131) 『정유각집』 시집2, 상권 482쪽

132) 『정유각집』 시집2, 상권 368쪽.

133) 『정유각집』 문집2, 「적성 현감으로 나가는 이덕무를 전송하며」, 하권 134~135쪽.

134) 『정유각집』 문집4, 「서내한(서유구)에게 주다」, 하권 333-334쪽.

135) 『정유각집』 시집3, 중권 211쪽.

136) 『정유각집』 문집2, 하권, 200쪽.

137) 박지원, 『연암집』 2권, 연상각선본(煙湘閣選本), 〈홍덕보(홍대용) 묘지명〉

138) 『청성잡기』 4권 「성언」

139) 『계산기정』 (작자미상) 2권 순조 3(1803) 12월 16일.

140) 「박제가는 그의 학풍을 좋아해서 홍양길전을 지었다.(『정유각집』 문집2, 「홍양길전」 하권 208쪽)

141) 『정유각집』 시집4, 「연경잡절 제 21수」, 중권 319~320쪽.

142) 『정유각집』 시집4, 「연경잡절 제 23수」, 중권 321쪽.

143) 서호수, 「연행기」 권3, 9월 3일, 경진.

144) 『정유각집』 시집3, 「우북평에서」, 중권 86쪽.

145) 『정유각집』시집3, 중권 247쪽.

146) 『정유각집』시집2, 상권 507-508쪽

147) 『고운당필기』5권「대년검서」, 그러나 박장임은 등용되지 못한 듯하다.

148) 『정유각집』, 문집4, 「장임에게 부치다」, 하권 365쪽.

149) 『정유각집』시집4, 「차운하여 유본예 형에게 부치다-아들 장임」, 중권 269~270쪽.

150) 『정유각집』시집3, 중권 229쪽.

151) 『정유각집』문집4, 「장엄에게 부치다」, 하권 366~367쪽.

152) 『정유각집』하권 535쪽.

153) 『정유각집』시집2, 상권, 283쪽.

154) 『연암집』권10 별집「엄화계수일」(안의 현감 시절에 어떤 이에게 보낸 편지)

155) 『홍재전서』권165, 「일득록」

156) 『정유각집』시집3, 중권 228쪽.

157) 『일성록』정조 17년 7월 6일조.

158) 『정유각집』, 시집3, 중권 232쪽.
    이 시도 작사시기를 정확히 알 수 없다. 그러나 아내 잃고, 벼슬 잃고라는 표현으로 보면 부여현감에서 파직된
    지 얼마 되지 않아서였던 것이 분명하다.

159) 『고운당필기』5월「소실을 맞는 초정을 위해 쓴 혼서」

160) 박제가의 안의 기생 사건과 재혼과정은 안대희, 「초정 박제가의 인간면모와 일상」(『한국한문학연구』36, 2005)
    에 자세히 묘사되어 있다.

161) 『정유각집』시집4, 중권 488쪽.

162) 『정조실록』권39, 18년 2월 26일 갑신.

163) 『다산시문집』10권, 설, 「종두설」

164) 『다산시문집』, 20권, 「중씨께 올림」.

165) 『정유각집』, 문집4, 「사위 윤겸진에게 답하다」, 하권 375쪽.

166) 『정유각집』, 문집4, 「장임, 장름 장엄 세 아들에게 부치다」, 하권 343쪽

167) 『정유각집』시집5, 「종성에서」, 중권 535쪽.

168) 『정유각집』, 시집5, 「고원에서 홍시를 사다」, 중권 518쪽.

169) 『정유각집』, 시집5, 「정평에서」, 중권 519~520쪽.

170) 『정유각집』, 시집5, 「귀문관에서」, 중권 529쪽.

171) 『정유각집』, 문집4, 「장임 장름 장엄 세 아들에게 부치다」, 하권 342쪽.

172) 『정유각집』, 문집4, 「장엄에게 부치다」, 하권 366쪽.

173) 『정유각집』시집5, 「수주객사 79수」, 중권 625쪽.

174) 『정유각집』시집5, 「오명리에게 주다」, 중권 597쪽.

175) 『정유각집』문집4, 「사위 윤겸진에게 답하다」, 하권 375쪽.

176) 『정유각집』문집4, 「장임에게 부치다」, 하권 365쪽.

177) 『정유각집』문집2, 하권 203쪽.

178) 모리스 돕, 폴 스위지 지음, 김대환 옮김, 『자본주의 이행논쟁』동녘, 1984.

179) 버나드 맨더빌 지음, 최윤재 옮김, 『꿀벌의 우화』, 문예출판사, 2004, 이 책에 인용한 맨더빌의 글은 이 책의 번역
    에 의존했다.

180) 『꿀벌의 우화』, 106쪽.

181) 『꿀벌의 우화』, 116쪽.

182) 『꿀벌의 우화』, 118쪽.

183) 『열하일기』「도강록」6월 27일.

184) 『꿀벌의 우화』, 158쪽.

185) 위의 주.

186) 아담 스미스 저, 김수행 역, 『국부론(상)』, 비봉출판사, 2011, 466쪽.

187) 『설수외사』「농사는 천하의 근본」, 126쪽.

188) 『진소본북학의』「농잠총론」, 앞의 책, 265쪽.

189) 『북학의』외편,「강남 절강 상선과 통상하는 문제에 대한 논의」, 앞의 책, 175쪽.

190) 위와 같음.

시대를 앞서 간 통찰

백제가

초판 1쇄 발행 2023년 7월 15일

지은이   임용한
펴낸이   김경미
디자인   PAPERMINT
펴낸곳   뮤즈의언덕
주소   서울시 강남구 강남대로126길63 103

ⓒ 임용한 2023

ISBN 979-11-983201-0-0

• 파본은 구입처에서 교환해 드립니다.